Kohlhammer

Bernd Ahrbeck

Kinder brauchen Erziehung

Die vergessene pädagogische Verantwortung

Verlag W. Kohlhammer

Alle Rechte vorbehalten
© 2004 W. Kohlhammer GmbH Stuttgart
Umschlag: Gestaltungskonzept Peter Horlacher
Gesamtherstellung:
W. Kohlhammer Druckerei GmbH + Co. Stuttgart
Printed in Germany

ISBN 3-17-017973-X

Inhalt

Einleitung

Den Begriff der Erziehungsvergessenheit habe ich bei Johannes Schwarte gefunden. Er beinhaltet, dass zunehmend mehr Eltern Erziehungsaufgaben nicht mehr ausreichend wahrnehmen, mitunter die Erziehung ihrer Kinder sogar gänzlich verweigern. Es geht hier nicht nur um gescheiterte Erziehungsversuche, sondern darum, dass Erziehung an sich unterbleibt. Eltern verzichten auf Erziehung, weil sie von ihrer Notwendigkeit nicht mehr überzeugt sind. Erziehungssabotage nennt der Historiker Arnulf Baring dies. Aber auch bei professionell Erziehenden wie Sozialpädagogen und Lehrern ist eine tiefe Irritation darüber eingetreten, ob sie der nachfolgenden Generation etwas Wertvolles mit auf den Weg geben können – und ob sie das Recht dazu haben, Entbehrungen einzufordern, die untrennbar mit dem Erziehungsprozess verbunden sind. „Das Wort ‚Erziehung' ist", so Schwarte (2000, 56), „weitgehend zum Unwort geworden."

Die Unsicherheit über den eigenen Erziehungsauftrag, die Zweifel an der Sinnhaftigkeit und Wirksamkeit des eigenen Tuns korrespondieren häufig mit hilflosen Klagen über Entwicklungsschwierigkeiten, Verhaltensauffälligkeiten und psychosoziale Beeinträchtigungen von Kindern und Jugendlichen. Vielfach mag es sich dabei um relativ unbedeutende Übergangsphänomene handeln: Etwa bei einer zeitweise gesteigerten Aggressivität und erhöhten Gewaltbereitschaft, herabgesetzter Frustrationstoleranz und starker narzisstischer Bedürftigkeit. Teilweise nehmen sie jedoch ein dramatisches Ausmaß an. Seit einer ganzen Reihe von Jahren stehen unterschiedliche Phänomene im Mittelpunkt des Interesses, je nach medialer Konjunktur und wissenschaftlicher Schwerpunktsetzung. Crash-Kinder und Verwahrlosungsphänomene, Drogenabhängigkeit und Prostitution in einem sehr frühen Lebensalter, Kinder- und Jugenddelinquenz, Gewalttaten von Skinheads und jugendlichen Neo-Nazis und in letzter Zeit Hyperaktivitäts- und Aufmerksamkeitsstörungen.

In der gegenwärtig weit verbreiteten Erziehungsvergessenheit verdichten sich unterschiedliche pädagogische, psychologische und soziologische Entwicklungslinien, historische Einflüsse ebenso wie zeittypische Phänomene. Die Gewissheiten, die das Erziehungsgeschehen früher auszeichneten, fanden mit der Studentenbewegung der späten 1960er Jahre ein jähes und endgültiges Ende. Zu Recht: Denn erst der antiautoritäre Protest hat es ermöglicht, dass die Erziehung der vergangenen Jahrzehnte auf breiter Ebene in Frage gestellt, Erziehungsziele und -methoden problematisiert wurden. Nach einer langen Zeit der „Unfähigkeit zu trauern" waren sie, die 68er, die ersten, die es gewagt haben, sich offensiv mit dem Vergangenen auseinander zu setzen. Die ältere Generation wurde nach ihrer Rolle und Beteiligung in der Zeit des Nationalsozialismus befragt. Nach ihren Verstrickungen und danach, wie sie damit in den Nachkriegsjahren umgingen. Damit war zumindest ein Anfang gemacht – auch wenn der Dialog zwischen den Generationen häufig misslang, Anklage und Protest der Jüngeren dominierten und das Bemühen um Einfühlung und Verstehen überschatteten. Nicht vergessen werden sollte dabei allerdings, dass das Klärungsbemühen auf eine Elterngeneration traf, die sich häufig als wenig dialog- und konfliktfähig erwies.

In der Folge entstand eine erhöhte Sensibilität für Erziehungsfragen, aber auch eine Verunsicherung, die sich nicht nur als produktiv erweisen sollte. Nicht zu sein wie die Eltern, nicht so zu erziehen, wie sie es taten: Das wurde zur entscheidenden Parole. Die Rebellion gegen jede Art von Autorität eröffnete den Kindern bisher ungeahnte Freiräume. Sie verließ sich weitgehend auf die inneren Entwicklungspotenziale und Selbststeuerungskräfte der Heranwachsenden. Die Kinder sollten, übertrieben formuliert, sich selbst genug sein – sofern man sie nur von schädigenden Autoritäten fernhielt. Vor diesem Hintergrund fand ein grundlegendes, der Erziehung immanentes Konfliktfeld eine höchst einseitige Lösung. Im Spannungsfeld von Verwöhnung und Versagung, Freiraum und Begrenzung, Autonomie und Angewiesensein obsiegten Positionen, die zu einem Rückzug der Erwachsenen aus dem Erziehungsgeschehen führten. Die Kinder blieben dadurch viel zu sehr auf sich allein gestellt. Zu stark waren die Schatten der Vergangenheit, zu groß die Angst vor Schuld bringenden Verstrickungen, vor Scham und Selbstzweifeln, als dass sich damals eine ausgewogenere Lösung hätte finden lassen. Die Vergangenheit blieb zu einem guten Teil unbewältigt. Entscheidende Erziehungsfragen erfuhren keine befriedigende Antwort. Die weitere Entwicklung ist vor dieser Folie zu verstehen: Die Abkehr von der autoritären Erziehung, insbesondere in Erinnerung an den Nationalsozialismus, führte zu einer entscheidenden und lang währenden Schwächung des Erziehungsgedankens.

Eine Reserviertheit in Erziehungsfragen hat sich in den 70er und 80er Jahren fortgesetzt, teils offen mit antiautoritären Anleihen verbunden, mitunter aber auch ohne sie. Dominierend wurden nunmehr Überzeugungen, die sich an die humanistische Psychologie anlehnten. Auch sie vertrauten den inneren Wachstumskräften des Kindes, einem inneren goldenen Kern des Menschen, der allein durch freundliche äußere Begleitung freigesetzt werden soll. Die Selbstwertförderung des Kindes gilt als oberstes Entwicklungsziel. Sie soll vor allem dadurch erzielt werden, dass man das Kind vor überfordernden äußeren Einflüssen fernhält, Kränkung des Selbstwertes vermeidet und Konflikten ausweicht, anstatt sie auszutragen. Die Erziehungsidee verliert dadurch an Gewicht. „Wir können im Grunde den Kindern nichts beibringen, was nicht in ihnen steckt. Wir müssen nur zusehen, dass sie genügend Vertrauen entwickeln, damit sie ihren Erfahrungen auch das rechte Licht beimessen", schreibt Eva Jaeggi (1995, 136) im Hinblick auf Rogers Erziehungsvorstellungen. In jüngerer Zeit sind es die Thesen vom „kompetenten Säugling" und dem „selbstständigen Kind", die in der fachlichen wie öffentlichen Diskussion breiten Raum einnehmen. Auch sie beinhalten ein Bild der Nachwachsenden, die sich aus sich selbst heraus entwickeln und relativ wenig auf andere angewiesen sind.

Ein weiteres Element ist inzwischen hinzugetreten, das den Erziehungsgedanken ebenso schwächt wie der antiautoritäre Protest und das naive Vertrauen in die kindlichen Wachstumskräfte, die keiner nachhaltigen äußeren Korrektur mehr bedürfen. Es lässt sich, grob umrissen, mit denjenigen Folgen für die Erziehung umschreiben, die aus Globalisierungsprozessen hergeleitet werden. In Zeiten schnellen gesellschaftlichen Wandels, so die gängige Auffassung, verlieren bisher sicher geglaubte Zukunftsvorstellungen an Wert und Kraft. Man wisse nicht mehr, was Kinder für ihr zukünftiges Leben brauchen und deshalb auch nicht, wohin man ihren Weg leiten soll. Ihre Lebensgestaltung werde weitgehend individualisiert sein, mit enormen Gestaltungsspielräumen versehen, von Unvorhersehbarem geprägt. Flexibilität gilt als unumgängliche Notwendigkeit und damit die Fähigkeit, sich schnell auf Neues einzustellen und Altes zu vergessen. In den Hintergrund gerät all das, was auf Langfristigkeit ausgelegt ist, bei beruflichen Tätigkeiten wie auch in persönlichen Beziehungen. Sicher sei nur der Wandel. Aufgrund einer solchen Ungewissheit verbiete sich ein zielgerichtetes Einwirken auf Kinder und Jugendliche. Der klassische Erziehungsbegriff werde immer fragwürdiger. Bereits früh seien Kinder in der Lage, sich ihr eigenes Leben zu konstruieren, ohne dass die Erwachsenen dem noch wirklich folgen könnten. In unterschiedlichen Lebensräumen präsent, liege es nahe, dass sie eine Patchwork-Identität ausbilden und keine feste Kernidentität mehr, von der Erikson noch sprach. Insofern verwundert es nicht, wenn mitunter sogar von einem Ende der Erziehung die Rede ist.

Dazu passt gut, dass inzwischen radikal konstruktivistische und systemische Theorien in die Pädagogik Einzug gehalten haben. Sie spiegeln, auf der Höhe der Zeit, die soeben skizzierte Entwicklung besonders prägnant wider. Kinder und Jugendliche werden zu weitgehend autonomen Schöpfern ihrer selbst, die der Verlust fester sozialer Bindungen nur wenig schreckt. Auf Erziehung sind sie demzufolge kaum noch angewiesen. Dass Erziehung aus gutem Grund nach wie vor notwendig ist, wird gegenwärtig gern vergessen, nicht nur mit systemisch-konstruktivistischer Hilfe. In die gleiche Richtung weist eine andere bedenkliche Entwicklung. Die Tendenz, öffentliche Erziehung zunehmend als Dienstleistung zu verstehen, die Eltern und Kinder mit Kundenrechten versieht.

Erziehungsvergessenheit setzt voraus, dass die Grenzen zwischen den Generationen nivelliert werden. Sei es in der antiautoritären Form, den inneren Wachstumsmodellen der humanistischen Psychologie oder auch den vermeintlichen Globalisierungsfolgen und einer zunehmenden marktwirtschaftlichen Orientierung. Erziehungsaufgaben kann aber nur wahrnehmen, wer anerkennt, dass Generationengrenzen existieren – in der Familie ebenso wie in der Schule. „Man kann Erziehung verstehen, wie man will: Es führt kein Weg daran vorbei, dass sie praktisch immer ein Handeln zwischen Angehörigen verschiedener Generationen ist" (Hornstein 1983, 59). Deshalb wirken „Verkleidungen, Verwischungen oder Maskierungen generationaler Differenz ... am Beispielfall Schule besonders brisant" (Winterhager-Schmid 2000b, 19).

Und nicht nur dort. Der Fortbestand der Gesellschaft und die Beibehaltung des erreichten zivilisatorischen Niveaus sind daran gebunden, dass sich die nachwachsende Generation die kulturellen Errungenschaften durch Erziehung und Sozialisation aneignet, verarbeitet und eigenständig weiterentwickelt. Enkulturation und zivilisatorische Leistungen müssen von jeder Generation neu erbracht werden, in einem störanfälligen Prozess, der immer wieder von Einbrüchen bedroht ist. Gegenwärtig zeigt sich dies am deutlichsten an den gewaltsamen Aktionen von Skinheads und Neo-Nazis gegen Ausländer. Insofern darf sich die ältere Generation einer zentralen Verpflichtung nicht entziehen. Sie muss, auch in ihrem eigenen Interesse, Erziehungs- sowie Sozialisationsbedingungen bereit stellen, die Enkulturations- und Zivilisierungsprozesse von Kindern und Jugendlichen fördern. Jede Art von Erziehungsvergessenheit, zu der auch die Nivellierung generationaler Grenzen gehört, wirkt sich deshalb fatal auf die kulturelle Entwicklung aus.

Erst in jüngerer Zeit erfolgt eine stärkere Rückbesinnung auf den Erziehungsgedanken, in der öffentlichen Diskussion ebenso wie im fachlichen Dialog. Susanne Gaschke (2001) hält eine erneute Debatte über Erziehung für unumgänglich, sie fordert sogar dazu auf, einen Erziehungsnotstand auszurufen. Anders als noch vor einigen Jahren, wird die vielfach beklagte Misere vieler Heranwachsender heute weniger als ein nahezu unbedingter Reflex auf gesellschaftliche Neuerungs- und Wandlungsprozesse verstanden. Es findet, wenngleich langsam, ein Umdenken statt. Vermehrt stehen jetzt die gängigen Erziehungsphilosophien auf dem Prüfstand: Die offenen und versteckten Erziehungsabsichten der Erwachsenengeneration oder ihre Weigerung, Erziehungsleistungen zu übernehmen; die Verstrickungen, die durch Erziehung entstehen; die Frage, wie sie konkrete pädagogische Interaktionen gestalten und welche psychischen und sozialen Folgen sich daraus für die Kinder und Jugendlichen ergeben. Die Voraussetzung für eine wirkliche Veränderung ist jedoch, dass offene und versteckte Formen der Erziehungsvergessenheit erkannt werden. Davon handelt dieses Buch.

Zum Inhalt der einzelnen Kapitel:

▶ An der Erziehungsvergessenheit hat die viel gescholtene 68er-Generation einen gehörigen Anteil. Gleichwohl sind pauschalisierende Vorwürfe fehl am Platz. Denn ihr Scheitern wie auch ihre Verdienste lassen sich nur vor dem historischen Hintergrund verstehen, in den ihre pädagogischen Absichten eingebettet sind. Wie schwierig eine Vergangenheitsbewältigung für beide Seiten war und immer noch ist, zeigt das zweite Kapitel. Es ist der Erziehung im Nationalsozialismus gewidmet, speziell der Rolle, die Mütter in der nationalsozialistischen Zeit innehatten. Eine Auseinandersetzung über dieses Thema ist über lange Zeit kaum erfolgt, erst in jüngster Zeit wird sie aufgegriffen. Sigrid Chamberlain (2000) analysiert weit verbreitete nationalsozialistische Erziehungsratgeber und dokumentiert detailliert, wie grausam, auf Dressur und Unterordnung gerichtet die Erziehung von Müttern damals war. Und sie benennt Folgen, die bis in die heutige Zeit reichen. Diese Arbeit ist durchaus verdienstvoll. An einem wichtigen Punkt wird sie jedoch nicht zu Ende gebracht. Als Alternative zur nationalsozialistischen Erziehung gilt der Autorin eine weitgehend ungestörte, im Wesentlichen harmonische und undramatische Mutter-Kind-Beziehung. Die innere Konflikthaftigkeit von Müttern wie Kindern gerät damit aus dem Blick, es scheint, als existiere sie gar nicht mehr. Eine Auseinandersetzung mit Schuld- und Schamgefühlen unterbleibt folglich, im Hinblick auf das Vergangene ebenso wie bezogen auf die Gegenwart. An ihre Stelle tritt die Vision eines konfliktfreien, vor allem von Schuld befreiten Zusammenlebens zwischen den Generationen. Chamberlain kann sich dabei auf ein zeittypisches Menschenbild berufen.

▶ Das zweite Kapitel beschäftigt sich kritisch mit der neuen Säuglingsforschung, dem wesentlichen Referenzsystem, auf das sich Chamberlain neben der Bindungstheorie bezieht. Die gegenwärtig so populäre Säuglingsforschung liefert Ergebnisse, die sich problemlos in die vorgebrachten Überlegungen einfügen. Der von ihr empirisch untersuchte Säugling erweist sich als eigenständig und kompetent. Mit umfassenden Wahrnehmungsfähigkeiten ausgestattet, verfügt er über ein elementares Selbstbewusstsein, ist affektiv differenziert und dazu befähigt, selbstständig Interaktionen zu gestalten. Hinter diesem griffigen, wenig beunruhigenden Menschenbild verblasst die Abhängigkeit und Hilflosigkeit des Säuglings. Archaische Affekte, dramatische Beziehungskonstellationen und eine aufgeheizte innere Konflikthaftigkeit werden in der Folge zu einem randständigen Thema. Damit transportiert die Säuglingsforschung ein gegenwärtig vorherrschendes Menschenbild: Das eines Kindes, das für sich selbst sorgt, sich aus sich selbst heraus entwickelt und auf konflikthafte Beziehungen zu anderen nicht angewiesen ist. Wichtig ist in diesem Zusammenhang, dass sich zum „kompetenten Säugling" das „selbstständige Kind" gesellt. Das moderne „selbstständige Kind" zeichnet sich ebenfalls durch eine geringe Angewiesenheit auf andere aus. Erziehungsnotwendigkeiten rücken vor dieser Leitlinie menschlicher Entwicklung in den Hintergrund. Allzu gern wird dabei allerdings übersehen, dass der „kompetente Säugling" nicht der ganze Säugling ist und das „selbstständige Kind" nur einen Teil des Kindseins repräsentiert.

▶ Das folgende dritte Kapitel kehrt unmittelbar zu Erziehungsprozessen zurück, zu einer misslungenen oder unterbliebenen Erziehung, wie anhand der Kinder- und Jugendkriminalität ausgeführt wird. Als ein besonders gravierender Beleg kann der Umgang mit gefährdeten und delinquenten Kindern und Jugendlichen in Hamburg gelten. Bis in die jüngste Zeit praktiziert, stellt er ein Musterbeispiel dafür dar, wie alte erziehungsvergessene Ideale unverändert erhalten geblieben sind, passend ergänzt allenfalls durch einige systemische Neuerungen. Die Grundlage dafür ist eine weit ausgedehnte Lebensweltorientierung. Sie beruht auf den Prämissen der Freiwilligkeit, Parteilichkeit und Alltagsorientierung, auch in zugespitzten Grenz- und Krisensituationen. Das bedeutet, dass selbst extrem gefährdete und massiv delinquente Kinder und Jugendliche als „Experten ihres Lebens" fungieren, die über sich am besten Bescheid wissen. Sie wählen, gleichsam als Kunden, zwischen verschiedenen Angeboten aus, die allesamt auf Freiwilligkeit basieren. Mit Erziehung hat das kaum noch etwas zu tun. Die teils desaströsen Folgen, die sich daraus ergeben, werden im Einzelnen beschrieben und als Alternative für eine Stärkung des Erziehungsgedankens plädiert.

▶ Das systemisch-konstruktivistische Denken in der Pädagogik trägt dazu bei, dass genau dies nicht geschieht. Der Radikale Konstruktivismus entwirft das Bild eines Kindes, das eine fast grenzenlose Selbstgestaltung des Individuums beinhaltet. Vorgeblich soll die Autonomie des Kindes gerettet werden, in Wirklichkeit wird ihm eine fast autarke Position zugewiesen. Es konstruiert sich selbst. Zielgerichtet von außen steuerbar sind Kinder demnach kaum noch. Das klassische Erziehungsverständnis relativiert sich dadurch weitgehend, bis hin zur Auflösung des Bildungsbegriffs. Dem wird im vierten Abschnitt im Einzelnen nachgegangen. Neben der Darstellung theoretischer Grundlagen erfolgt eine Analyse einschlägiger Praxisbeispiele. Sie erhellt, worauf die Faszination beruht, die von einer systemisch-konstruktivistischen Pädagogik ausgeht. Im Mittelpunkt steht, dass ein Rückzug aus dem Erziehungsgeschehen nicht nur erlaubt, sondern sogar ausdrücklich gefordert wird. Die Erwachsenengeneration befreit sich damit aus schwierigen Beziehungsaufgaben. Das Erziehungsgeschehen wird, zu Lasten der Kinder, trivialisiert. Auch bei problematischen Entwicklungsverläufen dürfen lebensgeschichtliche Zusammenhänge sorglos ad acta gelegt werden. Die Innenwelt des Kindes spielt nur noch eine klägliche Nebenrolle, und bedeutsame Veränderungen können, so wird versprochen, lösungsorientiert in kürzester Zeit erfolgen. Wo Lehrerinnen und Lehrer in einer kinderdominierten Welt zu „schlichten Mitspielern und Mitspielerinnen" (Huschke-Rhein 1989) werden, können sie sich kaum noch schuldig machen. Und Gründe für Selbstzweifel scheint es auch nicht mehr zu geben.

▶ Eine ähnliche Entlastungsfunktion erfüllt die Kundenorientierung, die zunehmend die soziale Arbeit prägt und inzwischen auch Eingang in die Schule gefunden hat. Obgleich die Kundenkategorie viele Ungereimtheiten in sich birgt, markiert sie doch eine bemerkenswerte Neuorientierung. Erziehung soll nunmehr als eine Dienstleistung verstanden werden. Damit ist das Stichwort benannt, um das es im fünften Kapitel geht. Es zeigt, wie Lehrerinnen und Lehrer ihre Autonomie einbüßen und an Erziehungskraft verlieren, wenn sie sich nach Kundenwünschen ausrichten müssen. Gegenüber Eltern und Kindern geraten sie in eine Bringeschuld mit durchaus problematischen Folgen. Der Elternwille verlängert sich in die Schule hinein. Die pädagogisch notwendige Differenzierung zwischen Elternhaus und Schule verliert dadurch an Kraft. Der Gewinn, den Kinder und Jugendliche aus der Schule ziehen können, reduziert sich entsprechend.

▶ Der sechste Abschnitt beschäftigt sich mit der These, Globalisierungsprozesse führten zu tief greifenden Veränderungen in persönlichen Beziehungen und, damit verbunden, zu gewandelten Persönlichkeitsstrukturen. Auf Grund der Unüberschaubarkeit sich schnell überholender Lebensverhältnisse sei eine gesicherte Zukunftsplanung nicht mehr möglich. Erziehung verliere dadurch an Legitimation, so stark, dass zuweilen von einem Ende der Erziehung die Rede ist. Für diese These spricht bei genauerer Betrachtung allerdings wenig. Die gegenwärtige Umbruchsituation ist bei weitem nicht so dramatisch, wie gern behauptet wird. Zwar bestehen durchaus eine Reihe ernst zu nehmende Gefährdungen, zum Beispiel solche, die aus einer rasanten Zeitverknappung resultieren. Dem steht jedoch empirisch belegt gegenüber, dass die allermeisten Kinder und Jugendlichen von den äußeren Rahmenbedingungen her nicht gefährdeter aufwachsen als viele Generationen zuvor. Es gibt kaum einleuchtende Argumente dafür, am Nutzen von Erziehung im Zeitalter der Globalisierung zu zweifeln. Und die Möglichkeiten dazu bestehen nach wie vor, sofern sich die ältere Generation ihrer Erziehungsverantwortung stellt.

▶ Von der Selbstständigkeit des Kindes und der Notwendigkeit der Erziehung, so lautet die Überschrift des abschließenden Kapitels. Die These vom „selbstständigen Kind" spielt im aktuellen pädagogischen Kindheitsdiskurs eine prominente Rolle. Sie betont, dass Kinder und Jugendliche bereits früh über erhebliche Kompetenzen verfügen und gut für sich sorgen können. Es wird ihnen zugetraut und auch erwartet, dass sie entscheidende Weichenstellungen, die ihr Leben betreffen, selbst vornehmen. Ohne Erwachsene zu fragen. Ein wichtiges Faktum wird dabei allerdings geflissentlich übersehen. Es besteht in dem hohen Maß an Angewiesenheit und Abhängigkeit, das auch die moderne Kindheit auszeichnet. Damit sie ihre Potenziale entfalten können, brauchen Kinder und Jugendliche Erwachsene, die sie begleiten und ihnen Wege weisen. Sowohl was die kognitive Entwicklung betrifft, als auch im Hinblick auf eine psychische und soziale Differenzierung. Erziehung ist nach wie vor notwendig, wie unter anderem am Beispiel des Lesens gezeigt wird. Sie dient den Heranwachsenden selbst und folgt zudem gesellschaftlichen Reproduktionsinteressen. Zur Erziehung gehört, dass die Grenzen zwischen den Generationen anerkannt, genutzt und reflexiv gestaltet werden. Neuere Erkenntnisse zur Triangulierung und zum ödipalen Komplex belegen dies eindrucksvoll. Erst durch eine Differenzierung der Generationen entstehen ferne Entwicklungsziele, etwas zunächst Fremdes und Unerreichbares, das sich mit Gewinn erobern lässt und das das individuelle Fortkommen sichert. Die Richtung, in die sich Kinder und Jugendliche entwickeln können, ist seit langem offener geworden, aber bei weitem nicht so beliebig, wie gern behauptet wird. Der Erziehung bedarf es dazu allemal.

1 Ein Blick in die Vergangenheit: Erziehung im Nationalsozialismus

1.1 Eine verspätete Analyse: Adolf Hitler, die deutsche Mutter und ihr erstes Kind

In einer bemerkenswerten Arbeit hat sich Sigrid Chamberlain (2000) eines Themas angenommen, das wissenschaftlich bisher so gut wie gar nicht behandelt wurde. Sie analysiert zwei einflussreiche Ratgeber zur Kindererziehung, die erstmalig in der Zeit des Nationalsozialismus aufgelegt wurden. Beide Schriften wurden von Dr. Johanna Haarer, einer Ärztin, verfasst, „Die deutsche Mutter und ihr erstes Kind" (1934) und „Unsere kleinen Kinder" (1936). Diese Bücher repräsentieren, wie Chamberlain zeigt, in besonderem Maße Erziehungsformen und -ziele der nationalsozialistischen Zeit. Sie waren unter anderem die Grundlage für Erziehungsschulungen, die von mehreren Millionen Müttern besucht wurden. „Die deutsche Mutter und ihr erstes Kind" erschien bis 1988 „vollständig neu bearbeitet" unter dem Titel „Die Mutter und ihr erstes Kind". Die Gesamtauflage betrug 1,2 Millionen Exemplare. Auch „Unsere kleinen Kinder" wurde nach dem Krieg weiterhin aufgelegt. Insofern ist es nahe liegend anzunehmen, dass sie das Denken und Handeln von Erziehenden weit über 1945 hinaus beeinflussten.

Chamberlain geht es darum, eine bis auf wenige Ausnahmen (U. Benz 1988/ 1991) unbeachtet gebliebene Problematik ins Bewusstsein zu heben – in einem ersten Entwurf, der einer weiteren Vertiefung bedarf. Sie betont ausdrücklich ihre Parteinahme für die Kinder der damaligen Zeit und weiß, dass ihre Darstellung deshalb an einigen Stellen holzschnittartig und etwas plakativ erscheinen mag. „Ausgewogenheit und Vollständigkeit sind zur Zeit nicht möglich", schreibt sie einleitend (Chamberlain 2000, 14).

Weniger als die Täterschaft von Männern wurde bisher die aktive Beteiligung von Frauen am Nationalsozialismus und seinen Grausamkeiten thematisiert. Kürzlich hat Anna Maria Sigmund (2000a, b) die bedingungslose Begeisterung dokumentiert, mit der die Frauen der Nazi-Größen den Nationalsozialismus unterstützten. Verführte Opfer waren sie nicht. Einige weitere Belege finden sich bei Lebert & Lebert (2000), die über das Elternbild von Kindern prominenter Nationalsozialisten berichten. Gravenhorst & Tatschmurat (1995) gehen der Frage nach, inwieweit und unter welchen Bedingungen sich Frauen mit dem Nationalsozialismus identifizierten. Heyne (1993), Ebbinghaus (1996) und Müller-Münch (1982) beschreiben u. a. Taten, die Frauen in Konzentrationslagern begangen haben. Insgesamt ist die Literaturdecke jedoch dünn.

Offensichtlich ist dieses Thema besonders tabuisiert. Wohl deshalb, weil hier eine letzte Bastion ins Wanken gerät, die Hoffung sichernde Annahme, Frauen hätten sich im Gegensatz zu Männern grundsätzlich der Faszination des Nationalsozialismus entziehen können und sie seien zu einer ebenso hemmungslosen Destruktivität nicht in der Lage gewesen. Die historische Realität belegt das Gegenteil.

Die Zahl der nationalsozialistischen Täterinnen im engen Sinne mag numerisch relativ gering gewesen sein. Ihre Existenz verweist jedoch – gleichsam als Spitze eines Eisbergs – auf die Thematik, die Chamberlain beschäftigt. Sie geht nämlich der Frage nach, ob und wie sich Frauen als Mütter zu Vorkämpferinnen und Erfüllungsgehilfinnen des Nationalsozialismus gemacht haben. Chamberlains These ist, dass eine eigenständige nationalsozialistische Erziehung existiert hat, die exemplarisch in den Büchern Haarers zum Ausdruck kommt und auf breiter Ebene von Müttern praktiziert wurde. Die nationalsozialistische Erziehung zeichnet sich ihrer Auffassung nach in ihrem Kern dadurch aus, dass sie eine „Erziehung durch Bindungslosigkeit zu Bindungsunfähigkeit" (Chamberlain 2000, 11) ist. Dialog und Gegenseitigkeit sollen verhindert werden. Darin sieht Chamberlain (2000, 11) ihre Besonderheit und Einzigartigkeit: „Dieses halte ich für entscheidend, und es ist bisher weitgehend unbeachtet geblieben."

Ihre historischen Wurzeln liegen unter anderem in der Tradition einer autoritären Erziehung. Gleichwohl bestehen gravierende Unterschiede, trotz Übereinstimmungen, die in einigen wichtigen Punkten existieren. Eine autoritäre Erziehung sei zwar ebenfalls auf Unterordnung bedacht, sie schließt aber eine auf innere Bindung bedachte Beziehung zwischen dem Kind und den Erziehenden nicht aus. Ebenso wenig muss sie auf eine liebevolle Zuwendung und ein Interesse an der Förderung kindlicher Individualität verzichten. Ein Beispiel mag dies illustrieren: Aus Bruno Bettelheims Lebensgeschichte ist bekannt, wie sehr ihm die Eltern einen geschützten und umsorgten Lebensraum zur Verfügung gestellt haben. Er wurde in seiner Kindheit niemals grob oder grausam behandelt und schon gar nicht geschlagen. Und dennoch ist er in der Blütezeit der autoritären Erziehung aufgewachsen (Sutton 1996).

Die Erziehungsvorstellungen, die Haarer vertritt, lassen sich folgendermaßen umschreiben. Sie sind eingebettet in eine Reihe strenger Verhaltensregeln, die unterschiedliche Ebenen umfassen und mit der Geburt einsetzen. Bereits unmittelbar nach der Geburt soll eine Trennung von Mutter und Kind erfolgen: Zur Entlastung und Beruhigung für die Mutter und um das Kind vor Überforderungen zu schützen, zum Beispiel durch neugierige Besucher, die es beunruhigen oder anstecken könnten. Wie alle weiteren Maßnahmen auch, wird diese erste Trennung unter erzieherischem Aspekt betrachtet: „Außerdem hat die Trennung von Mutter und Kind für letzteres außerordentliche erzieherische Vorteile. Dass die Erziehung des Kindes unmittelbar nach der Geburt zu beginnen hat, darüber werden wir später noch ausführlich reden" (Haarer 1938a, 104). Als wichtiges Erziehungsprinzip gilt für die weitere Entwicklung des Kindes, dass die Mutter oder andere enge Bezugspersonen tonangebend bleiben: „Von vornherein mache sich die ganze Familie zum Grundsatz, sich nie ohne Anlass mit dem Kinde abzugeben" (Haarer 1938a, 160). Mit der Befriedigung seiner biologischen Grundbedürfnisse sei eine hinreichende psychische Umsorgung verbunden, es erfahre dabei ausreichend Liebe und Zärtlichkeit. Ansonsten könne und solle es allein gelassen werden.

Eine starke Regelhaftigkeit im Umgang mit dem Kind wird angestrebt, derart, dass die Mutter den Modus der kindlichen Bedürfnisbefriedigung festlegt und sich unbeirrt an ihre Entscheidung hält. Durch Reaktionen wie Weinen und Schreien soll sie sich nicht irritieren lassen, denn dies sei der Beginn eines Machtkampfes zwischen Mutter und Kind, den die Mutter nur verlieren könne. Das Kind werde zum Tyrannen, wenn die Mutter seinen Bedürfnissen folge und sich ihnen unterordne.

Erziehung zum Gehorsam ist die Leitlinie Haarers, die sich auf alle Lebensbereiche erstreckt und auf jeder Entwicklungsstufe wiederfindet. Das Stillen gilt als zentrale Grundlage der Mutter-Kind-Beziehung, aus der eine unzerstörbare Bindung entstehen soll. Es wird deshalb dringend empfohlen, das Kind zu stillen, mehr noch, das Stillen wird zu einer nahezu heiligen Pflicht der Mutter gegenüber ihrem Kind. Dauer und Rhythmus haben sich nach äußeren Vorgaben zu richten: Eine zwanzigminütige Stillzeit sei vollkommen ausreichend. Sie soll nicht überschritten werden, damit sich das Kind an ein zügiges Trinken gewöhnt. Zudem soll die Mutter das Kind täglich konsequent zu den gleichen Zeiten stillen und sich auch nicht davon abbringen lassen, wenn das Kind andere Bedürfnisse zeigt. Das Schreien des Kindes sei kein Grund, von dem einmal gefassten Plan abzuweichen. Die Erfahrung von Hunger bringe das nahrungsverweigernde Kind dazu, zukünftig um so schneller und geregelter die Nahrung anzunehmen. Vor einer „falschen Nachgiebigkeit" wird eindringlich gewarnt. Sie führe dazu, dass die Mutter den Wünschen des Kindes Tür und Tor öffne und es dadurch unkontrollierbar werde. Das normale Kind werde sich durch die erfahrene Regelmäßigkeit schnell an die äußeren Vorgaben gewöhnen.

Auch bei der späteren Nahrungsaufnahme soll sich die Mutter an dieses Prinzip halten und ihre Macht dem unangepassten Kind gegenüber demonstrieren, zum Beispiel durch Essensentzug. Bemerkenswert ist dabei die klassisch behavioristische Ausrichtung der Erziehung, die auf belohnende oder bestrafende Fakten setzt, dabei aber eine innere Beteiligung zu verbergen sucht. Wenn ein Kind Schwierigkeiten macht, nehmen wir ihm „... das Essen in aller Ruhe weg. ... Wir legen es nicht darauf an, ihm etwa unsere Macht beweisen zu wollen, und werden weder aufgeregt noch zornig. Die Entziehung des Essens führen wir fest, sicher und entschlossen durch. Nur ja keine Schwäche, kein langes Zögern! Kinder merken dies mit tausend feinen Sinnen – und dann bist du verloren, liebe Mutter!" (Haarer 1950, 188 f.).

Der Reinlichkeitserziehung kommt im Folgenden eine besondere Bedeutung zu. Verschmutzung und Ansteckung, insbesondere durch Geschlechtskrankheiten, gelten als allgegenwärtige Gefährdungen. Ihnen kann, so Haarer, nur durch beständige Aufmerksamkeit und zielgerichtete Gegenmaßnahmen begegnet werden. Allein das saubere Kind ist vor Krankheiten geschützt – und vor all dem, was von außen beschmutzend auf es einwirken kann. Das Streben nach Reinlichkeit nimmt dabei fast phobische Züge an: Es ist aus der Angst vor Schmutz und der Sehnsucht nach einer aseptischen Welt gespeist, die keinerlei Gefährdung mehr zulässt. In seiner Bedeutung geht es weit über das Organische hinaus. Unschwer lässt sich erkennen, dass sich in der Sauberkeitserziehung der Wunsch verdichtet, auch eine umfassende psychische Kontrolle über das Kind zu gewinnen. So, als könne man mit den körperlichen Reinlichkeitsritualen zugleich all das von dem Kind fernhalten, was in einer projektiv aufgeladenen Außenwelt als gefährlich erscheint. Dabei geht es primär um die Bannung einer gefürchteten Triebhaftigkeit, um heftige aggressive und gierige Bedürfnisse, die den unsauberen Feinden zugeschrieben werden. Der psychodynamische Gewinn einer solchen Entlastung liegt auf der Hand: Eine aggressive „Gegenwehr" bedarf kaum noch einer Begründung. Sie ist über jeden moralischen Zweifel erhaben. Der saubere Volkskörper darf und muss gerettet werden.

Nach Haarer ist der Säugling von Natur aus unsauber und er zeigt aus sich selbst heraus wenig Neigung, Gefühle des Ekels und des Abscheus zu übernehmen, die den Erwachsenen zu Eigen sind. Säuglinge gewöhnen sich an Schmutz und Geruch. Und sie finden nichts Schlimmes dabei. Die Erziehung zur Reinlichkeit muss deshalb notwendigerweise zu einem Kampf mit dem Kind werden. Als unangenehm und eklig werden vor allem die kindlichen Ausscheidungsprodukte erlebt, wie das folgende Zitat trefflich zeigt: „Helfen wir ihnen also, ein gesundes Ekelgefühl zu bekommen! Stellen wir ihnen die Durchnässung mit Harn, die Beschmutzung mit Stuhl und schlechte Gerüche als etwas Abscheuliches hin und zeigen wir ihnen, daß derartiges immer sofort entfernt, beschmutzte Kleidung gewechselt werden muß. Wenn wir dies immer wieder unermüdlich tun, bekehren wir das Kind zu unserem Standpunkt. Es wird zunehmend unglücklich und unbehaglich, wenn es naß oder schmutzig ist. Es verlangt nach Sauberkeit. Haben wir es erst soweit, dann ist schon halb gewonnen" (Haarer 1950, 44 f).

Zwei Aspekte sind entscheidend: Der Kampf soll zum einen dadurch gewonnen werden, dass das Kind Ekel- und Schamgefühle entwickelt, die es für eine direktive Steuerung empfänglich machen. Weiterhin gilt das bereits für das Stillen beschriebene Prinzip von Regelhaftigkeit und Zwang. Feste Zeiten, zu denen das Kind auf den Topf geht, werden vorgeschrieben, ein Zeitraum von zehn Minuten gilt als vollkommen ausreichend. Wiederum soll sich das Kind nach den Vorgaben der Mutter richten und auf seinen eigenen Willen verzichten.

Diese aus heutiger Sicht an Dressur grenzende Erziehung setzt sich in weiteren Erziehungsrichtlinien fort. Dem Kind wird nur ein begrenzter Raum zum freien Spielen zur Verfügung gestellt. Neugier und selbstständiges Erkundungsverhalten sollen eher unterbunden als gefördert werden, zumindest dann, wenn die Gefahr besteht, dass sich das Kind von den mütterlichen Wunschvorstellungen entfernt. Kreativität und Individualität sind kaum gefragt. Das Kind gilt wesensmäßig als sperrig und widerständig, untergründig bei aller scheinbaren Bravheit geneigt, sich den Erziehungsanforderungen zu entziehen. Als zentrale Leitlinie gilt deshalb, dass der Eigensinn begrenzt, wenn nicht gebrochen werden muss. Das Wunschkind Haarers erweist sich diszipliniert und folgsam. Es orientiert sich am Vorbild der Eltern, ahmt sie nach, ohne dass es jedoch die Grenzen zu ihnen verwischt. Den Respekt vor den Älteren verliert es nie. Es ist hübsch und ansehnlich, robust und gesund, sauber und pflegeleicht. Auf ein solches Kind, das nicht mehr widerständig ist, kann die Mutter dann mit Recht stolz sein.

Gehorsamkeit und Unterordnung sind die wichtigsten Erziehungsziele – aus Gründen, die über die unmittelbare Mutter-Kind-Beziehung hinaus weisen. Chamberlain zeigt in mehreren Abschnitten ihres Buches eindrucksvoll, dass die spätere Einordnung in das nationalsozialistische Kollektiv zu den vordinglichsten Erziehungszielen Haarers gehört. Dort soll sich das Kind einfügen und möglichst reibungslos funktionieren. Die geforderten Erziehungsmaßnahmen, die von Geburt an greifen sollen, dienen dazu, optimale Voraussetzungen für diesen Zweck zu schaffen. Bereits für das dritte Lebensjahr wird eine unmittelbare Beziehung postuliert: zwischen den charakterlichen Dispositionen des nationalsozialistischen Idealtypus auf der einen Seite und der bereits erreichten kindlichen Entwicklung andererseits. Entsprechend früh kann und soll mit einer zielgerichteten Beeinflussung des Kindes begonnen werden: „Einordnung in die Gemeinschaft, Abstreifen aller Wehleidigkeit, Tapferkeit und Mut, Gehorsam und Disziplin kann man ohne alle Künstelei im Spielalter an die Kinder herantragen" (Haarer 1938b, 224). So soll die Mutter zum Beispiel einem Kind, das hingefallen ist, nicht zu viel Aufmerksamkeit schenken. Um so schneller höre es dann zu weinen auf. Die Verbindung zwischen der angestrebten Persönlichkeitsentwicklung in der Familie, die auf Submission und Unterdrückung unerwünschter Gefühle ausgerichtet ist und der späteren Unterordnung in die völkische Gemeinschaft dienen soll, beschreibt Haarer mit deutlichen Worten: „Vorüber sind die Zeiten, wo es erstes und oberstes Ziel aller Erziehung und Aufzucht war, nur die Eigenpersönlichkeit im Kind und Menschen zu vervollkommnen und zu fördern. Eins tut heute vor allem Not, nämlich dass jeder junge Staatsbürger und Deutscher zum nützlichen Glied der Volksgemeinschaft werde" (Haarer 1938a, 261).

Die bisherige Darstellung dürfte die Erziehungsziele und -mittel Haarers ausreichend illustrieren. Vor diesem Hintergrund wird die Empörung verständlich, die Chamberlains Buch über die zwei NS-Erziehungsbücher durchzieht, eine Entrüstung, die sich gegen die Nutzbarmachung von Kindern richtet, gegen die Unterdrückung und Einschränkung von Kreativität, Individualität und kritischem Denken. Chamberlains Schrift hat den Blick dafür geöffnet, wie sehr die beschriebenen Erziehungsmaßnahmen der Mütter dazu beitragen sollten, Kinder auf die Unterordnung unter ein totalitäres Regime auszurichten. Darin liegt ihr besonderer Wert.

1.2 Das Vergangene in der Gegenwart

Doch es geht nicht nur um die Analyse historischer Dokumente. Die Folgen der beschriebenen Erziehung reichen weit über die nationalsozialistische Zeit hinaus, ganz abgesehen davon, dass die Schriften Haarers auch noch nach dem Krieg publiziert wurden. Ein wesentlicher Grund dafür liegt darin, dass die in der eigenen Erziehung verinnerlichten Beziehungserfahrungen an die nächste Generation weitergegeben werden. Sie tradieren sich, neben bewussten Anteilen, vor allem unbewusst von Generation zu Generation. Unerkannt und unbearbeitet bleiben in erster Linie abgewehrte Schuld- und Schamaffekte, die ihre Wirksamkeit untergründig weiterhin entfalten. Sie sind deshalb so unzugänglich, weil sie einen bedrohlichen Teil der eigenen Geschichte repräsentieren. Die Abwehr dagegen, dass diese Schuld- und Schamgefühle bewusst werden, ist dementsprechend außergewöhnlich stark (Miller 1983).

Wie mächtig die Vergangenheit sein kann, zeigt sich unter anderem daran, dass auch den psychoanalytischen Vereinigungen eine Auseinandersetzung mit der eigenen Vergangenheit über lange Zeit nicht möglich war (Ermann 1996). Erst Anfang der 80er Jahre wurde in der „Psyche", der bedeutendsten psychoanalytischen Zeitschrift, eine breite Diskussion über die Rolle der Psychoanalyse im Nationalsozialismus begonnen. Sie führte zu erheblichen Kontroversen und starken Polarisierungen, mit zum Teil unversöhnlichen Positionen, wie sich den Schriften von Brainin & Kaminer (1982) und Lohmann & Rosenkötter (1982) entnehmen lässt. Man muss darin einen weiteren Beleg dafür sehen, wie konflikthaft und brisant die Auseinandersetzung mit der Vergangenheit auch hier geblieben ist, wie sehr das Vergangene im Gegenwärtigen weiterlebt. Dies ist besonders bemerkenswert bei Vertretern einer Wissenschaft, deren genuiner Gegenstand die Bearbeitung der lebensgeschichtlichen Vergangenheit ist. Erinnern und Durcharbeiten sind zentrale Kategorien der psychoanalytischen Arbeit – mit dem Ziel, dass die Gegenwart freier gestaltet werden kann.

Über lange Zeit hat sich die Psychoanalyse in erster Linie mit den Opfern des Nationalsozialismus und ihren Kindern beschäftigt (Kestenberg 1974; Ahlheim 1985; Grünberg 2000b). Die Kinder der Täter gerieten erst danach in den Blick und mit ihnen die Kinder derjenigen, die im weiteren oder engeren Sinne in das Dritte Reich verstrickt waren (zum Beispiel: Grünberg & Straub 2001; Moser 1999). Wie dramatisch ihre innere Situation nach dem Krieg gewesen sein dürfte, zeigt bereits die folgende Überlegung. Für überzeugte Nationalsozialisten stellten die eigenen Kinder etwas ganz besonderes dar. Eingebettet in die Sehnsucht nach einer unumstößlich heilbringenden Entwicklung, einem tausendjährigen Reich, repräsentierten sie das Ideal eines neuen Menschentypus, des arischen Herrenmenschen. Plötzlich sind sie in dieser Rolle völlig funktionslos geworden. Und nicht nur das: Ihre Existenz wurde zum lebendigen Beweis dafür, dass die Eltern der Vergangenheit nicht folgenlos entgehen können. Aber auch die Kinder derjenigen sind betroffen, die keine glühenden Nationalsozialisten waren, die sich als Mitläufer erwiesen, die Verhältnisse duldend hinnahmen oder sich anpassen mussten. So hat sich Eckstaedt (1989) ausführlich mit den Kindern der Generation beschäftigt, die im Nationalsozialismus heranwuchs oder zu dieser Zeit bereits erwachsen war. Sie zeigt eindrucksvoll, wie gravierend die Folgen waren, die sich aus dem Schweigen der Eltern über die Vergangenheit ergaben. Die nachwachsende Generation stand vor einem unerklärten Nichts. Als Kinder mussten sie etwas Unbegreifliches in sich aufnehmen, ohne dass sie eine Sprache dafür finden konnten. Dies hat ihre Entwicklung entscheidend geprägt, wie Schmidbauer (1998) zeigt. Unter dem Titel „Ich wusste nie, was mit Vater ist", berichtet er über die Traumatisierungen des Krieges, die sich auch auf die Nachkriegsgeneration erstrecken.

1.3 Eine problematische Lösung: Das zwanglose Aufwachsen in einer spannungsfreien Mutter-Kind-Beziehung

Die Arbeit Chamberlains fordert aber auch Kritik heraus. Wesentliche Erkenntnisse sind dadurch entstanden, dass die Erziehungsmaßnahmen Haarers mit den Ergebnissen der neuen empirischen Säuglingsforschung konfrontiert werden. Als Interpretationsfolie spielt neben der Säuglingsforschung auch die mit ihr verbundene Bindungstheorie eine bedeutsame Rolle. „Den wichtigsten Rückhalt für Chamberlains Untersuchungen bilden Erkenntnisse der psychoanalytischen Säuglingsforschung und der Bindungsforschung zur Entwicklung der Interpersonalität ..." (Müller-Hohage 2000, 132). Bezugspunkte sind vor allem Dornes „kompetenter Säugling" (1994), Sterns „Tagebuch eines Babys" (1991) sowie Klaus & Kennels Arbeit über die „Mutter-Kind-Bindung" (1987). Damit wird eine wichtige theoretische Grundlegung vorgenommen, die durchaus nicht so unproblematisch ist, wie sie auf den ersten Blick erscheinen mag.

Chamberlains Buch durchzieht die Annahme, dass eine spannungsfreie und undramatische Mutter-Kind-Beziehung für die psychische Entwicklung des Kindes unentbehrlich sei, eine Beziehungsform, die der natürlichen Ausstattung des Kindes entspräche. Spannungsfreiheit gilt als der Gegenpol zur Erziehung Haarers: „Ganz deutlich ist auch, dass das nach Haarer aufgezogene Kind kaum Zeiten relativer Spannungsfreiheit erlebt. Es wird ständig bedrängt und zwar sowohl von der Mutter und ihren strengen Regeln als auch immer wieder von ‚eigenen Bedürfnissen‘, die nicht befriedigt oder sogar durch die harte Behandlung der Erwachsenen überhaupt erst erzeugt werden" (Chamberlain 2000, 91). Die ständige innere Anspannung des Kindes verhindere, dass ein „Spielraum" entsteht, den das Kind zur Erkundung seiner selbst dringend benötigt. Unter Spielraum verstehen die Säuglingsforscher eine primär nicht zielgerichtete, spannungsfreie, spielerisch angelegte Interaktion mit der Mutter. Gleichermaßen unbeschwert und undramatisch soll ein eigenständiges, unbeschwertes Erkunden der sächlichen Umwelt ermöglicht werden. Die Betonung liegt auf der selbstständigen Entwicklung, der Eigenaktivität des Kindes und dem unbeschwerten Lernen in einem ungestörten und geschützten Raum. Eine spannungsfreie und undramatische Beziehung sieht Chamberlain als Voraussetzung und ebenso als Folge für eine Wechselseitigkeit zwischen Mutter und Kind an. Ansonsten entstünden Bindungslosigkeit und innere Leere. Der manipulativen Außensteuerung des Kindes werde damit Tür und Tor geöffnet.

Deshalb plädiert Chamberlain (2000, 107) für einen intensiven emotionalen Kontakt, der nicht durch äußere Vorgaben zwangsweise beschnitten wird: „Kann die Mutter mit ihrem Kind *leben*, dann hat dieses auch die Möglichkeit, seinem natürlichen Repertoire zu vertrauen und sich zwanglos in der noch fremden Welt zurechtzufinden. Muss die Mutter mit der Geburt den Kampf gegen das Kind aufnehmen, dann wird dieses eine Weile brauchen, bis es sich orientiert, das heißt *Überlebens*strategien entwickelt und sich den Vorgaben der Mutter angepasst hat. Es kann so einige Zeit dauern, bis ein Kind begriffen hat, dass sein genetisches Programm ‚falsch‘ ist."

Auf den ersten Blick erscheint dieses Plädoyer für eine dialogische und zwangfreie Beziehung in der frühen und frühesten Kindheit überzeugend. Vor allem im Kontrast zu Haarers Erziehungsidealen bietet es sich an, Chamberlain zu folgen. Eine genauere Betrachtung lohnt dennoch: Wesentlich geht es hier um das „natürliche Repertoire" des Kindes, das zur Entfaltung drängt, sowie die Annahme, das Kind könne sich ohne äußeren Druck „zwanglos in der noch fremden Welt zurechtfinden". Der Rückgriff auf ein „natürliches Repertoire", also etwas Vorgegebenes, lässt sich mit Hilfe der empirischen Säuglingsforschung unschwer begründen. Das Kind gilt von Anfang an als aktiv, auf seine Umwelt bezogen und in der Lage, Interaktionen mit der Mutter wesentlich (mit)zugestalten. Bereits der Säugling verfügt demnach über ein ausgeprägtes Erkundungsverhalten und die Fähigkeit zu diversen Wahrnehmungs- und Diskriminierungsleistungen. Er ist aus sich heraus kompetent. Ein zwangloses Sich-in-der-Welt-Zurechtfinden beinhaltet die Vorstellung, dass ein im Kern ungestörter Entwicklungsverlauf möglich und wünschenswert ist. Von außen kommende, einschränkende und störende Bedingungen müssen deshalb vom Kind ferngehalten werden. Dieses immer wieder formulierte Entwicklungsbild stellt einen zentralen Bestandteil der Überlegungen Chamberlains dar. Es erfährt eine Stärkung auch dadurch, dass eine aggressive Triebhaftigkeit des Kindes verneint wird. Das kleine Kind gilt seinem Wesen nach als friedfertig: Ein in seiner Person liegendes, triebbedingtes Störungspotenzial für die Kind-Umwelt-Beziehung, wie von Freud (1930) behauptet, existiere deshalb nicht. Auch hierin kann sich die Autorin auf die Interpretation von Daten berufen, die aus der Säuglingsforschung stammen.

Das „zwanglose" Aufwachsen und die Entfaltung des natürlichen Entwicklungsrepertoires ist mit einem Bild der inneren Situation des Kindes verbunden, das sich durch eine weitgehende Konfliktfreiheit auszeichnet. Chamberlain benennt eine Fülle von Beispielen, die eine harmonische und konfliktfreie Mutter-Kind-Beziehung illustrieren. Sie beziehen sich unter anderem auf die ersten Interaktionen zwischen Mutter und Säugling, insbesondere das Nutzen einer sensiblen Phase kurz nach der Geburt, die Notwendigkeit eines haltenden, Sicherheit gebenden Körperkontakts, das Stillen und die besondere Art der Verbindung, die dabei durch den Blickkontakt entsteht, sowie den lautlichen Dialog zwischen Mutter und Säugling. Im späteren Alter wird das gemeinsame Essen in der Familie genannt, ein Ereignis, das ebenso gemeinsamkeitsstiftend wirkt wie das Spiel von dreijährigen Kindern, die positiv aufeinander bezogen und harmonisch miteinander verbunden sind. Der überwiegende Teil der angeführten Beispiele bezieht sich auf das frühe oder früheste Lebensalter.

Die innere Situation des Kindes soll mit der beschriebenen interaktiven Harmonie und Spannungsfreiheit korrespondieren. Einige der bei Chamberlain ausgeführten Fallberichte und Untersuchungsbefunde wirken dabei stark idealisiert. So wird auf Seite 29 ihres Buches eine Beschreibung Wedemeyers (1994) zitiert. Sie beinhaltet die stürmische und umstandslose Begeisterung einer Gruppe von Kindern, die ein neues Geschwisterkind bekommen haben. Eine entsprechende Passage findet sich auch an anderer Stelle, in einem Bericht über die Begeisterung eines türkischen Jungen für seinen neugeborenen Bruder. Was hier fehlt, ist eine vollständige Wahrnehmung unterschiedlicher Erlebensaspekte, vor allem solcher, die sich mit den beschriebenen Gefühlen nicht konfliktlos vertragen. So bleiben Angst und Neidaffekte völlig unerwähnt, die sich jedoch notgedrungen einstellen, wenn ein Kind durch ein neues Geschwister in eine veränderte Beziehungskonstellation gerät und in der Folge auf Wichtiges verzichten muss.

Ein weiteres Beispiel mag hier zur Illustration genügen. Es lehnt sich an Stern (2000b) an und betrifft den visuellen Kontakt. Ein intensiver Blickkontakt gilt als überlebenswichtig. Er soll für das Kind eine tragende Verbindung zur Welt herstellen und ihm einen basalen Schutz vor vielfältigen Gefahren bieten. „Die Augen sind dem Baby das Fenster zur Seele der Mutter, durch die Augen erhält es Zugang zur psychologischen Mitte einer Person" (Chamberlain 2000, 37). Wiederum fällt auf, dass es vor allem die konfliktfreien Beziehungsmomente sind, die akzentuiert werden. Sie gelten als entwicklungsdeterminierend. Sehr viel weniger oder gar keine Beachtung findet der Gegenpol, nämlich dramatische Situationen, die Kinder in innere Konflikte stürzen können. Dies ist zum Beispiel dann der Fall, wenn ein Kind einerseits von heftiger Wut überflutet wird, zugleich aber auch von Angst erfüllt ist, die daraus resultiert, dass es seine aufgeheizte Affektivität und Impulsivität als zerstörerisch erlebt. Das Kind wird dann zwischen unterschiedlichen Polen seines Erlebens hin- und hergerissen sein, gerät mit sich selbst in Konflikt, wenn es zu einer Integrationsleistung noch nicht in der Lage ist. In einer solchen Situation, bei versagender Abwehr, kann die Kontrolle über sich selbst verloren gehen. Und ebenso der innere Bezug zur Mutter. Das Kind ist auf sich selbst verwiesen und unternimmt deshalb verzweifelte Suchbewegungen, die temporär keinen sicheren Ort mehr finden können. Die Möglichkeit eines ausgleichenden, ruhigen Blickkontaktes besteht dann nicht mehr.

Auch Chamberlain beschreibt heftige Affektzustände, die Kinder in Grenzsituationen führen können. Mit einer inneren Konflikthaftigkeit werden sie jedoch nicht in Beziehung gebracht. Das Thema bleibt ein anderes. Es ist das einer gelungenen oder misslungenen Abstimmung von Mutter und Kind. Im ungünstigen Fall – wie bei Haarer – macht das Kind die Erfahrung, dass sein Erleben nicht zur Umwelt passt. Es spürt, dass „... sein innerer Kompass nicht stimmt ..." (Chamberlain 2000, 70). In der Folge stellen sich verzerrte Wahrnehmungen ein, eine Orientierungslosigkeit sowie die Neigung, sich von außen manipulieren zu lassen.

Insgesamt entsteht bei Chamberlain ein erhebliches Ungleichgewicht. Nahezu die gesamte psychische Entwicklung wird unter dem Aspekt eines dialogisch angelegten Wachstums gesehen, das in seinem Kern spannungsfrei und undramatisch verlaufen kann. Hingegen nur spärlich bedacht ist die innere Konflikthaftigkeit des Kindes. Es dominiert ein einseitiges Entwicklungsbild, das sich vornehmlich an den Ergebnissen der empirischen Säuglingsforschung orientiert. Ihre Einsichten werden verabsolutiert, so als gäbe es keinen anderen, zur Säuglingsforschung konträren entwicklungspsychologischen Erkenntnisschatz. Zugleich dominiert auf der Beziehungsebene ein frühes Versorgungsmodell, das in seinem Geltungsbereich über die Säuglingszeit hinausreicht und als Referenzsystem für die gesamte Entwicklung gilt.

Auf einen weiteren wichtigen Aspekt sei hier hingewiesen. Das Widerstandspotenzial des Kindes gegen die Gesellschaft, das Freud (1930) über den Triebbegriff scharf postuliert, ist bei Chamberlain gänzlich anders gefasst. Es soll in der natürlichen, nicht-triebhaften Ausstattung des Kindes enthalten sein. Konkret: In einer biologischen Fundierung des Lebens, die sich wesentlich in einem primären Objektbezug zur Mutter, der Eigenaktivität des Kindes oder einem genuinen Neugierverhalten zeigt. Diese Anlagen dürfen nicht gestört werden. Die gravierende Differenz besteht darin, dass Freud von einer grundlegenden Unversöhnlichkeit, zwischen den Triebbedürfnissen des Kindes einerseits und gesellschaftlich erzwungenen Anpassungsnotwendigkeiten auf der anderen Seite ausgeht. Bei Chamberlain wird das Spannungsverhältnis von Kind und Umwelt, in Übereinstimmung mit der Säuglingsforschung, nicht mehr als antagonistisch gedacht. Bei einem hinreichend guten Dialog lösen sich spannungsreiche innere Erfahrungen auf. Eine grundlegend harmonische Beziehung wird möglich. Insofern ist das Widerstandspotenzial des Kindes begrenzt und allein auf eine Umwelt bezogen, die sich nicht adäquat auf die kindlichen Bedürfnisse einstellt. Haarers Erziehung stellt demzufolge den Prototyp einer misslungenen Abstimmung von Mutter und Kind dar, die zur Bindungslosigkeit führt.

Eine Bindungslosigkeit in der Mutter-Kind-Beziehung soll dazu dienen, dass sich die Ziele der nationalsozialistischen Erziehung besser durchsetzen lassen. „Das ist die Basis für die Heranzüchtung des an kein Gewissen, an keine Werte oder Moral, des an keinen Menschen, auch keine Heimat wirklich gebundenen, für jedes Ziel einsetzbaren ‚Typus' ..." (Chamberlain 2000, 168). Die nach Haarers Prinzipien erziehende Mutter verweigere dem Kind eine tragende, sichernde und die Persönlichkeit stärkende Beziehung. Sie gibt dem Kind keine innere Heimat und vermittelt ihm ebenso wenig eine humane Wertorientierung, die eine (relative) Unabhängigkeit von äußeren Zwängen und Verführungen sichern kann. Die Mutterliebe soll strategisch eingesetzt werden, um die Steuerung des kindlichen Verhaltens zu erleichtern. Das Kind wird von Anfang an im Unsicheren gelassen, da es sich über seine Ängste am besten manipulieren lässt. „Die Mutter also setzt das Kind von frühauf der Todesangst aus … Das Kind liebt die Mutter, es kann gar nicht anders. Die Mutter sagt, dass sie das Kind liebt. Und auf ihre sentimentale und pervertierte Art tut sie das wohl auch" (Chamberlain 2000, 159).

So werden Mütter zu Erfüllungsgehilfinnen und Handlangerinnen nationalsozialistischer Erziehungsideale. Oder sie lassen zumindest fahrlässig zu, dass ihre Kinder später für die nationalsozialistische Ideologie anfällig werden und auch bereit sind, diese tatkräftig umzusetzen. Die Tabuisierung dieses Umstandes führt Chamberlain zu Recht darauf zurück, dass lange Zeit versucht wurde, Frauen und Mütter allein als Opfer zu sehen. Sie waren es jedoch nicht: Aktiv und ohne dazu gezwungen zu sein, haben sich aus Chamberlains Sicht viele Mütter den beschriebenen Erziehungsmaßnahmen verschrieben. Sie sind ihnen, wie es scheint, nicht selten bedingungslos gefolgt.

Aus welcher Motivation heraus dies geschehen ist, bleibt zunächst offen. Die Beantwortung dieser Frage steht bei Chamberlain auch nicht an erster Stelle, da es ihr vor allem um Auswirkungen auf die Kinder geht. Dennoch lassen sich aus dem Text einige Rückschlüsse ziehen. Zunächst fällt auf, dass ein Bild der Mütter gezeichnet wird, das aus einer Alternative besteht: Mütter können Bindung herstellen oder sie verweigern, Freiheit gewähren oder Freiräume rauben, das Kind schützen oder es den nationalsozialistischen Idealen schutzlos ausliefern. Die Beziehung zum Kind kann gelingen oder misslingen. Die Mutter wird sich als hinreichend gut erweisen oder sie versagt, so dass die Mutter-Kind-Beziehung entgleist. Eines gilt dabei für die Mutter nicht: Sie befindet sich in keinem Spannungsfeld zwischen unterschiedlichen Anforderungen und Wünschen, ist nicht zwischen äußeren Zwängen und inneren Bedürfnissen hin- und hergerissen. Und auch nicht zwischen inneren Wünschen, die sich nicht miteinander vereinbaren lassen. Weder vom bewussten Erleben her noch untergründig erscheint sie bei Chamberlain als in sich selbst konflikthaft.

Eine innere Ambivalenz der Mütter taucht nicht auf, so dass hier eine deutliche Analogie zur Beschreibung der kindlichen Situation zu sehen ist. Auch die Mutter scheint auf eine frühe Entwicklungsposition festgelegt zu sein, in der es um eine noch konfliktfrei bleibende Versorgung des Kindes geht, die sie ermöglichen oder verhindern kann. So geht etwas Entscheidendes verloren: Die Dimension des inneren Konflikts, die sich zum Verständnis der Mütter in der damaligen Zeit als unumgänglich erweist. Folgende Fragen werden gar nicht erst gestellt: In welcher Konfliktlage mögen sich etwa Mütter befunden haben, die zwischen nationalsozialistischen Größenfantasien und der Sorge um das Wohlergehen ihres Kindes standen? Die einerseits fasziniert waren von der Idee, ihr Kind würde den allein wertvollen Menschentypus repräsentieren, und zugleich berührt davon, welche Entbehrungen das Kind für dieses Ziel auf sich nehmen sollte. Was ist mit einer Mutter, die ihr Kind nicht in „sentimentaler und pervertierter" Weise liebt, und sich dennoch gezwungen sieht, Erziehungsforderungen der Umwelt oder der Familie zu folgen, um ihre Sympathie nicht zu verlieren? Und wie sieht die innere Situation einer Mutter aus, die sich durch Haarer in ihren eigenen Kontrollwünschen bestätigt fühlt und zugleich unter einem schlechten Gewissen leidet?

Die Betrachtung der Mütter reduziert sich bei Chamberlain weitgehend auf ihr manifestes Verhalten und ihre bewussten Intentionen, soweit sie sich aus den herangezogenen Quellen erschließen lassen. Eine tiefer liegende innere Dramatik, die sich unter der scheinbar ruhigen Oberfläche versteckt, tritt deshalb nicht in Erscheinung. Und das nicht ohne Grund: Sie würde die ersehnte Möglichkeit einer konfliktfreien Mutter-Kind-Beziehung nachhaltig in Frage stellen.

Dies führt zu einem anderen wichtigen Themenkomplex. Auch über die bereits beschriebenen klassischen Konfliktebenen hinaus wird die innere Problematik der Beteiligten abgeschwächt. Denn Chamberlain nimmt eine folgenreiche kategoriale Unterscheidung vor, indem sie zwischen „wirklichen" Gefühlen und Pseudogefühlen differenziert. Pseudogefühle entstehen aus unterdrückten „wahren" Empfindungen, sind also Ersatzbildungen. „Allerdings muss etwas an die Stelle der verbotenen Gefühle treten, die innere Leere könnte sonst zu bedrohlich werden und in die Depression oder in den psychischen Zusammenbruch führen. Deshalb müssen Pseudogefühle in der Form von Sentimentalitäten, Pathos und Erregungszuständen erzeugt werden ..." (Chamberlain 2000, 180). Insbesondere heftige, positiv auf den Nationalsozialismus bezogene Gefühlsregungen gelten als „Pseudogefühle" – als etwas „Erzeugtes", das ursprünglich gar nicht vorhanden ist und dem Individuum von außen nahe gebracht, wenn nicht gar implantiert wird. Pseudogefühle sollen zum Beispiel die ungehemmte Begeisterung für nationalsozialistische Werte kennzeichnen, für die Volksgemeinschaft, für Heimat oder Kameradschaft. Ebenso sollen sie sich in der bedingungslosen Bewunderung und auch der Unterwerfung unter die Führerfigur Hitler zeigen.

In diesem Zusammenhang ist bei Chamberlain häufig von Symbiose die Rede. Anders als bei Mahler (1972) und getreu der modernen Säuglingsforschung gilt die Symbiose nicht mehr als ein normales Übergangsphänomen. Unter symbiotischer Verschmelzung wird vielmehr ein regressiver Zustand verstanden, der einer pathologischen Beziehung folgt. Nur Kinder, die keine ausreichende Bindung erfahren haben, müssten notgedrungen in einen Zustand von Indifferenz, der Symbiose, flüchten. „Der nationalsozialistische Typus ist nie in der Lage gewesen, die Grenzen seines eigenen Körpers kennen und lustvoll besetzen zu lernen. Er ist quasi ohne Haut ... geblieben, [unter anderem], weil er die Haut nie als ein wichtiges Kontaktorgan erfahren und die Grenzen seines eigenen Körpers nie am Körper eines anderen Menschen erspüren durfte. Seine Körpergrenzen bleiben ihm deshalb unsicher" (Chamberlain 2000, 177). Das prädestiniere ihn dafür, sich symbiotisch verschmelzend einer Führergestalt oder Ideologie hinzugeben. Insbesondere Massenphänomene werden als Ausdruck einer solchen psychischen Disposition verstanden. Nicht im Sinne eines ersehnten, lustvoll erlebten Zustandes, sondern als eine pathologische Ersatzbewegung. Sie hat das Ziel, die innere Leere auszugleichen, die auf Grund mangelnder Bindungserfahrungen entstanden ist. Pseudogefühle treten an ihre Stelle.

Der Begriff des Pseudogefühls erweist sich jedoch als fragwürdig. Es darf mit Recht bezweifelt werden, ob er die beschriebenen Phänomene angemessen trifft. Von Hitler muss eine große Verführungskraft ausgegangen sein. Voller Begeisterung wurde er von der Gattin eines berühmten Klavierfabrikanten, Helene Bechstein, in die vornehme Berliner Gesellschaft eingeführt. „Hitler wusste die Sympathien seiner

weiblichen Anhänger raffiniert zu nutzen. ... [Er trat] in den – von Frauen dominierten – kulturbeflissenen Salons [als] österreichische[r] Charmeur [auf], verteilte
Handküsse und erschloss der NSDAP eine neue, vor allem aber finanzkräftige
Mitgliederschicht" (Sigmund 2000a, 11). Die Faszination, die er ausstrahlte, war
beträchtlich. So schenkte Helene Bechstein „... ihrem Idol ... eine Luxuslimousine,
... einen Mercedes um die horrende Summe von 26 000 Mark". Mit der Begründung: „Wolf [Hitlers Pseudonym], Sie müssen den schönsten Wagen fahren, den es
gibt. Sie verdienen ihn" (Sigmund 2000a, 11). Elsa Bruckmann, um ein weiteres
Beispiel zu nennen, sorgte in grenzenloser Hilfsbereitschaft dafür, dass einflussreiche
Industrielle und Verleger wie Emil Kirchdorf und Hugo Bruckmann sämtliche
Schulden Hitlers übernahmen. Und von Winifred Wagner ist aus dem Jahre 1923
überliefert: „... seit Jahren verfolgen wir mit größter innerer Teilnahme und Zustimmung die aufbauende Arbeit Adolf Hitlers, dieses deutschen Mannes, der, von
heißer Liebe zu seinem Vaterlande erfüllt, sein Leben seiner Idee eines geläuterten,
einigen, nationalen Großdeutschlands zum Opfer bringt ... seine Persönlichkeit hat
wie auf jeden ... auch auf uns einen tiefen, ergreifenden Eindruck gemacht ... Ich
gebe unumwunden zu, dass auch wir unter dem Banne dieser Persönlichkeit stehen,
dass auch wir in den Tagen des Glücks zu ihm standen, nun auch in den Tagen der
Not ihm die Treue halten" (zitiert nach: Sigmund 2000b, 169).

Diese Passage klingt trotz aller idealisierender Übersteigerung kaum so, als sei sie
nicht aus voller Überzeugung und mit innerer Stimmigkeit gesprochen. Auch viele
andere Beispiele, die Sigmund anführt, weisen in die gleiche Richtung. Sie zeugen
von einer großen ungebrochenen inneren Beteiligung. Von etwas Unechtem oder
Fremden ist nichts zu spüren, weder im Detail noch im Gesamten der Darstellung.
Pseudogefühle hingegen verbleiben an der Oberfläche, werden von außen nahe-
gelegt oder zwangsweise produziert. Anders als wirkliche Empfindungen sind sie
als Ersatzbildungen nicht mit genuin zur Person gehörenden Bedürfnissen verbunden. Zum Kern der Persönlichkeit gehören sie bei Chamberlain nicht.

Auch Hans Günther Zempelin berichtet, um ein weiteres Beispiel zu nennen, als
ehemaliger Schüler der Napola („Nationalpolitische Erziehungsanstalt") von der
großen Verführungskraft der Nationalsozialisten. „Hitler und seine Gehilfen haben es verstanden, ganz normale und meist nicht unintelligente junge Menschen in
oft nur zwei oder drei Jahren in einer Napola zu einem Denken und Handeln zu
erziehen, das bis zur freiwilligen Selbstaufopferung gehen konnte und das heute
unbegreiflich ist" (Zempelin 2001, 15). Bemerkenswert ist der Begriff der freiwilligen Selbstaufopferung. Eine gewaltsam erzwungene Unterordnung spielt nämlich
in Zempelins Darstellung nur eine begrenzte Rolle. Sehr viel wichtiger sei die
narzisstische Faszination gewesen: Der Wunsch nach Partizipation an einer grandiosen Bewegung, die die Deutschen für einzigartig wertvoll hält und die erlittenen
nationalen Kränkungen in einer 1000-jährigen Mission ungeschehen machen will.
Für die Kinder von Opfern und Gegnern der Diktatur war die nationalsozialistische
Zeit voller Angst und Schrecken. „Wer jedoch zu der – weitaus größeren – Gruppe
derjenigen Deutschen gehörte, deren Eltern schweigende Dulder, Mitläufer oder
begeisterte Anhänger des Regimes waren, dessen Jugend hat ganz anders ausgese-
hen. Sie war meist erfüllt von Begeisterung und dem Glauben an eine alles individuelle und nationale Glück verheißende Zukunft" (Zempelin 2001, 11). Aus den
Beschreibungen Zempelins geht nicht hervor, dass zwangsweise herbeigeführte
Pseudogefühle eine Rolle gespielt haben könnten.

Die Rede von den Pseudogefühlen ist deshalb so problematisch, weil sie innere Beteiligungen unterschätzt und Verantwortlichkeiten abschwächt. Pseudogefühle haben etwas Unwirkliches, Ersatzweises. Damit wird der Blick darauf verdunkelt, dass Verführungen den Menschen an einer entscheidenden Stelle treffen können. Sie aktivieren etwas aus dem Inneren, das bisher latent blieb. In der Folge entstehen Affekte von großer Stimmigkeit und Handlungen, die aus innerer Überzeugung durchgeführt werden. Dann gehört das Erleben wirklich zur Person und das Handeln ist wirklich gewollt. Die Bedeutung von Manipulation, sozialem Druck und Zwang soll damit nicht geleugnet werden. Insbesondere für junge Menschen mag es sehr schwierig gewesen sein, sich der nationalsozialistischen Weltanschauung und ihrer Faszination zu entziehen. Gleichwohl ist zu bedenken, dass auch reife Persönlichkeiten diesen Verführungen erlegen sind – auf allen Altersstufen, bei unterschiedlichem Bildungsgrad und sozialen Lagen. Ohne den entsprechenden historischen Hintergrund ist es sehr unwahrscheinlich, dass die Einzelnen so erlebt und auch gehandelt hätten, wie sie es nun einmal taten. Verantwortlich dafür sind sie dennoch, und auf Pseudogefühle können sie sich wohl kaum berufen.

Deutlich grenzt sich Chamberlain auch gegenüber den Überlegungen Liftons (1986) ab, der Spaltungsprozessen bei Tätern eine besondere Aufmerksamkeit schenkt. Nazi-Täter konnten demzufolge gegenüber den Opfern von unglaublicher Grausamkeit sein, in anderen Lebensbereichen aber feinsinnig, fürsorglich und liebevoll. Beide Bereiche des Erlebens bleiben isoliert, kommen nach Lifton nicht miteinander in Berührung.

Diese bereits zuvor von Alexander Mitscherlich (1979) formulierte These ist vor allem deshalb beunruhigend, weil sie sich auf „ganz normale Männer" bezieht, wie Browning (1996) sie nennt. Und auch auf Frauen, wie man hinzufügen muss. Sie weisen keinerlei Zeichen bedeutsamer seelischer Erkrankungen auf. Ebenso wenig finden sich Einschränkungen in ihrer sozialen Funktionsfähigkeit. Das Erschreckende besteht in der ungeahnten Aggressivität und Destruktivität, über die sie untergründig verfügen. Sobald die äußeren Umstände dazu aufforderten oder einluden, haben sie sich ihren Weg gebahnt. „Ohne Mordauftrag sind diese Leute buchstäblich harmlos. Die Rolle des Wehr- oder SS-Dienstpflichtigen, der getötet hat, können sie abwerfen, wie die Eidechse den Schwanz abwirft; das hat sich in der Zeit nach 1945 deutlich gezeigt" (Mitscherlich 1979, 185). Und weiterhin: „Was Amérie vom Gefolterten sagt, daß er mit der Erinnerung an ein furchtbares Ereignis weiterleben muß, scheint nicht für die Folterknechte zu gelten. Die Nazimörder haben sich mühelos in die Gesellschaft der Bundesrepublik und der DDR eingegliedert. Sie haben dort keineswegs Lustmorde oder sonstige schwere Gewalttaten verübt; und auch keine Zeichen eines sie beunruhigenden Gewissens gezeigt. Ihr Gewissen hat vielmehr sofort angepasst an die neue Situation funktioniert" (Mitscherlich 1979, 187).

Diese These ist von einer ganzen Reihe von Autoren aufgenommen, weitergeführt und durch umfangreiches Material gestützt worden (zum Beispiel: Giordano 1987; Richter 1995; W. Benz 2001). Ein erneuter Beleg findet sich bei Browning (1996). Er berichtet in einer detaillierten Analyse über den Einsatz eines Polizeibataillons, das 1942 abgestellt wurde, um jüdische Bewohner in polnischen Dörfern aufzuspüren und zu töten. Das Polizeibataillon bestand aus „ganz normalen Männern", so der Publikationstitel. Sie wurden weder besonders für diese Aufgabe ausgesucht noch waren sie durch vorangehende Kriegserfahrungen geschädigt. Die Möglichkeit, freiwillig von dem Einsatz zurückzutreten, wurde allerdings kaum genutzt. Nur zwölf von 500 Polizisten nahmen sie wahr. Die gängigen Erklärungen für dieses Verhalten erwiesen sich als wenig stichhaltig. Weder lag ein Befehlsnotstand vor noch war bei einer Weigerung mit einer schweren Strafe zu rechnen. Von den folgenschweren Wirkungen einer massiven ideologischen Indoktrinierung ist ebenfalls nicht auszugehen, zumal die Beteiligten nur einen begrenzten Teil ihrer Lebenszeit im Nationalsozialismus zugebracht hatten. Bei den genannten Einflussgrößen handelt es sich um förderliche Rahmenbedingungen, die das Verhalten jedoch nicht wirklich erklären können. Niemand wurde zu dieser Tätigkeit gezwungen.

Chamberlain bezweifelt nun, dass es eine solche Spaltung in „gut" und „böse" mehr als nur in Ausnahmefällen gegeben hat. Ihrer Auffassung nach existiert ein durchgängiges, in sich im Wesentlichen nicht gebrochenes Persönlichkeitsbild der Täter. Extreme Grausamkeiten in der außerfamiliären Welt paaren sich demnach mit einer Bindungs- und Beziehungslosigkeit zu den eigenen Kindern, die wie Sachen behandelt werden. „Wahrscheinlicher und mittlerweile durch zahlreiche Berichte belegt ist, dass, wer einer brutalen und grausamen Weltanschauung anhing, sich im Berufsleben brutal und grausam verhielt, das gleiche auch zu Hause im Umgang mit seinen Kindern tat" (Chamberlain 2000, 191). Mit dieser Sichtweise will die Autorin verhindern, dass das Leid der Kinder unzulässig relativiert wird. „Alle gegenteiligen Behauptungen haben eine zudeckende Funktion..." (Chamberlain 2000, 191). Die Trennungslinie verläuft also zwischen Müttern und Vätern, die fürsorgliche Beziehungen herstellen, und anderen, die an dieser Aufgabe scheitern. Das ist die entscheidende Polarisierung. Sie betrifft nicht die Personen in sich selbst, ihre inneren Konflikte oder Spaltungen, die verhindern, dass Konflikte erlebt werden können.

Damit wird den Nazitätern, den Mitläufern und Unterstützern – entgegen der ursprünglichen Absicht – das am tiefsten Beunruhigende und Erschreckende genommen. Denn es geht hier nicht um einzelne pathologische Einzelfälle, sondern darum, wozu Abertausende von normalen Menschen fähig waren. „Das Erschreckende am ‚gewöhnlichen Nationalsozialismus' war eben die Normalität seiner Anhänger", wie Giordano (1987, 16) meint. Chamberlain (2000, 187) hingegen nimmt an, dass „Haarer, wie viele andere Nazis auch, wahrscheinlich tatsächlich psychisch gestört war". Mit dieser These entfernt sie die Autorin der Mütterratgeber aus dem Bereich des Normalen, Alltäglichen und deshalb aber nicht um so weniger Schrecklichen. Die vielfältigen, eine sehr große Personenzahl betreffenden Verstrickungen in die nationalsozialistische Zeit geraten in die Nähe des Pathologischen. Chamberlain (2000, 192) schreibt: „Dass ein autonomer, kontakt-, bindungs-, und damit beziehungsfähiger Mensch über zwölf Jahre oder länger sich vom Nationalsozialismus hätte vereinnahmen oder positiv beeindrucken lassen können, das halte ich für ausgeschlossen."

1.4 Schlussfolgerungen

Chamberlains Gegenentwurf zu einer nationalsozialistischen Erziehung, die auf Dressur und Unterordnung beruht, lehnt sich konsequent an die Säuglingsforschung und die Bindungstheorie an. Die Kategorien der Bindung und interaktive

Bezogenheit stehen dabei nahezu exklusiv im Mittelpunkt der Betrachtungen. Bei der Wahl von Säuglingsforschung und Bindungstheorie als dominanter Interpretationsfolie kann sich die Autorin auf den „neuesten" Stand der wissenschaftlichen Erkenntnis berufen. Aufgrund ihres empirisch exakten Vorgehens wird der Säuglingsforschung zur Zeit eine superiore Position unter den entwicklungspsychologischen Schulen eingeräumt.

Ohne Zweifel wird mit einem intensiven, die Bindung fördernden Austausch zwischen Mutter und Kind eine wichtige Grundbedingung dafür benannt, dass sich Kinder gut entwickeln können. Die Beschränkung allein auf diesen Aspekt, so populär er gegenwärtig auch sein mag, erweist sich jedoch als nachteilig und folgenschwer. Wie gezeigt wurde, verstellt sie den Blick auf die innere Konflikthaftigkeit des Kindes. Weitgehend ausgeblendet werden auch die inneren Konflikte der Mütter. Fast zwangsläufig treten an die Stelle von tief im Inneren verankerten Verstrickungen „Pseudogefühle", die der Person letztlich äußerlich bleiben. Die innere Beteiligung an den Verführungen, die von den Nationalsozialisten ausgingen, wird dadurch abgeschwächt, unwirklicher gemacht, entdramatisiert. Dies gilt auch für die Annahme, Spaltungsprozesse habe es bei den Nazitätern, Mitläufern und Duldern nur am Rande gegeben. Auch hier wird das Ausmaß der Verstrickung unterschätzt, in die Menschen geraten können, ohne dass sie von einer „Normalität" weit entfernt wären oder gar als psychisch krank bezeichnet werden könnten. Tief Beunruhigendes und Erschreckendes wird von Chamberlain relativiert: Sie hält es kaum für denkbar, dass gesunde, bindungsfähige Menschen dem Nationalsozialismus dauerhaft mit Haut und Haaren verfallen können.

Dabei gerät der Einzelne als verantwortlicher Gestalter seiner Entwicklung weitgehend in den Hintergrund. Im Vordergrund steht das passiv Erlittene. Das aus bewussten oder unbewussten Motiven aktiv Hergestellte tritt dahinter zurück. Wichtige Themen geraten deshalb über Gebühr an den Rand, oder sie werden gar nicht mehr gesehen: die Lust an der Aggressivität und die Befriedigung, die Zerstörungswünsche bieten können, Verführung und narzisstischer Triumph, Schuld und Scham, Verdrängung und Verleugnung. An ihre Stelle tritt die Hoffnung, dass sich diese Themen erübrigen mögen, wenn die Mutter-Kind-Beziehung in einer weitgehend spannungsfreien und undramatischen Erlebens- und Erfahrungswelt gelingt.

Das Festhalten an dieser Hoffnung dürfte daraus gespeist sein, dass eine offene Auseinandersetzung mit dem Vergangenen zu fast unerträglichen Schuld- und Schamgefühlen führt. Diese Schuld- und Schamgefühle werden deshalb so sehr gefürchtet und so heftig abgewehrt, weil sie aus einer eigenen aktiven Beteiligung resultieren. Schuldgefühle entstehen aus der Identifikation mit den Taten, die andere verübt haben, ihrer stillschweigenden Duldung oder auch aus dem selbst Begangenen. Auch Schamgefühle stellen sich fast unumgänglich ein. Wegen der Zugehörigkeit zu einem Volk, das zu den nationalsozialistischen Taten in der Lage war, oder auch, weil es nicht gelang, die Geschehnisse aufzuhalten. Weiterhin als Folge des Zusammenbruchs von Größenfantasien, eines grandiosen Selbst, das an die Identifikation mit dem arischen Übermenschen gebunden war. Schuld- und Schamgefühle sind, und das soll hier betont werden, nicht nur die Folge eines äußeren Unglücks. Das Schreckliche liegt auch in den Personen selbst (Ermann 1996; Richter 1995).

Gefürchtet wird in erster Linie eine archaische Triebhaftigkeit. Sie gefährdet die psychische Integration des Einzelnen, indem sie sicher geglaubte innere Kontrollkräfte in Frage stellt. Libidinöse Besetzungen und die Sorge um das Wohl des Mitmenschen scheinen dann plötzlich nicht mehr zu existieren. Die frei werdenden aggressiv-destruktiven Impulse können eine ungeahnte Sprengkraft entfalten, so dass ein bisher weitgehend friedfertiges Zusammenleben zerstört wird. Im Extrem, wie im Nationalsozialismus, wird ein Nachbar zum vernichtenswerten Feind. Das Erschreckende daran ist, wie ungehemmt sich destruktive Kräfte entfalten können, wenn die bisherigen äußeren Sicherungen nicht mehr greifen. Oder anders formuliert: dass der Verlust eines sichernden äußeren Rahmens einer bisher latent gehaltenen Destruktivität den Weg bahnt.

Chamberlain unterschätzt die Kraft des Bösen, indem sie ein triebgesteuertes Störungspotenzial für ein friedliches Zusammenleben verneint. Destruktives gilt als ein vermeidbares Artefakt, das in Folge einer misslungenen Mutter-Kind-Bindung entstehen soll. Einen scheinbar geeigneten Bündnisgenossen für diese Sichtweise findet die Autorin in der Säuglingsforschung. Auch sie vermag, wie im folgenden Kapitel gezeigt wird, eine primäre Aggressivität nicht zu erkennen. Die Säuglingsforschung beschäftigt sich vornehmlich mit alltäglichen, gut beobachtbaren Entwicklungsverläufen, mit Anpassungsleistungen und konfliktfreiem Wachstum. Relativ spannungsfreie und undramatische Beziehungen werden zu ihrem zentralen Thema, überwältigende affektive Erfahrungen geraten demgegenüber in den Hintergrund. Damit bedient sie ein zeittypisches Menschenbild, das mehr an vollbrachten Leistungen und problemlosem Funktionieren interessiert ist als an einer Auseinandersetzung mit inneren Konflikten. Bei der zur Zeit so verbreiteten Begeisterung für die neue Säuglings- und Kleinkindforschung werden ihre blinden Flecken und Erkenntnisgrenzen jedoch allzu gern übersehen – in vielfacher Hinsicht und nicht nur bezogen auf die Aggressionsthematik.

2 Entwicklung ohne Konflikt: Der kompetente Säugling

2.1 Die neue Säuglings- und Kleinkindforschung

Die empirische Säuglingsforschung hat in den letzten Jahren und Jahrzehnten bedeutende Forschungsergebnisse hervorgebracht. Sie gehört zu den Wissenschaftsgebieten, die gegenwärtig besonders beachtet werden, vor allem deshalb, weil sie das bisherige Bild der frühen und frühesten Kindheit einer grundlegenden Revision unterzieht. Der gravierende Perspektivenwechsel, den sie für unumgänglich hält, lässt sich kurz so umreißen: Der Säugling gilt nicht mehr als ein passives Triebwesen, das in erster Linie hilflos und abhängig ist, sondern von Anfang an als beziehungsfähig und mit einer Vielzahl von Kompetenzen ausgestattet. Er beeinflusst die Umwelt durch seine Aktivität in einem erheblichem Maße.

Mit dieser neuen Sichtweise des Säuglings geraten bisher sicher geglaubte Essentials der Psychoanalyse in die Kritik, etwa Freuds Annahme eines primären Narzissmus, Mahlers These vom symbiotischen Ursprung des menschlichen Seelenlebens oder auch die Bedeutung, die der Triebhaftigkeit des Kindes für intrapsychische Prozesse zugewiesen wurde. In der Folge, so scheint es, steht die Psychoanalyse – wieder einmal – einigermaßen blamiert da. Als eine unzeitgemäße Wissenschaft, die an überholten Konzepten festhält und sich schwer damit tut, Erkenntnisse benachbarter Wissenschaften zu integrieren. Allerdings mehren sich in jüngerer Zeit auch kritische Stimmen, die den Geltungsanspruch der Säuglingsforschung beschränken wollen. Sie warnen vor einer vorschnellen und unbedachten Aufgabe wesentlicher psychoanalytischer Theoriebestandteile, auch um der Entwicklung der Nachbarwissenschaften willen (Schulz-Klein 1999; Teising 1994).

Die neue Säuglingsforschung hat zu vielfältigen, häufig noch unabgeschlossenen Diskussionen innerhalb und zwischen den wissenschaftlichen Disziplinen geführt, die sich mit der frühen Kindheit beschäftigen – wie Psychologie, Psychoanalyse, Kinderpsychiatrie und Erziehungswissenschaft. Doch sie ist nicht nur wissenschaftlich interessant. Vielmehr erfreut sie sich auch über die Fachlichkeit hinaus einer großen Beliebtheit, wie die Auflagenhöhe des „kompetenten Säuglings" (Dornes 1994) zeigt, einer Arbeit, die inzwischen fast als klassisch gelten kann.

Die Popularität der Säuglingsforschung resultiert nicht unwesentlich daraus, dass sie ein griffiges, wenig beunruhigendes Menschenbild bereitstellt. Die Kompetenz des Säuglings lässt seine Abhängigkeit zu einem zweitrangigen Thema werden, eigenständiges Handeln ersetzt eine ohnmächtige und oft qualvolle Hilflosigkeit. Das Wachstum von Fähigkeiten tritt an die Stelle schwer zu überwindender, ängstigender innerer Konflikte. Eine sichernde soziale Gebundenheit von Anfang an scheint das Nachdenken über eine ursprüngliche Aggressivität, die das friedliche Zusammenleben gefährdet, überflüssig zu machen. Gerade im Hinblick auf Erziehungsprozesse übt die Säuglingsforschung eine erhebliche Faszination aus. Als ein Einwicklungsmodell, das weitgehend auf ein konfliktfreies psychisches Wachstum des Kindes setzt und auch Beziehungen für möglich hält, die einer genuinen Konflikthaftigkeit entkleidet sind. Ebenso wie narzissmustheoretische Entwicklungsvorstellungen oder die humanistische Psychologie, die inzwischen allerdings weitgehend an Glanz verloren hat (Ahrbeck 1998c).

Um einen Überblick zu geben, werden zunächst Ziele und Grundlagen der Säuglingsforschung skizziert und einige wesentliche Ergebnisse vorgestellt. Dabei orientiere ich mich u. a. an den Schriften von Dornes (1994/1997), einem ehemaligen Mitarbeiter des Sigmund-Freud-Instituts in Frankfurt a.M. Verdienstvoll sind seine Arbeiten vor allem deshalb, weil sie einen profunden Überblick über die weltweite Entwicklung der Säuglingsforschung beinhalten und vorliegende Befunde umsichtig und differenziert interpretiert werden. Kritische Überlegungen zur Säuglingsforschung schließen sich an.

2.1.1 Forschungsintentionen und -grundlagen

Der Beginn der neuen Säuglings- und Kleinkindforschung lässt sich auf die 60er Jahre datieren. Seit etwa 1980 erfolgt eine systematische Rezeption der Ergebnisse aus psychoanalytischer Sicht, beispielsweise durch Lichtenberg (1983) oder Stern (2000a). Die Säuglingsbeobachtung stellt dabei ein hervorragendes Forschungsmittel dar. Auch zuvor haben Psychoanalytiker Kinder beobachtet und Freud selbst hat den Wert von Beobachtungen wiederholt betont. Es sei hier nur an die Geschichte des „kleinen Hans" erinnert: Die Beobachtungen des Vaters und seine Beschreibungen spielen bei Freuds Analyse der inneren Konflikte des „kleinen Hans" eine wichtige Rolle. Auch andere entwicklungspsychologisch bedeutsame Erkenntnisse, wie die von Spitz (1974) oder Mahler (1972), entstammen der Beobachtung von Kindern oder wurden wesentlich durch sie angeregt. Neu ist jedoch, dass inzwischen extrem verfeinerte Aufnahmetechniken zur Verfügung stehen. Sie erlauben Messungen in einer Präzision, die zuvor kaum für möglich gehalten wurden. So lassen sich zum Beispiel Interaktionen in Sekundenbruchteile zerlegen und analysieren. Feinste mimische und motorische Regungen können erfasst werden. Auch ist eine Beobachtung von Kindern im Schlaf durch Infrarotkameras möglich, ohne dass man sie dadurch stört. Mit Hilfe dieser und anderer Beobachtungsmittel finden Alltagssituationen Eingang in den Forschungsprozess. Sie ersetzen die künstlichen Laborexperimente früherer Zeiten.

Die Notwendigkeit einer streng empirischen Erforschung der ersten Lebensmonate wird u. a. damit begründet, dass ein Zugang zu dieser Lebenszeit auf dem klassisch psychoanalytisch rekonstruierenden Weg kaum möglich sei. Das Geschehene könne nicht mehr ins Gedächtnis zurückgerufen werden. „Die Aufdeckung infantiler Wünsche durch die Analyse von Symptomen, Träumen und Assoziationen gerät indessen an eine Grenze, wenn man die ersten anderthalb Lebensjahre zum Gegenstand der Aufmerksamkeit macht. Diese präverbale und präsymbolische Zeit ist auf der Couch über den Prozeß der verbalen Assoziation und symbolischen Kommunikation nur beschränkt zugänglich" (Dornes 1994, 22). Blinde Flecken in der entwicklungspsychologischen Landschaft seien die unumgängliche Folge. Beobachtungen müssten deshalb an die Stelle von Erinnerungen treten.

Hinzu kommt ein weiterer grundsätzlicher Einwand: Das rekonstruierende psychoanalytische Verfahren ermögliche auch dann, wenn Erinnerungen vorliegen, allenfalls „Refigurationen" (Ricoeur), subjektive Wahrheiten über die eigene Lebensgeschichte, die in der Behandlung mit einem neuen Verständnis der eigenen Entwicklung einhergehen. Diese retrospektiven „Erzählungen" über die eigene Kindheit spiegeln individuelle, selbst konstruierte Sichtweisen wider. Ihre Relevanz liegt im klinischen Bereich. Zu den vergangenen Ereignissen stehen sie in einem ganz ungeklärten Verhältnis. Per definitionem, als subjektives Konstrukt, können Erinnerungen die vergangene äußere Realität nicht exakt wiedergeben. Sie sind wesensmäßig verzerrt und nicht selten stehen sie dem von außen Erfassbaren diametral entgegen. Insofern stellt eine allein auf rekonstruierten Daten beruhende Entwicklungspsychologie eine selektive Psychologie dar, die auf der Erzählung von Erwachsenen beruht. Sie ist deshalb keine „wahre" Entwicklungspsychologie, die sich auf nachprüfbare Fakten der äußeren Realität berufen kann – so die Kritiker eines ausschließlich rekonstruierenden Vorgehens.

Natürlich kann auch die empirische Säuglingsforschung nicht auf interpretative Leistungen verzichten. Sie ist jedoch, ihrem Selbstverständnis nach, durch die direkte Beobachtung sehr viel näher an einer ansonsten unzugänglichen Realität als alle anderen Erkenntniswege. Eine allgemeine Entwicklungspsychologie lasse sich aufgrund der exakt gewonnenen Daten fundierter entwerfen.

2.1.2 Einige wichtige Ergebnisse

Wahrnehmungsuntersuchungen der Säuglings- und Kleinkindforscher belegen, dass schon ganz kleine Kinder sehr viel mehr von der Umwelt wahrnehmen als bisher angenommen wurde. Oder vorsichtiger formuliert: Sie reagieren eindeutig auf äußere Reize, die zuvor als bedeutungslos galten.

Bereits Neugeborene verfolgen bewegte Objekte in ihrem Blickfeld mit den Augen. Sie können schon sehr früh einige Farben und bestimmte schwarz-weiß Muster unterscheiden. Als Unterscheidungskriterium gilt hier das so genannte Präferenzparadigma. Es beinhaltet, dass sich Säuglinge bestimmten äußeren Konfigurationen länger als anderen zuwenden. Im Laufe der Entwicklung ändert sich der visuelle Abtastmodus der Kinder: Im ersten Lebensmonat schauen sie vor allem auf sehr prägnante Übergänge im menschlichen Gesicht, zum Beispiel auf die Differenz von Kopfform und Hintergrund. Danach widmen sie sich einzelnen Elementen des Gesichts. Im Alter von zwei bis vier Monaten beginnen sie damit, auf experimentell vertauschte Gesichtsteile, zum Beispiel Augen und Nasen, erstaunt zu reagieren. Als Differenzierungskriterium gilt hier das so genannte Überraschungsparadigma.

Auch im Bereich des Hörens sowie der Geruchswahrnehmung lassen sich sehr früh bemerkenswerte Reaktionen feststellen. Sie betreffen bereits nach der Geburt hoch- und niederfrequente Töne, die zu einer beobachtbaren Beruhigung oder Beunruhigung führen, verbunden mit physiologischen Veränderungen, etwa der Pulsfrequenz oder des Muskeltonus. Neugeborene reagieren unterschiedlich auf menschliche Stimmen und synthetische Laute. Bereits in den ersten beiden Lebensmonaten bevorzugen sie Töne, die der Qualität der menschlichen Stimme entsprechen, wobei Köhler (1990) annimmt, dass diese Präferenz teilweise auf angeborene Faktoren zurückzuführen ist. Auch können Säuglinge bereits nach wenigen Wochen zwischen verschiedenen Stimmen unterscheiden (Freedman 1972). Das Geschrei anderer Babies stimuliert sie zu vergleichsweise stärkeren eigenen Lautäußerungen (Keller & Meyer 1982). Und Säuglinge sind offensichtlich schon mit wenigen Tagen zu Geruchsdifferenzierungen in der Lage: Sie können den Geruch der Mutter von dem anderer Frauen unterscheiden. Sie wenden den Kopf überzufällig häufiger zu der Seite der Wiege, an der ein Tuch befestigt ist, das den Geruch ihrer Mutter ausstrahlt (Macfarlane 1974).

Die beispielhaft dargestellten Untersuchungsergebnisse belegen eindeutig, dass sich Säuglinge vom Lebensbeginn an aktiv äußeren Reizen zuwenden und bestimmte Reizkonstellationen präferieren. Probleme entstehen allerdings dann, wenn es darum geht, die psychologische Bedeutung der beschriebenen Reaktionen zu bestimmen. Was erlebt das Kind, wenn es auf äußere Reize reagiert? Kann von einer Wahrnehmung im eigentlichen Sinne überhaupt gesprochen werden, einer wie auch immer gearteten Verarbeitung und psychischen Repräsentanz des äußeren Geschehens? Steht den äußeren Differenzierungen eine entsprechende innere Differenzierungsfähigkeit gegenüber? Oder handelt es sich, wie Dahl (2001) meint, um automatische Reaktionen auf der Verhaltensebene, die psychisch noch nicht verarbeitet werden können und ohne Bedeutung für das Seelenleben bleiben? Dornes (2001) teilt diese relativierenden Einwände nicht. Er führt eine ganze Reihe von Argumenten dafür an, warum er es für kaum vorstellbar hält, dass derartig differenzierte äußere Reaktionen ohne entsprechend eindrückliche innere Folge bleiben. Ich komme darauf zurück.

Untersuchungen zu Interaktionsprozessen: Die These vom „kompetenten Säugling" beruft sich nicht nur auf Wahrnehmungsstudien, sondern auch auf die Analyse früher Interaktionsprozesse. Die genaue mikroanalytische Auswertung von Interaktionssequenzen zeigt zum Beispiel, dass sich zwei Monate alte Säuglinge nicht passiv und rezeptiv gegenüber den äußeren Vorgaben der Mutter verhalten. Im Gegenteil: Sie nehmen aktiv am Interaktionsgeschehen teil und klinken sich mit eigenen „Stellungnahmen" in das Handeln der Mutter ein. Dadurch sorgen sie selbst dafür, dass das Interaktionsgeschehen modifiziert und fortgeführt wird. Oder sie initiieren ihrerseits Interaktionen, indem sie über ein bestimmtes Blickverhalten, Vokalisierungen oder Berührungen die Beziehung regulieren.

Dornes (1994, 61) beschreibt dies so: „Viele Interaktionen werden vom Säugling eingeleitet, ihr Verlauf wird von ihm kontrolliert und reguliert, und auch die Beendigung wird von beiden Partnern in äußerst subtiler Weise ausgehandelt. Wechselseitiger Blickkontakt, Blickabwenden, Wiederaufnahme des Kontakts, bestimmte wechselseitige Vokalisierungen, bestimmte Kopfbewegungen, das genaue zeitliche Timing der verschiedenen Verhaltensweisen – dieses ganz filigrane Repertoire, das man in detaillierten Filmaufnahmen zutage fördern und dokumentieren kann, zeigt, dass die interaktionelle Harmonie keine symbiotische im herkömmlichen Sinne ist. Sie ist nicht passiv und regressiv, ... sondern etwas, was er aktiv herstellt und mitgestaltet." Was vor allem reguliert wird, sind motivationale und affektive Zustände, sowohl auf Seiten des Kindes als auch auf der der Mutter. Stern (2000a) beschreibt diesen Vorgang anhand verschiedener Beispiele, unter anderem des Stillens. Er führt im Einzelnen aus, wie Affektabstimmungen gemeinsam gelingen und wie es zu Fehlabstimmungen („missattunements") unterschiedlicher Art kommen kann.

Eine wichtige Voraussetzung für Interaktionsprozesse im frühesten Kindesalter besteht darin, dass Säuglinge Gesichtsausdrücke und Bewegungen der Erwachsenen nachzuahmen vermögen. Dies gelingt bereits im Alter von zwei bis drei Wochen (Meltzoff & Moore 1977). Einiges spricht dafür, dass diese Fähigkeit bereits von Geburt an existiert.

Untersuchungen zum Selbstempfinden: Lange Zeit galt als entwicklungspsychologischer Konsens, dass Säuglinge zunächst in einzelnen, voneinander separierten Sinnesmodalitäten wahrnehmen. Nach Spitz (1974, 92) spielen sich die ersten „... Wahrnehmung[en] und Funktionen des Säuglings ... vorwiegend auf der coenästhetischen Ebene ab". Bedeutsame Sinneseindrücke ergeben sich aus dem Körperinneren (Mundhöhle, Labyrinth, Magen) sowie aus taktilen Sensationen, die an der Körperoberfläche angesiedelt sind. Die peripheren Sinnesorgane, das Hören und Sehen, tragen zum Umweltaufschluss zunächst noch nicht nennenswert bei. Sie treten erst später hinzu – als Reiz- und Informationsquellen, die anfänglich voneinander isoliert bleiben. Genau genommen geht es nach Spitz zu Beginn des Lebens noch gar nicht um Wahrnehmung. Denn Wahrnehmung muss erst gelernt werden: „Demgemäß sind wir auch nicht geneigt, beim Säugling von Wahrnehmung zu sprechen, so lange die Reize, die das Sensorium treffen und zentral verarbeitet werden, durch das Erleben des Säuglings noch nicht mit Bedeutung erfüllt worden sind. In diesem Sinne nimmt das Neugeborene nicht wahr; in diesem Sinne ist die eigentliche Wahrnehmung auf Apperzeption gegründet" (Spitz 1974, 61). Ebenso wie für Spitz gilt auch für Dührssen (1982), dass die Sinneseindrücke der ersten Lebenswochen psychisch praktisch folgenlos bleiben. Das Erleben des Kindes von sich selbst werde dadurch nicht berührt. Erst langsam, durch eine Fülle von Lernprozessen, entstünde aus Apperzeption Wahrnehmung; erst im Laufe der Zeit gelinge es dem Säugling, Empfindungen aus unterschiedlichen Sinnesmodalitäten zu integrieren. Der Bezug zur Außenwelt bleibe äußerst vage. Ein früher, über die Wahrnehmung vermittelter Kern des Selbstempfindens könne nicht angenommen werden.

Dem widerspricht die neue Säuglings- und Kleinkindforschung: „Es gibt nicht, wie Piaget und die Psychoanalyse annehmen, anfänglich eine Hörwelt, eine Sehwelt und eine Fühlwelt, die dann im Laufe der Entwicklung zu einer einheitlichen Welt koordiniert werden, sondern eher eine einheitliche Welt, die sich im Laufe der Entwicklung in viele Welten aufgliedert" (Dornes 1994, 86). Und weiterhin: „Denken, Handeln, Fühlen und Wahrnehmen existieren am Anfang nicht als solche unterscheidbaren Aktivitäten. Sie werden empfunden als zeitliche Strukturen, Intensitäten, Gestalten, Rhythmen, und als dynamische und kinetische Muster. Die Welt und das Selbstempfinden sind deshalb nicht undifferenziert und durcheinander. Sie sind von einer besonderen Ordnung" (Dornes 1994, 87).

Diese Neueinschätzung beruft sich u. a. auf Untersuchungsergebnisse zur intersensorischen Koordination oder kreuzmodalen Wahrnehmung. Dazu zwei Beispiele: 20 Tage alte Kinder wenden sich einem genoppten Schnuller, den sie im Mund hatten, länger mit den Augen zu als einem Schnuller ohne Noppen, mit dem sie nicht in Berührung kamen. Dabei wurde sichergestellt, dass die Kinder beide Schnuller zuvor nicht gesehen hatten. Es gelingt hier also, einen Zusammenhang zwischen taktilen und optischen Sinneswahrnehmungen herzustellen (Meltzoff & Borton 1979). In einem weiteren Experiment (Dodd 1979) wird eine Asymmetrie zwischen einem sprechenden Gesicht und einem verzögert eingespielten Ton hergestellt. Bereits in einem Alter von drei bis vier Monaten bemerken die Säuglinge, dass hier etwas nicht stimmt. Auch diese Untersuchung spricht dafür, dass in den ersten Lebenswochen und -monaten eine intersensorische Koordination existiert. Wahrnehmungen aus unterschiedlichen Sinnesquellen werden verglichen und zueinander in Beziehung gesetzt.

Weiterhin geht man inzwischen davon aus, dass Wahrnehmungen von Anfang an affektiv besetzt sind. Bestimmte optische Wahrnehmungen (Formen, Farben oder Bewegungen) lösen die gleichen Affekte aus wie akustische oder taktile Sensationen. So führt zum Beispiel eine heftige Körperbewegung genauso zu Erschrecken wie ein lauter Knall, eine sanfte Bewegung beruhigt ebenso wie langsame und harmonische Tonfolgen. Im Rahmen primär ganzheitlicher Empfindungen stellen die Affekte das Bindeglied zwischen den „Wahrnehmungen" einzelner Sinnesmodalitäten dar: „Der Affekt ist ... die Währung, in welche Wahrnehmungen, die in verschiedenen Sinnesmodalitäten gemacht werden, konvertiert werden können" (Dornes 1994, 84). Die Säuglings- und Kleinkindforschung kann sich hier auch auf neue Erkenntnisse der Hirnforschung berufen. Den Affekten kommt eine entscheidende Bedeutung bei Lernprozessen und bei der psychischen Strukturbildung zu (Roth 2000).

Die genannten Untersuchungen demonstrieren beispielhaft, dass der frühe Umweltbezug des Kindes sehr wohl organisiert ist und sich als differenzierter erweist, als lange Zeit angenommen wurde. Das Kind ist also nicht völlig hilflos undurchschaubaren äußeren Reizen ausgeliefert. Es verfügt über erworbene oder angeborene innere Ordnungsschemata, die es ihm ermöglichen, Regeln der Umwelt zu erkennen.

Vor diesem Hintergrund hat Stern (2000a) ein umfassendes selbstpsychologisches Konzept entwickelt, das die Entwicklung des Kindes auf unterschiedlichen Stufen beschreibt. Er geht davon aus, dass Säuglinge bereits von Geburt an über einen „sense of an emergent self" verfügen, ein auftauchendes Selbstempfinden. Das Kind erlebt sich selbst in zunächst noch ganz elementarer Weise, indem es Gefühls- und Sinneseindrücke wahrnimmt und zueinander in Beziehung setzen kann. Als eigene Persönlichkeit fühlt es sich nach Stern bereits zwischen dem zweiten und sechsten Lebensmonat. Es ist zu dieser Zeit in der Lage, im Sinne einer gelungenen Selbst-Objekt-Differenzierung zwischen sich und anderen zu unterscheiden. Eine Ausdifferenzierung erfährt das Selbst im Folgenden dadurch, dass das Kind im Alter von sieben bis neun Monaten das eigene Seelenleben entdeckt. Es bemerkt, dass es über Intentionen und Affekte verfügt, die nur ihm selbst zu eigen sind. Sie können, wie das Kind zu überprüfen vermag, von denen anderer Personen abweichen, aber auch mit ihnen identisch sein. Eine verbale Stufe des Selbstempfindens schließt sich im zweiten Lebensjahr an.

Untersuchungen zur Affektentwicklung: Die Entwicklung der Affekte erweist sich im Rahmen der bisher dargestellten Befunde als ein weiteres wichtiges Thema. Neue Erkenntnisse sind auf Grund der eingangs erwähnten verfeinerten Messmethodik entstanden, die es erlaubt, Muskelbewegungen des Gesichtes genau zu erfassen. Ekman (1988) haben dazu ein Codierungssystem („Facial action coding system") entwickelt, das eine Klassifikation motorisch-expressiver Gesichtskonfigurationen ermöglicht. Dies hat zu einer ganzen Reihe einschlägiger Untersuchungen geführt, die sich mit so genannten Primär- oder Basisaffekten beschäftigen.

Säuglinge zeigen bereits unmittelbar nach der Geburt einen Ekelausdruck des Gesichtes, wenn sie eine bitter schmeckende Flüssigkeit zu sich nehmen. Überraschung und Interesse als Synonym für Neugier treten entweder sofort nach der Geburt oder im ersten Lebensmonat auf. Freude zeigt sich nach ca. vier bis sechs Wochen, Traurigkeit und Wut nach drei bis vier Monaten, Angst mit sechs bis acht Monaten. Auf der Grundlage der vorliegenden Untersuchungen „hat sich mittlerweile die Ansicht durchgesetzt, dass, ausgehend von bestimmten motorisch-expressiven Konfigurationen, eine begrenzte Anzahl von Affekten in allen Kulturen auftritt und dass dieselben teilweise mit denen unserer tierischen Verwandten übereinstimmen. Gesichert ist dies für die mimischen Konfigurationen Glück, Trauer, Wut, Ekel, Angst, Überraschung, Interesse" (Krause 1997, 62).

Strittig ist die Frage, ob mit den außen erfassten mimischen Konfigurationen entsprechende Gefühlsinhalte verbunden sind. Oder genauer formuliert: Ob überhaupt von begleitenden Affekten im Sinne eines subjektiven Erlebens gesprochen werden kann. Denn dies setzt ein rudimentäres Ich-Bewusstsein oder ein elementares Selbstkonzept voraus. Anderenfalls handelt es sich um Reaktionen, die einen Zustand unterhalb des Erlebensniveaus widerspiegeln. Die Beantwortung dieser Frage ist aus zwei Gründen wichtig: Zum einen gibt sie Aufschluss über die innere Differenziertheit des Säuglings, weiterhin lässt sich an ihr ermessen, welche kommunikative Funktion das Ausdrucksverhalten ermöglichen könnte.

Hierzu liegen konträre Einschätzungen vor, die hier nicht im Einzelnen ausgeführt werden können. Dornes ist überzeugt davon, dass eine Konkordanz von Ausdruck und Gefühl besteht, als „der primäre, nicht erlernte Zustand ..., der unter dem Einfluss sozialisatorischer Bemühungen modifiziert werden kann. Lernen ist notwendig, um Ausdruck und Gefühl voneinander zu trennen, nicht aber, um sie zusammenzubringen" (Dornes 1994, 121). Er geht davon aus, „dass Affekte und ihre Veränderungen schon vom kleinsten Säugling als differentielle Gefühle gespürt und wahrgenommen werden ..." (Dornes (1994, 129). Ein bestimmter Gefühlsausdruck des Gesichtes, der einem Affekt zugeordnet werden kann, korrespondiert demnach auch mit dem entsprechenden Gefühl. Allerdings sei ein Umkehrschluss nicht möglich. Es könne auch Gefühlsregungen geben, die verdeckt bleiben, sich also nicht in einem bestimmten Gesichtsausdruck niederschlagen.

Die Konkordanzthese zu belegen, ist nicht einfach. Denn es geht hier primär um biologisch angelegte Verhaltenskonstellationen, die sich als kulturinvariant erweisen. Sie sind wesentlich ohne Lerngeschichte entstanden. Dornes beruft sich u. a. auf die nicht unumstrittenen neurophysiologischen Erkenntnisse von Tomkins (1962/1963) und Izard (1981), die erklären sollen, wie die ersten Gefühlsregungen zustande kommen. Inhaltlich besagen sie, dass äußere Reize zu bestimmten neuronalen Erregungsmustern führen, die sich in unwillkürlichen Gesichtsmuskelbewegungen niederschlagen. Der Gesichtsausdruck erzeugt auf dem Weg der Rückkopplung die entsprechenden Gefühle. Das heißt: „Gefühle sind auf einem elementaren Niveau das Resultat neurophysiologischer, motorischer und sensorischer Aktivität" (Dornes 1994, 123). In einem späteren Lebensalter können Gefühle dann auch durch Fantasien evoziert werden. Für die Konkordanzthese von Ausdruck und Gefühl spricht nach Dornes darüber hinaus die Beobachtung, dass ein äußerer Affektausdruck eine starke Signalfunktion ausübt. Er regt zur Kommunikation mit den relevanten Bezugspersonen an. Aus evolutionstheoretischer Sicht sei es sehr unwahrscheinlich, dass dies zufällig geschieht, also ohne Handlungsabsicht des Kindes. Zumal zu beobachten ist, dass sich der jeweilige Gesichtsausdruck mit spezifischen motorischen Aktivitäten verbindet.

Untersuchungen zur Affektentwicklung sowie andere Erkenntnisse der Säuglingsforschung haben zu Überlegungen geführt, die Freudsche Affekt- und Triebtheorie abzulösen. An die Stelle eines Primats sexueller Triebe setzt zum Beispiel Krause (1998) ein biologisch bedingtes, zielgerichtetes Motivationssystem. Weiter gefasst als die dualistische Triebtheorie, räumt es sexuellen Motivationen einen vergleichsweise unbedeutenden Platz ein. Einen prominenten Beitrag zu einer neuen Motivationstheorie liefert Lichtenberg. Er geht von fünf angeborenen Grundbedürfnissen aus. Dies sind (1) physiologische Bedürfnisse wie Hunger oder Durst, zu schlafen oder wach zu sein, (2) Bedürfnisse zunächst nach Bindung, später nach Zugehörigkeit, sowie (3) Bedürfnisse nach Selbstbehauptung und der Befriedigung von Neugier. Weiterhin: (4) das Bedürfnis, aversiv zu reagieren, wenn elementare Grundbedürfnisse frustriert werden, und (5) das Bedürfnis nach sinnlichem Genuss und erregender Sexualität (Lichtenberg, Lachmann & Fosshage 2000).

2.1.3 Folgerungen: Primärer Narzissmus, Symbiose, Trieb

Auch wenn es gewichtige, noch ungeklärte Fragen gibt: Die Säuglings- und Kleinkindforschung hat eine Fülle interessanter und zum Teil überraschende Erkenntnisse über die frühe und früheste Kindheit erbracht. Sie bestätigt zwar eine Reihe von Grundannahmen der Freudschen Psychoanalyse, stellt andere aber nachhaltig in Frage. Dazu gehört die These vom primären Narzissmus ebenso wie die Vorstellung einer universellen symbiotischen Entwicklungsphase. Und weiterhin, ganz entscheidend, Freuds Triebtheorie.

Als „primär narzisstisch" bezeichnete Freud (1905) einen Zustand, in dem das Kind alle psychische Energie der Triebe auf sich selbst vereint. Es ist im psychologischen Sinne ausschließlich auf sich selbst bezogen. Auch dann, wenn es auf Reize der Außenwelt reagiert, was allerdings nur relativ selten vorkommen soll. Wesentlich ist dabei die Annahme, dass die Außenwelt dem Säugling innerlich noch nichts bedeutet. Dazu fehlt ihm aus Freuds Sicht in den ersten Lebenswochen Entscheidendes, nämlich die Fähigkeit, Erfahrungen psychisch zu repräsentieren. Der innere Zustand des Säuglings entspricht dem der vorgeburtlichen Zeit, mit einer noch undifferenzierten Ich-Es-Matrix, die „keine libidinöse Besetzung der inneren Repräsentanz eines Objekts" zulässt (Dahl 2001, 583). Im intrauterinen Leben kann die Mutter zu keinem Objekt werden. Sie wird es auch nicht schlagartig mit der Geburt. Postnatal dauert der primär narzisstische Zustand noch eine Weile an, „bis das Ich beginnt, die Vorstellungen von Objekten mit Libido zu besetzen, narzisstische Libido in *Objektlibido* umzusetzen" (Freud 1940, 72 f). Dieser Zeitpunkt soll nach vier bis sechs Wochen erreicht sein.

Die dargelegten empirischen Ergebnisse der Säuglingsforschung werfen ein anderes Licht auf die ersten Lebenstage und -wochen. Sie stützen die These eines in sich versunkenen, passiven Säuglings nicht. Vielmehr zeigen sie, dass der Säugling schon sehr früh nicht nur reagiert, sondern aktiv Reize aufsucht. Besonders beeindruckend sind dabei die vielfältigen Differenzierungsleistungen und auch, wie sich der Säugling in elementarer Form an Interaktionen beteiligt. Was der Säugling dabei erlebt, welche innere Bedeutung sein Handeln hat, lässt sich allerdings nicht beobachten. Insofern bleibt die Annahme eines rudimentär vorhandenen Objektbezuges, die von den Säuglingsforschern vertreten wird, letztlich ebenso hypothetisch wie ihr Gegenpol, der primäre Narzissmus. Empirisch überprüfbar sind allein die Folgerungen, die sich aus den jeweiligen Konstrukten ergeben.

Aufgrund der vorliegenden Befunde ist es für die Säuglingsforscher schwer vorstellbar, dass der Säugling differenziert wahrnimmt und interagiert, zugleich aber vom psychischen Erleben her primär narzisstisch in sich selbst versunken bleibt. „Wenn das richtig wäre, hätten wir einen Säugling, dessen Libido vollständig im undifferenzierten Ich-Es konzentriert ist, der keine Objektrepräsentanzen besetzt hat und *trotzdem* Objekte wahrnimmt und mit ihnen interagiert. Es gibt also Objektbeziehung ohne Objektbesetzung. Wie ist das möglich?" (Dornes 2001, 612 f). Dieses Argument mag auf den ersten Blick einleuchten, zumal es an der frühen Aktivität des Säuglings keinen Zweifel mehr gibt.

Dennoch stellt sich die Frage, wie sich das Leben in den allerersten Anfängen gestaltet. Es geht dabei, wohlgemerkt, um die ersten Lebenstage und Wochen. Einiges an Überzeugungskraft haben nämlich auch gegenläufige Überlegungen. Sie besagen, dass sich psychische Repräsentanzen erst entwickeln müssen. Biologische Ausstattung und inneres Erleben seien gänzlich unterschiedliche Kategorien, die Biologie könne nicht beseelt sein. Zepf stellt dies anhand der „großen Körperbedürfnisse" dar. Die „... Annahme aber, dass diese objektiven Körperbedürfnisse auch schon subjektiv, d. h. für das Neugeborene selbst, in intentionaler Form als Bedürfnisse existieren, wäre jedoch problematisch. Wie sollte das Neugeborene bereits intrauterin – in welch rudimentärer Form auch immer – wissen, dass extrauterin ein bestimmtes Nahrungsmittel, z. B. die Muttermilch, vorhanden ist, auf das sich dann sein Bedürfnis richten könnte? Es ist nicht zu begründen, warum und wie dieses besondere Nahrungsmittel in ihm bereits vor seiner Erfahrung registriert sein soll. Damit ein körperlicher Zustand, in dem ein objektiver Mangel herrscht, auch subjektiv zu einem Bedürfnis wird, muss dieser Mangel erst inhaltlich definiert und psychisch repräsentiert sein. Dazu muss der Mangelzustand in Beziehung gesetzt werden zu Aktion und Gegenständen, die ihn beheben und die nirgendwo anders als im Prozess der Befriedigung des körperlichen Bedarfs erfahren werden können" (Zepf 2000, 30).

Letztlich ist die Diskussion um den primären Narzissmus, also den psychischen Lebensbeginn, unabgeschlossen. Und sie wird es wohl auch bleiben. Als Zwischenergebnis lässt sich festhalten, dass die These von einem „objektlosen" Zustand als allgemeine entwicklungspsychologische Beschreibung der ersten Lebenswochen zunehmend weniger Zustimmung findet. Sie dürfte inzwischen auch von der Mehrzahl der Psychoanalytiker nicht mehr geteilt werden.

In die Kritik geraten ist auch die Entwicklungstheorie Mahlers (1972): Zum einen ihre These vom „primären Autismus", der Freuds „primärem Narzissmus" im Wesentlichen entspricht, vor allem aber die Annahme eines symbiotischen Ursprungs des menschlichen Seelenlebens. Das psychische Auftauchen des Kindes, seine „psychische Geburt", beginnt Mahler zufolge nach etwa vier Wochen. Das Kind ist seelisch auf das Engste mit seiner Mutter verbunden. Es erlebt einen Zustand von ungetrennter Gemeinsamkeit, eine Zweieinheit innerhalb einer gemeinsamen Grenze. In dieser als symbiotisch bezeichneten Phase vermag es noch nicht zwischen sich selbst und der Mutter zu unterscheiden. In seinem Erleben ist das Kind mit der Mutter eins, hat weder eine Vorstellung davon, körperlich noch psychisch ein eigenes Wesen zu sein. Diese symbiotische Verschmelzung wird als ein notwendiges Durchgangsstadium angesehen, das den Weg von der inneren Versunkenheit des primären Autismus zur psychischen Differenzierung ebnet. Das Erleben der Ungetrenntheit schützt das Kind vor überfordernden Erfahrungen mit der Umwelt und auch vor der eigenen Triebhaftigkeit. Es gibt ihm eine innere Sicherheit, ganz im Sinne von Eriksons Urvertrauen, die es ermöglicht, dass Loslösungs- und Individuationsschritte gewagt werden können.

Stern (2000a) beschreibt demgegenüber vier Entwicklungsstadien des Selbstempfindens, die sich inhaltlich grundlegend von Mahlers Theorie unterscheiden. Die wesentlichste Differenz liegt in der Bewertung der ersten fünf bis sechs Lebensmonate, der Zeit, die Mahler für symbiotisch hält. Einen psychischen Zustand der Ungetrenntheit, ein symbiotisches Verschwimmen, vermag Stern nicht zu erkennen. Seine These des „auftauchenden Selbstempfindens" besagt vielmehr, dass Säuglinge vom Lebensbeginn an zu Differenzierungsleistungen in der Lage sind. Sie sollen es dem Säugling ermöglichen, ein inneres Bild der Getrenntheit zu entwerfen. Besonders klar tritt dies im zweiten von Stern beschriebenen Entwicklungsstadium hervor. Zwischen dem zweiten und sechsten Lebensmonat wird bereits von einem Kernselbstempfinden ausgegangen, das eine Selbst-Objekt-Differenzierung ermöglicht. Phasen verschmelzenden Erlebens gelten als regressive Folge besonderer Belastungssituationen oder, wenn sie lang anhaltend auftreten, als Ausdruck einer pathologischen Entwicklung. Sie stellen kein normales Übergangsstadium dar, wie Mahler annimmt, das sich für die persönliche Entwicklung als ebenso unumgänglich wie förderlich erweist.

Die hier nur grob umrissene Auseinandersetzung über Mahlers Symbiosekonzept wird im folgenden Kapitel ausführlich behandelt. Sie hat zu einer starken Polarisierung in der Fachdiskussion geführt. Während einerseits eine Aufgabe der Symbiosetheorie gefordert wird (Dornes 1994), halten andere Autoren an den Überlegungen Mahlers fest, teilweise in modifizierter Form (Pine 1990/1992; Teising 1994; Metzger 1999).

Die grundlegende Kritik der Säuglingsforschung bezieht sich nicht nur auf Annahme eines primären Narzissmus und Mahlers Theorie des symbiotischen Ursprungs der psychischen Entwicklung. Sie richtet sich zudem gegen den entwicklungspsychologischen Entwurf Melanie Kleins (1985) und vor allem gegen die psychosexuelle Phasenlehre Freuds (1905). Hauptkritikpunkt sind die Grundannahmen der psychoanalytischen Trieblehre. Ihr zufolge lebt das Kind in einem Spannungsfeld primär antagonistischer Triebregungen, von Libido und aggressiven Bedürfnissen. Je nachdem, ob eine Befriedigung gelingt oder ausbleibt, entstehen Lust- oder Unlustempfindungen. Sie machen den zentralen Inhalt des frühen Erlebens aus. Die sich ausdifferenzierenden Antriebskräfte der weiteren Entwicklung gelten als Derivate ursprünglich triebhafter Regungen. So gesehen sind etwa Bindungswünsche oder Neugier sekundäre Phänomene.

Die Triebtheorie, aktuell durch Green (2001) und Yorke (2002) vertreten, soll durch eine neue Motivationstheorie ersetzt werden (Krause 1998; Lichtenberg, Lachmann & Fosshage 2000). Sie beinhaltet ein breit gefächertes Motivationssystem, das zu vielfältigen, überwiegend nicht sexuell begründeten Verhaltensweisen führt. Es umfasst physiologische Bedürfnisse ebenso wie Bindungswünsche und

Neugier, Selbstbehauptungsabsichten, sexuelle Wünsche und aversive Neigungen, die infolge von Frustrationen entstehen. Die Existenz einzelner Motivationen wird, der Logik der Säuglingsforschung folgend, aus dem beobachteten Verhalten hergeleitet. So gilt zum Beispiel Neugier als eigenständiger Teil des Motivationssystems, begründet unter anderem durch folgende Beobachtung: Säuglinge zeigen ein ausgeprägtes Explorationsverhalten auch dann noch, wenn sie zuvor zu ihrer Zufriedenheit gestillt worden sind. Eine Aktivität besteht also fort, obgleich die Triebspannung längst erloschen ist. Darüber hinaus wird ein weiteres Argument angeführt, das der Triebtheorie entgegensteht. Säuglinge seien nachgewiesenermaßen in ihrer Wahrnehmung so differenziert und realitätsgerecht, dass ein Erleben in Polaritäten ausscheide. Dem Säugling erscheine die Welt deshalb auch nicht nur als lustvoll oder nur unlustvoll, als nur gut oder nur schlecht. Sein jeweiliges Erleben sei auf einem Kontinuitätsspektrum zu verorten. Er könne alle möglichen Positionen zwischen den Polen einnehmen.

Die Motivationstheorie grenzt sich einerseits gegen frühe Formulierungen des Triebkonzepts ab, die in einer sexuell geprägten Bedürftigkeit den entscheidenden Entwicklungsmotor sehen. Darüber hinaus wird vor allem die von Freud (1920b) später in „Jenseits des Lustprinzips" formulierte Annahme eines primären Aggressionstriebes kritisiert. „Aggressive Inszenierungen ... als Ausdruck triebhafter Aggression zu interpretieren ist ... problematisch. Affekte sind ein autonomes Regulationssystem und nicht mit Trieben gleichzusetzen. Affekte sind auch nicht destruktiv. Destruktivität entsteht durch die Konstruktion von Symbolen dadurch, dass wir Bilder von Feinden, von eigener Benachteiligung oder von eigener Übermacht absolut setzen" (Dümpelmann 2003, 42 f).

Mit der Wende vom Trieb zur Motivation entdramatisiert sich die Erlebenswelt des Kindes. Die innere Konflikthaftigkeit tritt in den Hintergrund. Der Säugling wird nicht mehr zwangsläufig zwischen heftigsten Affekten hin- und hergerissen, wie ein triebtheoretisches Verständnis der frühesten Kindheit behauptet. Das psychische Erleben ist, zumindest in Teilen, seiner organischen Bedingtheit entkleidet. Der Säugling gilt deshalb, gegenüber dem Freudschen Entwurf, als weniger hilflos und bedürftig. In der Folge erscheint auch die Mutter-Kind-Beziehung in einem veränderten Licht. Die Angewiesenheit des Säuglings auf die Mutter relativiert sich. Da die triebhafte Bedürftigkeit nicht mehr das Hauptthema des Säuglings ist, muss er auch weniger vor überfordernden Triebanforderungen geschützt werden. Die Bewältigung von Ängsten und Aggressionen, die die Mutter in sich aufnehmen kann, verliert als zentrale Beziehungserfahrung ihren ehemals prominenten Platz. Andere Bereiche des Erlebens stehen dem gleichwertig gegenüber.

2.2 Kritische Überlegungen zur empirischen Säuglings- und Kleinkindforschung

2.2.1 Erkenntniswege der psychoanalytischen Entwicklungspsychologie – Möglichkeiten und Grenzen

Die Psychoanalyse hat das Bild des Kindes in den letzten einhundert Jahren entscheidend geprägt. Ihre Einsichten über die psychische Entwicklung des Menschen sind zu einem festen Bestandteil des kulturellen Selbstverständnisses geworden.

Die Bedeutung, die sie erlangt hat, ergibt sich aus unterschiedlichen Quellen. Einerseits ermöglichen psychoanalytische Behandlungen von Erwachsenen einen einzigartigen Zugang zum menschlichen Seelenleben, Erkenntnisse über intrapsychische Prozesse, die anders nicht zu haben sind. Die Psychoanalyse ist aber nicht darauf beschränkt. Ihre Erkenntnisbreite und -tiefe verdankt sie auch vielfältigen anderen Anwendungsfeldern mit je spezifischen Erkenntniszugängen. Denn sie beschäftigt sich nicht nur mit dem Seelenleben des Einzelnen, sondern auch mit verschiedenen sozialen Gruppierungen und dem Ganzen, der Kultur, in Form einer eigenen Kulturtheorie. Damit überschreitet die Psychoanalyse die Grenzen einer engen Fachwissenschaft. So gesehen ist sie „mehr als eine Theorie der Seele" (Gay 1998).

Auch die Fülle der gehaltvollen Erkenntnisse über die frühe und früheste Kindheit, die sie hervorgebracht hat, resultiert aus unterschiedlichen Praxisbezügen und Erkenntniswegen. Vielfältige Perspektiven werden dadurch eröffnet: Mit Resultaten, die sich teils ergänzen, aber auch solchen, die in einem deutlichen Spannungsverhältnis zueinander verbleiben. Kulturvergleichende Untersuchungen, wie die von Erdheim (1982), ermöglichen neue Einblicke in die soziale Gebundenheit adoleszenter Konflikte. Spitz' (1974) und Bowlbys (1975/1983) Beobachtungen von Kindern erhellen das frühe Bindungsverhalten und geben Aufschluss über (traumatisierende) Trennungserfahrungen. M. Kleins (1972/1985) und Mahlers (1972) Beiträge führen zu Theoriebildungen, die die Freudschen Arbeiten zur psycho-sexuellen Entwicklung weiterentwickeln, um neue Akzente bereichern, aber auch korrigieren. Sie sind aus der therapeutischen Arbeit sowie der Beobachtung von psychisch beeinträchtigten und gesunden Kindern entstanden. Winnicott (1984) hat die Entwicklungspsychologie mit zahlreichen Beiträgen bereichert. Über seinen Erkenntnisprozess berichtet er: „. . . dabei stellte ich fest, daß ich von Erwachsenen, die im Laufe der psychoanalytischen Behandlung eine tiefe Regression durchmachten, weit mehr über die Psychologie der frühen Kindheit lernen konnte, als dies durch die direkte Säuglingsbeobachtung oder selbst in der Analyse eines zweieinhalbjährigen Kindes möglich war" (Winnicott 1998, 32). Der Stellenwert von Erwachsenenanalysen wird also nachdrücklich herausgestellt. Die Reihe mehr oder weniger prominenter Beispiele ließe sich fortsetzen. Als wissenschaftlich fruchtbringend erweist sich insbesondere der große Spannungsbogen, der den vielfältigen, teils konträren entwicklungspsychologischen Sichtweisen der Psychoanalyse zu eigen ist.

Die einzelnen Erkenntniswege sollen hier kurz vorgestellt werden. Es handelt sich um

- **psychoanalytische Behandlungen von Erwachsenen.** Sie ermöglichen einen retrospektiven Einblick in die frühe Kindheit. Dazu tragen zwei Bedingungen entscheidend bei: (1) Die gestärkte Beobachtungs- und Differenzierungsfähigkeit, die das erwachsene Ich auszeichnet, sowie (2) die Förderung regressiver Prozesse mit Hilfe und im Schutze der Übertragungsbeziehung, so dass frühes Erleben wieder ins Bewusstsein treten kann. Es geht hier um das subjektive Verständnis der eigenen Kindheit, eine Entwicklungsgeschichte des eigenen Erlebens. Dieses Erleben ist notwendigerweise verdunkelt und verzerrt, durch die eigene Abwehr geprägt. Ein alleiniger Störfaktor ist darin jedoch nicht zu sehen: Gerade die Analyse der Abwehrprozesse erlaubt es, dass entscheidende Bruchstellen und Konfliktherde der kindlichen Entwicklung hervortreten und erkannt werden. Sie signalisiert, was an untergründigem, zunächst noch nicht bewusstem Erleben vorliegen mag. Dadurch bietet sich die einzigartige Möglichkeit, von einer (relativ) gereiften Position aus einen Einblick in das frühe Seelenleben zu nehmen.

Beachtet werden muss allerdings, dass das unmittelbare Erkenntnisinteresse der Beteiligten ein klinisches ist. Der seelische Gesundheitszustand des Analysanden soll sich verbessern, indem er sich in seinem Erleben besser versteht und zu einer für ihn selbst angemessenen Interpretation des Vergangenen findet. Eine daraus hergeleitete Entwicklungspsychologie hat einen „rekonstruierten Säugling" zum Gegenstand. Sie spiegelt nicht die tatsächlichen Ereignisse der Vergangenheit wider, so wie man sie damals – unter Umständen – von außen hätte beobachten können. Vielmehr handelt es sich um subjektive Rekonstruktionen, die sich in ihrem Wert an dem individuellen Wahrheitsgehalt bemessen.

- **psychoanalytische Behandlung von Kindern.** Sie erlaubt einen vergleichsweise direkten Zugang zum kindlichen Erleben und Verhalten. Später sehr schambesetzte, teils gar nicht mehr zugängliche Fantasien, Wünsche und Ängste können in der Behandlung von Kindern noch relativ unverstellt auftauchen. Manchmal werden sie in einer erstaunlichen Offenheit und Direktheit geäußert. Entwicklungsprobleme und -fortschritte lassen sich so in ihrem jeweiligen alterspezifischen Kontext beobachten, zum Beispiel der Umgang mit Trennungen oder die Entwicklung von Autonomie. Holder (2000) weist auf einen weiteren wichtigen Aspekt hin: Die Kinderanalyse erfordert, dass sich Erwachsene intensiv in das kindliche Erleben vertiefen. Sie werden dadurch besonders für das sensibilisiert, was Kinder bewegt. Ihr Wahrnehmungshorizont weitet sich. Gleichwohl lassen sich auch in der Kinderanalyse Bedeutungen nur interpretativ erschließen.

- **nicht-systematische Beobachtung von Kindern.** Freud selbst nahm immer wieder Bezug auf die Beobachtung von Kindern, wenn er entwicklungspsychologische und metapsychologische Theorien formulierte. Für wie bedeutend er diesen Erkenntnisweg hielt, lässt sich dem Vorwort zur 4. Auflage der „Drei Abhandlungen zur Sexualtheorie" entnehmen. Dort steht: „Verstünden es die Menschen, aus der direkten Beobachtung der Kinder zu lernen, so hätten diese drei Abhandlungen überhaupt ungeschrieben bleiben können" (Freud 1920a, 32). Viele gehaltvolle entwicklungspsychologische Erkenntnisse sind auf Grund von direkten, oft akzidentellen Beobachtungen von Kindern entstanden. Beispielhaft seien hier nur das ‚Fort-da'-Spiel (Freud 1920b) genannt oder Winnicotts (1983) Beobachtungen, die zur Theorie des Übergangsobjekts geführt haben.

- **systematische Beobachtung von Säuglingen und Kleinkindern.** Ansätze zu einer systematischen Beobachtung finden sich, historisch betrachtet, bei einer ganzen Reihe von Autoren, wie zum Beispiel Spitz (1974), Bowlby (1983), Kris (1976) oder Mahler (1972). Sie folgen unterschiedlichen Zielen. Zum Teil wird, wie bei Spitz, bereits mit großen Stichproben gearbeitet. Allgemeine Entwicklungsverläufe sollen, von Zufallseinflüssen gereinigt, möglichst genau und fehlerfrei beschrieben werden. Insofern liegt hier eine Annäherung an ein klassisch empirisches Forschungsverständnis vor. Andere folgten dem nur begrenzt. So ist bei

Mahler der Anspruch auf methodische Exaktheit vergleichsweise bewusst gering, Beobachtungs- und Interpretationsspielräume verbleiben entsprechend groß. Genau genommen geht es Mahler um die Überprüfung bereits vorliegender, klinisch gewonnener Hypothesen und nicht darum, den Regeln einer nomothetischen Beobachtungswissenschaft gerecht zu werden (Baumgart 1991).

– die **Analyse kultureller Produktionen.** Auch sie kann dazu beitragen, dass ein erweiterter und vertiefter Einblick in kindliche Entwicklungsprozesse gelingt und die infantile innere Konflikthaftigkeit plastisch hervortritt. Gehaltvolle Hypothesen über die kindliche Entwicklung werden dadurch möglich. Kunst und Literatur, Mythologien und Märchen sind hierzu wichtige Stichworte.

Jeder dieser Erkenntniswege verfügt über eigene Möglichkeiten und Grenzen. Die jeweiligen Zugänge befassen sich mit unterschiedlichen Segmenten des kindlichen Erlebens und Verhaltens und betrachten sie in je spezifischer Weise. Insofern kann von deckungsgleichen Ergebnissen a priori ausgegangen werden. Deshalb verbietet es sich auch, hinreichend gesicherte Wahrheiten allein aufgrund eines methodischen Zugangs zu erwarten. Vor allem, wenn man bedenkt, wie schwer zugänglich Einsichten in das früheste kindliche Erleben zu erringen sind. Auch wenn es trivial klingen mag, so muss doch daran erinnert werden, dass keiner der genannten Erkenntniswege ohne eine kritische Reflexion der erhobenen Daten auskommt. Daten gewinnen ihren Wert erst durch den theoretischen Kontext, in den sie gestellt werden. Und sie sind nur so aussagekräftig, wie es die Theorien erlauben, auf die sie sich beziehen. Denn „eine Anhäufung von Tatsachen ist so wenig Wissenschaft, wie ein Steinhaufen ein Haus ist" (Poincaré 1906, 143). Verschleiert wird dies gegenwärtig allerdings dadurch, dass die Existenz großer, auf streng empirischem Weg erhobener Datenmengen einen gewissen Selbstwert zu haben scheint. Insofern befindet sich die neue Säuglingsforschung in einer komfortablen Situation. Ihr wird allein aufgrund ihres methodischen Zugangs von vornherein ein besonderer Platz zugewiesen.

2.2.2 Empirische Säuglingsforschung als Sonderweg?

Die neuen Wege in der Erforschung der frühen Kindheit, die von der Säuglingsforschung beschritten werden, beruhen auf den bereits erwähnten, vielfältig verbesserten Beobachtungsmethoden. Sie erlauben es, im Gegensatz zu früheren Zeiten, kindliche Handlungen und Interaktionen sehr differenziert und über längere Zeiträume zu untersuchen. In der Tradition der systematischen psychoanalytischen Säuglings- und Kleinkindbeobachtung stehend, nähert sich die Säuglingsforschung immer stärker einem klassisch empirischen Forschungsverständnis an. Sie setzt auf möglichst exakte Messungen, vertraut der Aussagekraft größerer Stichproben und will subjektive Faktoren im Erkenntnisprozess eliminieren.

Bemerkenswert ist dabei, dass enge personelle Verbindungen zwischen Psychoanalyse und Säuglingsforschung existieren. Die experimentellen Untersuchungen an Säuglingen und Kleinkindern werden zu einem Teil von Psychoanalytikern durchgeführt. Entscheidender ist jedoch, dass die wichtigen Theorieentwürfe der Säuglingsforscher von praktizierenden Psychoanalytikern stammen, wie etwa Stern, Lichtenberg oder Krause. Insbesondere Stern (2000c) hebt die enge Bindung an die klinische Psychoanalyse hervor. Sie sei für ihn der Ausgangspunkt gewesen, der zu einem zunehmenden Interesse an der experimentellen Säuglingsforschung geführt habe. Und Dornes (1994) betont wiederholt, wie wichtig es für ihn sei, auch zur Weiterentwicklung der klinischen Psychoanalyse beizutragen.

Vor diesem Hintergrund kann gefragt werden, ob es überhaupt sinnvoll ist, von einer Kontroverse zwischen Psychoanalyse und Säuglingsforschung zu sprechen. Als Alternative könnte die Säuglingsforschung, zumindest in ihren theoretischen Verdichtungen, als ein weiterer psychoanalytischer Erkenntnisstrang gelten, der neben anderen steht. Sie würde dann, grob gesprochen, in einem weiten Spannungsbogen zwischen Empirie und Hermeneutik eine Extremposition einnehmen. Ihr hermeneutischer Gegenpol läge in der psychoanalytischen Erwachsenenbehandlung.

Dem steht jedoch unter anderem entgegen, dass die Säuglingsforschung für sich eine Leitposition beansprucht, die sie aus ihrem methodischen Zugang herleitet (Leichtman 1990). Von dieser Position aus bezieht sie sich auf die klassische psychoanalytische Entwicklungslehre, formuliert Übereinstimmungen, akzentuiert Differenzen und stellt Neuentwürfe vor. Das Ziel ist eine grundlegende Revision des bisherigen psychoanalytischen Entwicklungsverständnisses, gleichermaßen bezogen auf so unterschiedliche Autoren wie Freud, Mahler oder M. Klein. Die frühe und früheste Kindheit soll neu geschrieben werden.

Die Säuglingsforschung hat in diesem Bemühen viel Anerkennung erlangt, die aus unterschiedlichen Quellen stammt. Sie beruht zum einen darauf, dass in der Tat viele neue und interessante Erkenntnisse über die frühkindliche Entwicklung entstanden sind. Zugleich profitiert die Säuglingsforschung davon, dass sie sich auf den Status einer (naturwissenschaftlich) exakten Wissenschaft berufen kann. Nicht mehr Unwägbarkeiten und vorsichtige Annäherungen zeichnen ihre Ergebnisse aus, sondern das Vertrauen auf objektivierende Beobachtungsmethoden und „wissenschaftlich" abgesicherte Gewissheiten. Dieses Selbstverständnis mag dazu verleiten – von einer vermeintlich superioren Position aus – die bisherigen Theorien nachhaltig und radikal in Frage zu stellen.

In der Folge warnen verschiedene Autoren, wie etwa Burian (1998) oder Dornes (1994), davor, dass sich die Psychoanalyse von der wissenschaftlichen Entwicklung abkoppelt. Diese Warnungen klingen nicht selten wie Drohungen. Die Psychoanalyse müsse sich unbedingt der Ergebnisse der Säuglingsforschung in der eigenen Theoriebildung annehmen, damit sie ihren eigenen Status nicht gefährde. Denn die „benachbarten Forschungsfelder... werden allzu große Dissonanzen nicht vertragen, und gegenwärtig sieht es so aus, als müsse die Psychoanalyse nachgeben" (Stern 2000a, 33 f).

Allerdings haben alle genannten Erkenntniswege, auch die Säuglingsforschung, ein gemeinsames Problem. Ein direkter Zugang zum Innerseelischen ist ihnen unmöglich. Denn „... das Psychische kann nicht auf eine Aktion und das Subjekt nicht auf eine Person zurückgeführt werden" (Green 1996, 92). Alle Theorien oder Thesen über das frühe und früheste Erleben stellen nichts anderes als eine „auf Vermutung beruhende Interpretation des Intrapsychischen" dar (Green 1996, 92). Der subjektive Faktor spielt also bei der Erforschung der frühen und frühesten Kindheit nach wie vor eine besonders gewichtige Rolle. Unbewusste Erwartungen gehen insbesondere in die Auseinandersetzung mit dem ersten Lebensjahr ein, einer Zeit, an die es keine bewussten Erinnerungen gibt. Wahrnehmungs- und Interpretationsleistungen kommen eine entscheidende Bedeutung im Erkenntnisprozess zu. Oft wird sie nicht hinreichend reflektiert: „Alle jene, die sich einem *direkten* Zugang zur Erkenntnis der Kindheit verschreiben, sollten daran denken, dass die Widerstände nicht aufhören, ihre Rolle auch im Erkenntnisprozess des Forschers zu spielen; denn nichts ist erstaunlicher als die Art und Weise, mit der ‚der Beobachter' genau jene Tatsachen ‚beobachtet', die seine Theorie über die Entwicklung des Kindes bestätigen … Diese Anmerkungen sollen zu einem kritischen Misstrauen gegenüber einer reduktionistischen Sicht der Dinge einladen" (Green 1996, 90).

Dass qualitative Erkenntnisbarrieren existieren, ist auch den empirischen Säuglingsforschern bewusst. Stern (2000a, 34 f) schreibt dazu: „Sobald wir Schlüsse auf die wirklichen Erfahrungen des Säuglings zu ziehen – d. h. Qualitäten des subjektiven Erlebens wie das Empfinden des eigenen Selbst mitzubedenken – versuchen, sind wir auf unser eigenes subjektives Erleben als wichtigste Informationsquelle angewiesen. Damit aber bewegen wir uns wieder im Bereich klinischer Rekonstruktion. Nur in der eigenen Lebens-Geschichte können wir solche Informationen finden – Informationen darüber, wie wir unser eigenes soziales Leben subjektiv erlebt haben. Dies ist also das Problem: Das subjektive Erleben des Erwachsenen, so wie er selbst es erzählt, ist unsere wichtigste Quelle, wenn wir Rückschlüsse auf die Qualität des sozialen Erlebens ziehen wollen, die der Säugling subjektiv empfindet." Und an anderer Stelle: „Weil wir die subjektive Welt, in der der Säugling lebt, selbst nicht kennen, müssen wir uns diese Welt, um einen Ausgangspunkt für die Entwicklung unserer Hypothesen zu gewinnen, ‚ausdenken', wir müssen sie ‚erfinden'" (Stern 2000a, 16).

Sterns soeben zitierte, bemerkenswert vorsichtige Einschätzung beschreibt die Grenzen, die auch einem streng empirischen Vorgehen notwendigerweise zueigen sind. Diese Bewertung spiegelt jedoch nur eine, zudem relativ schwach ausgeprägte Seite des Selbstverständnisses der Säuglingsforscher wider. Ihre Kehrseite besteht darin, dass die beschriebenen Erkenntnisgrenzen schnell wieder zugeschüttet werden, wie Michaelis (1995) detailliert und überzeugend anhand der Arbeiten Sterns belegt. Vermutungen über das Erleben des Säuglings mutieren schnell zu Gewissheiten. Hypothesen werden zu wissenschaftlich belegten Tatsachen. Von dort aus ist der Anspruch nicht fern, die empirische Säuglings- und Kleinkindforschung repräsentiere die eigentliche wissenschaftliche Forschung. Sie sei es, die im Vergleich zu anderen Erkenntniswegen entscheidende Ergebnisse hervorbringen könne. Auch Stern hat daran seinen Anteil. Er weiß um den Vorteil, der sich ihm bietet: „Der jeweilige wissenschaftliche Zeitgeist bestimmt mit einer gewissen Überzeugungs- und Legitimationskraft, welche Sicht der Dinge vertretbar ist. Und heute begünstigt der Zeitgeist Beobachtungsmethoden. … Irgendwann wird es Unbehagen und Zweifel wecken, wenn die psychoanalytische Sicht der frühen Kindheit von den Beobachtungsmethoden allzu weit abweicht und zu ihnen in Widerspruch gerät" (Stern 2000a, 33).

2.2.3 Der neue Säugling: Aktiv, unabhängig, konfliktfrei

Einige wichtige Resultate der empirischen Säuglingsforschung wurden im Abschnitt 2.1.2 wiedergegeben. Auch wenn sich über ihre Interpretation im Einzelnen streiten lässt, haben sie in ihrer Gesamtheit dazu geführt, dass sich das bisherige Verständnis der ganz frühen Kindheit wandelt. Dornes geht stellvertretend für viele andere davon aus, dass eine grundlegende Neuorientierung unumgänglich geworden ist. Das „Bild eines passiven, undifferenzierten und seinen Trieben ausgelieferten Wesens ..., das in einem langen und dramatischen Kampf die Schrecken dieser Zeit der Hilflosigkeit und Abhängigkeit bewältigen muss", sei allzu einseitig. „Deshalb ist es angebracht, einen neuen Blick auf den Säugling zu werfen. Das Ergebnis dieses Perspektivenwechsels ist eine veränderte Sicht der ersten anderthalb Lebensjahre mit beträchtlichen Konsequenzen für die psychoanalytische Theorie. Der Säugling erscheint nun als aktiv, differenziert und beziehungsfähig, als Wesen mit Fähigkeiten und Gefühlen, die weit über das hinausgehen, was die Psychoanalyse bis vor kurzem für möglich und wichtig gehalten hat" (Dornes 1994, 21).

Eine schlagwortartige Kennzeichnung soll diese Sichtweise weiter verdeutlichen. Der kompetente Säugling gilt als

– realitätsgerecht: Säuglinge erleben „von Anfang an vor allem die Realität. ... Ihre subjektiven Erfahrungen unterliegen keinen wunsch- oder abwehrbedingten Verzerrungen, sondern nur solchen, die auf Grund perzeptiver oder kognitiver Unreife oder Übergeneralisierung unvermeidlich sind" (Stern 2000a, 354).

– zielgerichtet und vernünftig: Etwa einjährige Babys erkennen „jemandes Motiv auf der Stelle ..., und in der Tat imitieren sie Dinge nur dann, wenn sie herausfinden, welche Motivationsstruktur ihnen zugrunde liegt. Reines Verhalten imitieren sie nicht, daran sind sie nicht interessiert, ‚denken' nicht darüber nach, nur darüber, wozu es dient, wohin es führt und wie es zeitlich abläuft" (Stern 1997, 18 f).

– wenig erschütterbar: „Wir wissen, dass unsere Säuglinge, da sie so kompetent sind, identifizieren können, was vor sich geht. Immer wenn ein Muster auftaucht und auch nur ganz grob wiederzuerkennen ist, wird das Baby die invarianten Merkmale erkennen, das heißt die Teile, die sich nicht dauernd verändern" (Stern 1997, 15). Und weiterhin: „Wenn die Mutter und das Baby nun einen eskalierenden Konflikt durchleben, bis jemand gewinnt, dann ist auch dies ein invariantes Muster. Das Baby weiß nämlich, was kommen wird ..." (Stern 1997, 15). Das Erleben von Abhängigkeit erscheint in der Säuglingsforschung nicht mehr als ein hervorragendes Thema.

– nicht primär triebhaft. An die Stelle libidinöser und aggressiver Triebe tritt ein breites Motivationssystem, das vielfältigen Bedürfnissen des Selbst, etwa nach Bindung und Neugier, verpflichtet ist. „Nicht mehr Triebe, sondern die Affekte sind die primären Motivationssysteme des psychischen Apparats" (Burian 1998, 16). Säuglinge „bleiben [zum Beispiel] auch neugierig, wenn sie befriedigt sind, in einem Zustand, in dem sie der traditionellen Theorie zur Folge träge und unmotiviert sein müssten" (Burian 1998, 16).

– konfliktfrei. Dazu Dornes (1994, 194 f): „Daraus folgt, dass die Anfänge des Seelenlebens keine psychodynamischen sind, auch wenn es von Anfang an im Seelenleben aktiv zugeht. Vor der Existenz der Symbolfunktion gibt es keinen intrapsychischen Konflikt, weil es erstens keinen Wunsch gibt und zweitens die Realität noch nicht als intrapsychische symbolische Instanz verinnerlicht ist. Das

Konfliktmodell scheint daher auf das frühe Seelenleben nicht anwendbar zu sein. ... Das frühe Seelenleben ist präkonfliktuös, wenn auch nicht ohne Schwierigkeiten und sicher kein Paradies."

Zugespitzt formuliert, beinhaltet dieses Verständnis der frühen Entwicklung das Bild eines Säuglings, der aktiv und eigenständig ist, begabt und vernünftig, wenig irritierbar und in der Lage, für sich zu sorgen. Innere Konflikte kümmern ihn nicht, schon gar keine Trieb-Abwehr-Konflikte, weil er sie nicht kennt. Angst und Verzweiflung, quälende Abhängigkeit und ohnmächtige Wut scheinen keine wirklich bedeutsame Rolle in seinem Erleben zu spielen. Der kompetente Säugling leidet nicht, ist nicht in sich zerrissen, er funktioniert – wie ein kleiner Erwachsener. Der Wandel des Menschenbildes, der mit der Säuglingsforschung einhergeht, ist bemerkenswert: „Der polymorph-perverse kleine ‚Schmutzfink‘, der zu Freuds Zeiten und noch lange danach das Kindheitsbild der Psychoanalyse prägte, ist offensichtlich zu einem kleinen Beamten oder Angestellten mutiert, der kompetent und gewitzt bereits in den ersten Lebenstagen für Ordnung zu sorgen weiß, seiner Umwelt mitteilt, wo es langgeht und ebenfalls in dieser Zeit über nahezu all jene intellektuellen Fähigkeiten verfügt, die für den Erwachsenen typisch sind" (Michaelis 1995, 163).

Die kühl und distanziert wirkende Beschreibung des neuen, kompetenten Säuglings mag durch das Forschungssetting bedingt sein. Die Säuglingsforschung beschäftigt sich mit der „Normalität". Ihr Ausgangspunkt ist der „alltägliche" Entwicklungsverlauf, das Handeln des Säuglings auf einem mittleren Aktivierungsniveau. Beobachtet wird in diesem Rahmen, was gut zugänglich ist. Besonders interessiert dabei das Invariante und Undramatische: Anpassungsleistungen und konfliktfreies Wachstum, gelungene Kommunikation und interaktive Stimmigkeit, mittlere Spannungszustände und nicht selten Harmonie. Was sich als unauflösbar erweist, nicht zusammenpasst, findet eine vergleichsweise geringe Beachtung.

Offensichtlich ist, dass sich die Säuglingsforschung nur einem Segment des kindlichen Erlebens und Handelns mit einer spezifischen Methodik zuwendet. Auf diesem Gebiet hat sie zweifelsfrei faszinierende Einzelbefunde und wichtige neue Erkenntnisse hervorgebracht. Vor allem über das Verhalten des Säuglings in den ersten anderthalb Lebensjahren. Ihre Resultate werden gegenwärtig, besonders in Deutschland, mit breiter Hochachtung zur Kenntnis genommen. So als ob sie in der Lage sei, die Frage nach der frühen und frühesten Entwicklung des Kindes definitiv zu beantworten. Auf einer Welle von Anerkennung schwimmend, scheinen die Ergebnisse der neuen Säuglings- und Kleinkindforschung unumstößliche Wahrheiten zu repräsentieren. Kritische Stimmen haben dagegen einen schweren Stand.

Die Gründe oder besser gesagt die Begründungen dafür liegen – wie bereits ausgeführt – zu einem wichtigen Teil in ihrem Selbstverständnis als empirisch exakte Wissenschaft. Eine sehr eng verstandene Empirie erfährt gegenwärtig eine besondere Akzeptanz: Zeittypisch wird ihr a priori eine Überlegenheit gegenüber anderen Formen wissenschaftlicher Erkenntnisgewinnung attestiert, auch dort, wo eine streng empirische Forschung komplexen Sachverhalten nicht gerecht wird. Ein Beispiel dafür, aus einem ganz anderen Bereich, ist die Metaanalyse zur Psychotherapie von Grawe, Donati & Bernauer (1994), die großes Aufsehen erregt hat. Sie misst den Psychotherapieerfolg vielfach an sinnentleerten äußeren Kriterien, übrigens auch unter methodisch zweifelhaften Vorgaben. Am Ende bleibt ein beeindruckend bombastisches Zahlenwerk, das sich vor allem berufspolitisch nutzen lässt. Die gedankliche Armut des groß angelegten Werks scheint kaum noch zu interessieren (Ahrbeck 1998a; Mertens 1994). Ein weiteres Beispiel: Eine oft entscheidende Voraussetzung dafür, Forschungsgelder einzuwerben, liegt inzwischen im Versprechen quantitativer Ergebnisse. Allein der Hinweis auf prominente Geldgeber, die eine solche Untersuchung fördern, scheint als Qualitätsnachweis auszureichen. Die Frage nach dem inhaltlichen Gehalt wird dadurch an den Rand gedrückt. An einigen Universitäten gilt das Einwerben von Drittmitteln als wesentliches Leistungskriterium von Professoren. Wer keine Drittmittel einwirbt, erhält kaum noch universitäre Forschungsmittel, auch als Geistes- und Gesellschaftswissenschaftler. Ein ebenso erbärmlicher wie beschämender Zustand.

Die Biologie ist zur Leitwissenschaft der Zeit geworden. Die rasanten Erkenntnisfortschritte, auf die sie sich berufen kann, verführen dazu, naturwissenschaftliche Sichtweisen auf die Geistes- und Gesellschaftswissenschaften auszudehnen. Die so genannte Lebenswissenschaft schickt sich an, eine an lebensgeschichtlichen Konflikten und Verstrickungen interessierte Psychologie und Philosophie an den Rand zu drängen, wenn nicht gar zu ersetzen (Böhme 2000). Die empirische Säuglingsforschung befindet sich entsprechend auf der Höhe der Zeit, in guter Übereinstimmung mit dem Zeitgeist, der Messbarkeit und Objektivierbarkeit ebenso schätzt wie ein problemloses Funktionieren und Konfliktfreiheit. Die Frage ist nur, inwieweit sie damit der Entwicklung von Kindern, ihren Bedürfnissen und Möglichkeiten gerecht wird.

2.2.4 Der „kompetente" und der „wirkliche" Säugling – der Beitrag Metzgers

In einer bemerkenswerten Arbeit hat Hans-Geert Metzger (1999) kritische Überlegungen zur Säuglingsforschung formuliert und auf die Grenzen ihrer Erkenntnismöglichkeiten verwiesen. Ausgangspunkt seiner Überlegungen ist, dass der „neue" Säugling in einem hohen Maße als aktiv, selbstgesteuert und kompetent beschrieben wird. Seine Angewiesenheit auf andere scheint dabei eine vergleichsweise untergeordnete Rolle zu spielen – im Gegensatz zur klinischen Psychoanalyse, der die Abhängigkeit des Säuglings als existenzielle Kategorie gilt. Die Abhängigkeitsproblematik stellt für die klinische Psychoanalyse, wie Metzger betont, die zentrale Folie dar, die ein Verständnis des Interaktionsgeschehens zwischen Mutter und Kind und der sich daraus ergebenden intrapsychischen Folgen überhaupt erst ermöglicht.

Metzger beschäftigt als Leitfrage, welchen Stellenwert die Abhängigkeit des Säuglings in der Säuglingsforschung einnimmt. Insbesondere interessiert ihn, wie mit der Abhängigkeit in Sterns Selbsttheorie umgegangen wird, einer Theorie, die sich wesentlich auf die Ergebnisse der empirischen Säuglingsforschung beruft.

Die Konstitution des Selbst vollzieht sich, wie bereits kurz dargestellt, nach Stern (2000a), in folgenden einzelnen Schritten. Der Säugling ist demnach (1) mit einem vorgegebenen, seit der Geburt existierenden „auftauchenden Selbstempfinden" ausgestattet. Damit ist das psychische Korrelat der sich herausbildenden Fähigkeit gemeint, ehemals als separiert erlebte Ereignisse zueinander in Beziehung zu setzen.

(2) Bereits zwischen zwei und sechs Monaten besitzt der Säugling, dieser Theorie folgend, ein Kern-Selbst-Empfinden. Er verfügt über einen integrierten Bezug zu sich selbst und vermag körperlich und sensorisch zwischen sich selbst und anderen zu unterscheiden. Dem folgt (3) ein Gefühl des „subjektiven Selbst", das sich mit neun Monaten entwickelt hat. Das subjektive Selbst ermöglicht es dem Säugling, an sich selbst seelische Phänomene wahrzunehmen, etwa Handlungsabsichten oder Gefühle. Zugleich beschäftigt es sich damit, ob andere sein Erleben teilen. Dadurch wird eine Intersubjektivität möglich. Die Ausbildung (4) eines „verbalen Selbst" im zweiten Lebensjahr schließt sich an, mit erweiterten Kommunikationsmöglichkeiten und einem differenzierteren Selbstbezug.

Für den vorliegenden Zusammenhang ist von besonderer Bedeutung, dass die Selbsttheorie von einem sehr früh entwickelten Kern-Selbst-Empfinden ausgeht. Es beinhaltet, dass eine Abgrenzung von einem anderen Objekt möglich ist, einem Kern-Anderen, wie Stern ihn nennt. Die psychische Existenz eines Kern-Selbst sowie eines Kern-Anderen ist wiederum die Voraussetzung dafür, dass Interaktionen als bedeutungsvoll erlebt werden können. Das bedeutet in der Entwicklungsreihenfolge: Zunächst existiert ein Empfinden des eigenen Selbst und erst danach, also sekundär, kann eine Interpersonalität hergestellt werden. In diesem Sinne sind Erfahrungen von Verschmelzung und Undifferenziertheit sekundäre Prozesse, da sie der Kategorie der Interpersonalität angehören.

Damit ist eine radikale Gegenposition zur Theorie Mahlers (1972) entworfen. Denn Mahler geht von einem symbiotischen Ursprung des Menschen aus, den sie für ubiquitär hält. Sie nimmt an, dass eine psychische Differenzierung erst entstehen kann, nachdem ein Stadium der symbiotischen Verschmelzung durchlaufen ist. Erst die Symbiose, dann die Individuation – so lautet Mahlers Verständnis der frühen Entwicklung. Die Säuglingsforscher halten diese Sichtweise für überholt. Kurz und bündig resümiert Dornes (1994, 75): „Mahlers Konzept der Symbiose ist ... unhaltbar."

Zur Klärung der eingangs gestellten Frage geht Metzger methodisch so vor, dass er zwei Schriften Sterns miteinander vergleicht, die „Lebenserfahrung des Säuglings" (2000a) und das „Tagebuch eines Babys" (2000b). Beide beschäftigen sich mit der frühkindlichen Entwicklung, wenngleich aus unterschiedlicher Perspektive. Während die „Lebenserfahrungen" den wissenschaftlichen Stand der Erkenntnis dokumentieren, stellt das „Tagebuch" einen Versuch dar, das (vermutete) Erleben des Säuglings in den ersten Monaten und die frühe Beziehungsdynamik möglichst einfühlsam, alltagsnah und anschaulich zu beschreiben. Sterns Ziel ist dabei, dem präverbalen Erleben eine sprachliche Fassung zu geben.

Im Vergleich beider Texte entdeckt Metzger nun erstaunliche Diskrepanzen. „Merkwürdigerweise ergänzen sie sich ... nicht in dem Sinne, dass das *Tagebuch* den wissenschaftlichen Text illustrieren würde; ganz im Gegenteil meine ich zeigen zu können, dass die Abhängigkeit und die symbiotisch-omnipotente Einheit, die der klinischen Psychoanalyse charakteristisch erscheinen, im *Tagebuch* ohne bewusste Absicht des Autors in den Mittelpunkt gerückt werden. Der Säugling ist in diesem Text entgegen die Intention des Forschers abhängig und symbiotisch" (Metzger 1999, 382 f).

Stern beschreibt im Tagebuch, wie er sich die Erlebenswelt eines zwei Monate alten Babys vorstellt, das einen zunehmend stärkeren Hunger empfindet. Das ursprünglich entspannte, wohlige und geborgene Verhältnis zur Umwelt beginnt zu wanken. In dem Maße, wie die inneren Spannungen steigen, gerät das harmonische Weltgefüge immer stärker unter Druck, bis es sich schließlich ganz auflöst. Die Welt fragmentiert sich, der Dramatik der kindlichen inneren Gefühle entsprechend. Im Mittelpunkt des Erlebens steht ein unerträglicher Spannungsdruck, der sich in Schmerz wandelt und allein bestimmend wird. Am Ende existiert nur noch der Wunsch, die Schmerzen loszuwerden. Der Säugling schreit, gleichermaßen voller Wut und Hilflosigkeit.

Was hier passiert, beschreibt Stern (2000b, 39) so: „Hunger ist eine überwältigende Erfahrung, ein Bedürfnis, ein Trieb. Er rast durch das Nervensystem eines Säuglings wie ein Orkan, unterbricht dabei alles, was vorher war, und setzt vorübergehend jedes geordnete Verhalten und Erleben außer Kraft. Der Sturm erzwingt sich eigene Handlungs- und Gefühlsmuster, eigene Rhythmen." Betont wird hier nicht nur die ungeheure Triebspannung, unter der Säuglinge regelhaft stehen, sondern im Weiteren auch, wie sich das Erleben des Säuglings durch die Anwesenheit und die Aktivität eines anderen, der Mutter, grundsätzlich wandelt. Die Mutter kann das Kind in erster Linie dadurch beruhigen, dass sie es stillt. Die Wahrnehmungsinhalte des Säuglings ändern sich dabei: Der ehemals kurze und gierige Rhythmus des Stillens „... wird zu einem weichen, geschmeidigen Schreiten. Die übrige Welt entspannt sich und folgt ihm nach. Alles ist neu zu erschaffen. Eine veränderte Welt erwacht. Der Sturm ist vorüber. Der Wind hat sich gelegt. Der Himmel ist besänftigt. Sie verheißen Harmonie und lassen alles lebendiger werden, wie wenn Licht sich verändert" (Stern 2000b, 43).

Zu Recht betont Metzger das große Maß an triebhafter Erregung, Hilflosigkeit und Ohnmacht des Säuglings, das in der Beschreibung Sterns zum Ausdruck kommt. Der Säugling ist in seinem ganzen Erleben, in seiner dramatisch zugespitzten inneren Situation auf ein Gegenüber angewiesen. Er ist abhängig – davon, ob von außen auf sein Schreien reagiert wird und ob und wie es der Mutter gelingt, sich auf seine Situation einzustellen. Auf die Hilfe der Mutter kann er nicht verzichten, wenn er überleben will. Auch wenn der Säugling an der konkreten Gestaltung des Dialogs beteiligt ist, bleibt er letztlich „der globalen Situation der Bedürfnisbefriedigung ... passiv-empfangend ausgesetzt" (Metzger 1999, 390).

Die triebbedingte Spannung des Säuglings löst sich auf, indem er sich in einen von der Mutter bereit gestellten Raum begibt, in eine schützende Hülle, in die er gleichsam hineinfließt. So kommt es in der Beschreibung Sterns zu einem verschmelzenden Erleben. Dazu Metzger (1999, 390): „Es fällt schwer, für diese Form der Umhüllung, des umfassenden Aufnehmens des existentiellen physischen und psychischen Schmerzes, einen anderen Begriff als den einer grenzauflösenden Beziehung, der Symbiose, zu finden." Dabei geht es weniger um die strittige Frage, ob „Symbiose" eine Wahrnehmungsdiffusion voraussetzt. Primär bedeutsam ist die harmonische Bezogenheit zweier Menschen, die Metzger für die entscheidende Komponente des Symbiosebegriffes hält. Die fundamentale Erfahrung der Verschränkung repräsentiert demnach ein existenzielles Geschehen, das den Säugling in seiner psychischen Entwicklung entscheidend prägt – vor dem Hintergrund einer starken Bedürfnisspanne und der Angewiesenheit auf das mütterliche Objekt. Davon abzugrenzen sind anders geartete, weniger dramatische Erfahrungen, die der Säugling bei einem mittleren Aktivierungsniveau macht. Hier kann er stärker von sich aus agieren und interagieren und damit unabhängiger und kompetenter bleiben. Vor allem mit diesen Erfahrungen beschäftigt sich die empirische Säuglings- und Kleinkindforschung.

Die im Tagebuch beschriebene innere Situation des Säuglings ist also eine ganz andere als die, die den kompetenten Säugling der empirischen Säuglings- und Kleinkindforschung auszeichnet. Während die Abhängigkeit des Säuglings in der Theoriefassung ebenso wie die Triebhaftigkeit nur eine begrenzte Rolle spielt, tritt sie in der lebensnahen, popularisierten Form um so deutlicher in den Vordergrund. In dem auf methodische Exaktheit bedachten wissenschaftlichen Zugang gilt symbiotisches Erleben als nachgeordnete Kategorie. Im Gegensatz dazu lässt die dramatische Beschreibung im Tagebuch kaum einen anderen Schluss zu als den, dass ein symbiotisches Erleben nicht nur existiert, sondern auch die psychische Entwicklung entscheidend prägt.

Um Abhängigkeit und symbiotische Erfahrungen geht es auch im folgenden zweiten Beispiel: Stern beschreibt anhand von Interaktionssequenzen einen intensiven Dialog zwischen dem viereinhalb Monate alten Baby und der Mutter. Dabei tritt in dem Kind eine zunehmende Beunruhigung ein. Es ist irritiert und geängstigt, weil ihm das Gesicht der Mutter als „leer" und „matt" erscheint, sie sich innerlich aus dem Dialog entfernt hat. Der Rückzug der Mutter bestürzt das Kind. Es bleibt seinerseits allein und hilflos zurück, denn es gelingt ihm nicht mehr, die Mutter mit seinen Aktivitäten zu erreichen. Erst als die Mutter wieder lächelt, kehrt erneut Leben in das Kind ein. Es ist wie erlöst, blüht auf und kann nun seinerseits den Dialog wieder mitgestalten.

Dass Säuglinge schon sehr früh Interaktionen initiieren und mitgestalten können, steht aufgrund verschiedener, unabhängig voneinander erhobener Befunde außer Frage. Gleichwohl zeigt die beschriebene Erlebens- und Verhaltenssequenz, wie sehr das Kind auf die Aktivität des anderen angewiesen ist. Es orientiert sich primär via Blickkontakt an der Mutter. Erst ihr Verhalten ermöglicht es ihm wieder, in einen Dialog zurückzufinden. „Wenn Joey auf dem Schoß seiner Mutter sitzt und sie anschaut, wird ihr Gesicht zum einzig interessanten Objekt seiner Welt. Es übt einen derart mächtigen Reiz auf ihn aus, dass seine engere Welt vollständig davon bestimmt wird" (Stern 2000b, 65). „Ihr Lächeln bewirkt nicht nur, dass er zurücklächelt, sondern haucht ihm geradezu neues Leben ein. Nun kann er im von ihr gefühlten und gezeigten Lebensrhythmus mitschwingen ... Glücklich überlässt er sich völlig der Mutter ..." (Stern 2000b, 70). Wesentlich ist dabei: „In dem Moment, wo beide abwechselnd lächelnde Blicke austauschen, fasst Joey dies vermutlich als gemeinsames Auslösen einer Handlung auf. Denn wenn seine Mutter ihr Lächeln auch von sich aus gewollt und ausgeführt hat, so ist er es, der es ihr entlockt. Und wenn er ebenfalls sein eigenes Lächeln zwar selbst gewollt und ausgeführt hat, so wurde es doch letztlich von seiner Mutter ausgelöst" (Stern 2000b, 72).

Für Metzger ist nun entscheidend, wie die Wiederbelebung des Kontakts gelingt. Stern beschreibt auch an dieser Stelle des Tagebuchs die starke Abhängigkeit des Kindes von der Mutter. Wiederum, entgegen der eigenen Theoriebildung, ist es eine symbiotische Situation, die einen Neubeginn ermöglicht. Das Kind erlebt, dass die Beziehung nur gemeinsam mit der Mutter, als ungetrennter Akt, reaktiviert werden kann. Das Tun des einen ist nur dann bedeutungsvoll, wenn der andere es ermöglicht – und umgekehrt. Beide sind aufeinander angewiesen, in einer hoch intimen Begegnung, die eine Differenzierung von Selbst und Objekt nicht zulässt. Genau diese Erfahrung wird bei Mahler als Symbiose verstanden, als ein ungetrenntes Erleben innerhalb einer gemeinsamen Grenze zur Außenwelt. Bezeichnenderweise spricht Stern (2000b, 56) von einer Gefangenschaft des Kindes, die es auf die Mutter fixiert und sein Erleben in den ersten fünf bis sechs Monaten bestimmt. In eindrucksvoller Weise stellt er dar, wie sehr die Kompetenz des Kindes an einen anderen gebunden ist. Als kompetent erweist es sich nur im Rahmen einer ihn tragenden und schützenden Beziehung.

Auch im dritten von Metzger besprochenen Beispiel tritt die Angewiesenheit des Kindes auf die Mutter plastisch hervor. Metzger lässt zunächst Stern (2000b, 105) selbst zu Wort kommen: „Jede noch so kurze Trennung ist für ein einjähriges Kind wohl die furchterregendste aller Erfahrungen. In solchen Momenten zeigt sich, wie sehr Wohlbefinden und die Ausgeglichenheit eines Kindes davon abhängen, dass seine vorrangige Bezugsperson es mit seiner Anwesenheit emotional trägt. Sie ist für seine Seele wie Sauerstoff für die Lunge, ohne den das Kind innerhalb von Sekunden in Panik gerät. Diese Trennungsangst drückt sich zum Teil sehr wahrscheinlich in dem Gefühl des Zersplitterns, des Verlusts der eigenen Grenzen, des Verschwindens in einer leeren, einsamen Unendlichkeit aus." Aus dieser Beschreibung wird deutlich, wie heftig das Kind auf die Trennung von der Mutter reagiert, wie sehr es auf sie angewiesen ist und wie wenig es, auf sich selbst gestellt, seine eigene Kontur zu bewahren vermag. Es ist von einem „Zersplittern" die Rede, von der Auflösung der Ich-Grenzen und einem drohenden Selbstverlust in unendlichen Räumen. Von einem im seinem eigenen Erleben kompetenten, zielgerichtet handlungsfähig bleibenden Kind kann wiederum nicht die Rede sein. Was im Raum steht, ist das Abhängigkeitsthema.

Um es noch einmal zu betonen: Es ist die Abhängigkeit, die in Sterns wissenschaftlichem Entwurf über die Maßen vernachlässigt wird. Oder schärfer formuliert: „Es drängt sich der Eindruck einer euphorischen Verleugnung dieser Seite des frühen Menschenlebens auf" (Teising 1994, 30).

Aus der bisherigen Darstellung dürfte deutlich geworden sein, dass die Erkenntnisgrenzen der empirischen Säuglings- und Kleinkindforschung sehr viel enger gesteckt sind als es ihrem Anspruch entspricht. Die empirische Exaktheit ihres Vorgehens verführt die Säuglingsforscher offensichtlich dazu, Erkenntnisse zu verabsolutieren, die sich genau genommen nur auf einzelne Segmente des Verhaltens beziehen. Teileinsichten über Interaktionsmuster, Wahrnehmungs- und Sinnesfunktionen werden, so wichtig sie für sich genommen auch sein mögen, für das Ganze gehalten. Die Konzentration auf Aktivitäten von Säuglingen oder Kleinkindern vor allem auf mittlerem Aktivierungsniveau schließt die Analyse dramatischer psychischer Bewegungen aus. Die wiedergegebenen Beispiele belegen, dass es gerade die Affektstürme des Kindes sind, die die Beziehungen zu den Objekten der Umwelt bestimmen und das Selbsterleben des Kindes prägen. Die lebensnahe Beschreibung Sterns im Tagebuch demonstriert dies eindrucksvoll. Sie verrät auch, dass der neu entworfene Theorierahmen nicht ausreicht, „eine rein selbsttheoretisch gefasste Entwicklung zu kurz greift" (Metzger 1999, 396). Denn Stern bezieht sich an brisanten Punkten auf Kategorien, die nach seiner Theoriebildung von vergleichsweise geringer Bedeutung sind oder sogar auch als überholt gelten. Er muss seinen Theorierahmen beträchtlich erweitern, damit ein umfassendes Bild der frühkindlichen Entwicklung entsteht, das sich nicht allein auf die Beobachtungsdaten der Säuglingsforschung beschränkt.

Die Forschungsmethodik und das gewählte Zeitfenster stellen entscheidende Parameter dafür dar, welches Verständnis der frühen und frühesten Entwicklung obsiegt. Aus der Sicht der Säuglingsforschung wird ein primäres Kernselbstempfinden angenommen, das der Erfahrung von Verschmelzung und Undifferenziertheit vorausgeht. Für eine klinisch rekonstruierende Psychoanalyse gibt es dagegen wenig Grund, am symbiotischen Ursprung des Menschen zu zweifeln. Und auch nicht daran, dass die Abhängigkeit des Säuglings psychologisch ein herausragendes Thema ist. Metzger plädiert deshalb für ein integrierendes Modell, das beide Sichtweisen umfasst. Er geht von der globalen Abhängigkeit des Säuglings als Leitvorstellung aus. Die Abhängigkeit mit den beschriebenen, überwältigenden affektiven Erfahrungen stellt für ihn die zentrale Folie dar, vor der sich die Bedeutung der interaktiven Kompetenz des Säuglings erschließen lässt. Die Interaktionsfähigkeit wird so zu einer untergeordneten Kategorie. Damit wird den Erkenntnissen der Säuglingsforschung Rechnung getragen, zugleich aber eine Verabsolutierung ihrer Einsichten vermieden.

Nicht nur Metzger erschüttert den fast monopolartigen Anspruch der Säuglingsforschung, ihr allein seien die entscheidenden neuen Erkenntnisse über die frühe und früheste Kindheit zu verdanken. Auch andere Beiträge weisen in diese Richtung. Sie zeigen zum einen, dass einige der spektakulär herausgestellten Fähigkeiten des Säuglings einer genaueren Überprüfung nicht standhalten (Schulz-Klein 1999). Wichtiger als die immanente Kritik einzelner Untersuchungsbefunde ist jedoch, dass auch die neu formulierten Gegenentwürfe zur bisherigen psychoanalytischen Entwicklungslehre kritisch reflektiert werden. Neben Metzger haben sich eine Reihe weiterer Autoren mit der Frage auseinander gesetzt, wie die Erkenntnisse der Säuglingsforschung und das Symbiosekonzept zueinander in Beziehung stehen. Ihr Ergebnis ist, dass die scharfen Grenzen zwischen den Positionen aus unterschiedlichen Gründen relativiert werden müssen. Die Resultate der Säuglingsforschung stehen durchaus nicht so konträr zu Mahlers Annahme eines symbiotischen Übergangsstadiums, wie es anfangs erschien (Baumgart 1991; Michaelis 1995; Zuriff 1993). Besondere Beachtung fanden die Arbeiten Pines (1990/1992). Er konzidiert, dass es in Zeiten ruhiger Aufmerksamkeit eine frühe Differenzierungsfähigkeit des Säuglings geben mag. Zugleich betont er, dass der Säugling auch symbiotische Erfahrungen macht. Vor allem dann, wenn er affektiv bewegt ist, wie zum Beispiel vor dem Stillen. Aber auch danach, wenn die Spannung gewichen ist, zwischen Wachen und Schlafen, kann sich nach Pine ein symbiotisches Erleben einstellen. Nicht die Dauer von Erfahrungen ist seiner Auffassung nach für die psychische Entwicklung entscheidend, sondern ihre Intensität. Insofern seien symbiotische Momente entwicklungspsychologisch von großer Bedeutung. Unter dem Eindruck dieser Arbeiten hat sich Dornes (1997) inzwischen zu einer (Teil-)Rehabilitierung des Symbiosekonzeptes entschlossen.

Eine kritische Positionierung zur Säuglingsforschung erfolgt in jüngerer Zeit durch Wolff (1996) sowie Green (1996/2000). Sie weisen in einiger Schärfe auf eine im Grunde bekannte, im Diskussionsverlauf aber häufig übersehene erkenntnistheoretische Problematik hin. Wolff argumentiert so: Das Erleben Erwachsener und ihre Erinnerungen an die frühe Kindheit sind durch ihre Lebensgeschichte vielfach gebrochen, haben zahlreiche Transformationsprozesse mit neuen Akzentuierungen oder auch grundlegenden Revisionen durchgemacht. Mit dem, was in Säuglingen vorgehen mag, kann das Erleben Erwachsener nicht mehr zur Deckung gebracht werden. Es gibt also keine überzeugenden Gründe für die Annahme, dass Säuglinge ebenso empfinden wie Erwachsene es tun und Erwachsene genauso erleben wie Säuglinge. Jeder Zugang zum frühen Erleben des Säuglings entstammt notgedrungen aus der Erwachsenenwelt – in der Säuglingsforschung ebenso wie in der klinischen Rekonstruktion. Insofern ist es das Erleben des Erwachsenen, das im Säugling gesucht wird. Zirkelschlüsse liegen auf der Hand: Es wird im Säugling das gefunden, was man zuvor in ihn implantiert hat. Die empirische Säuglingsforschung vermag, davon ist Wolff überzeugt, zwar etwas über Wahrnehmungs- und Interaktionsphänomene aussagen, erbringt aber keine qualitativ neuen Erkenntnisse über das innere Erleben des Säuglings. Sie sei bedeutungslos für eine Psychologie, die sich mit Sinnzusammenhängen, unbewussten Ideen und versteckten Motiven befasst.

Ebenso wie Wolff betont auch Green die Eigenständigkeit klinisch gewonnener Erkenntnisse, und beide wenden sich dagegen, „den Reichtum psychoanalytischen Interpretierens ... zu opfern, um ihre Ergebnisse auf wissenschaftliche ‚Gewissheiten‘ – im Sinne einer reduktionistischen Denkweise – zu gründen“ (Green 1996, 91). Der empirischen Säuglingsforschung wird damit unter den wissenschaftlichen Erkenntniswegen ein Platz neben anderen eingeräumt, ein Führungsanspruch im Hinblick auf die frühkindliche Entwicklung jedoch verneint.

2.2.5 Therapeutische Konsequenzen

Die Erkenntnisse und das Menschenbild der Säuglingsforschung bleiben nicht ohne Folgen für das praktische Handeln. Insbesondere die psychoanalytische Selbstpsychologie hat sich darum bemüht, die Resultate der Säuglings- und Kleinkindforschung in den eigenen Theoriekorpus zu integrieren. Mit gutem Erfolg, wie es scheint: „Nach Köhler (1997) ist ... keine der augenblicklich gängigen psychoanalytischen Theorien mit Befunden der neueren Säuglings-, Kleinkind- sowie Neuroforschung so kompatibel wie die Selbstpsychologie“ (Milch 1997, 140).

Der Säuglingsforschung geht es, wie bereits ausgeführt, um das Wachstum des Kindes in einer interaktiv stimmigen, affektiv passgerechten Mutter-Kind-Beziehung („affect attunement“). „Säuglingsforscher legen den Schwerpunkt auf *Gegenseitigkeit* und das, was zwischen den Partnern ‚passt‘. Für sie ist nicht so wesentlich, was der Säugling überwinden muss, um sich in eine emotional befriedigende Objektbeziehung einzubringen, sondern die Voranpassung jedes Partners, die adaptiv den entwicklungsfördernden Austausch sichert“ (Milch 1997, 141). Das zentrale Thema ist also die Entfaltung innerer Wachstumskräfte in einer interaktiven Beziehung. „Nach diesen Vorstellungen hat jeder Mensch eine basale Entwicklungstendenz in Richtung Wachstum und Fortentwicklung (Selbstwerdung), die durch die Responsivität eines Selbstobjekts freigesetzt werden kann“ (Milch 1997, 151). Der Blick zentriert sich auf das Interaktive, wie etwa die gemeinsame Regulierung von Spannungszuständen oder Ängsten, die den Säugling bedrängen. Das Innere des Säuglings kann sich dann nicht entfalten, wenn er seelische Verletzungen erfährt, Kränkungen etwa oder auch Fehlwahrnehmungen seines Selbst. Ein verkümmertes Inneres, im Extrem ein falsches Selbst, ist die Folge eines solch misslungenen Entwicklungsverlaufs.

Die Behandlung selbst lehnt sich eng an diese Vorgaben an. Die therapeutische Situation soll so hergestellt werden, dass Erfahrungen entstehen, die dem frühen Bedürfnis des Patienten nach Mitteilung und Gemeinsamkeit entsprechen. Eine wesentliche Kategorie ist das „affect attunement“: Als ein früher Einstimmungsprozess, analog zu einer Zeit, in der Säuglinge noch über keine Symbolisierungs-fähigkeit verfügten. Im Weiteren, auf einer etwas reiferen Stufe, kennzeichnet Empathie die therapeutische Grundhaltung. Die Therapeuten fühlen sich identifi-zierend in die kindliche Erlebenswelt ein, erspüren, was wirklich erlebt wird. Wenn dies gelingt, erfährt das Kind eine ungestörte Selbst-Objekt-Beziehung, die als Voraussetzung dafür gilt, dass ein psychisches Wachstum möglich wird. Diese Erfahrung soll zu einer lebenslangen, sichernden und zuversichtlichen Grundhal-tung führen. Das Ziel der Behandlung lässt sich dementsprechend so umreißen: Aufgrund neuer basaler Beziehungserfahrungen soll das überwunden werden, was früher misslang oder nicht möglich war, sodass sich neue psychische Strukturen ausbilden können. Eine deutliche Nähe zur humanistischen Psychologie, so wie sie von Rogers (1976) vertreten wird, ist hier unübersehbar.

Eine bemerkenswerte Rolle spielt der Umgang mit Frustrationen in dem neuen, an der Säuglingsforschung orientierten Behandlungsverständnis. Er unterscheidet sich deutlich von dem Kohuts (1992), der begrenzte Frustrationen für entwick-lungsfördernd hält. „In der aktuellen Diskussion wird dagegen *optimaler Res-ponsivität* . . . eine therapeutische Wirkung zugeschrieben. Die von Kohut . . . noch für notwendig erachtete ‚Frustration‘ ist danach ein Zugeständnis an frühere Vor-stellungen, in denen der Patient seine unerfüllbaren Wünsche und Triebbedürfnisse aufgeben musste. Auf dem Hintergrund der Kleinkindbeobachtungen ist Frustra-tion als Motor für Entwicklung nicht notwendig. Wenn Therapeuten ihren Pati-enten mit Selbststörungen die notwendigen, phasenadäquaten Selbstobjekterfah-rungen ermöglichen, erhalten die Patienten die notwendigen Hilfestellungen, eine innere und äußere Entwicklung selbst wiederaufzunehmen und zu unterhalten" (Milch 1997, 150 f).

Der bei Kohut ohnehin schon vorsichtige Umgang mit konfliktevozierenden Frustrationen wird hier noch weiter zurückgenommen. Dadurch verliert eine in-nere Konflikthaftigkeit, die aus widersprüchlichen Triebregungen resultiert, noch stärker an Bedeutung. An ihre Stelle tritt, in Anlehnung an Sterns Theorie der Selbstentwicklung, die Förderung und Entfaltung des kindlichen Selbstempf-findens. Als Leitlinie der therapeutischen Arbeit gelten die realen interpersonellen Beziehungen der Vergangenheit, diejenigen interaktiven Erfahrungen, die der weitgehend realitätsorientierte Säugling in seiner frühen Entwicklung gemacht hat. Chronische Fehleinstellungen in der Mutter-Kind-Beziehung, die zu falschen Selbstanteilen geführt haben, sollen entsprechend durch neue Erfahrungen auf der Realebene korrigiert werden. Traumatheoretische Vorstellungen geraten damit in den Vordergrund der therapeutischen Szene. Denn es sind letztlich äußere Ein-flussnahmen, die die Selbstwerdung des Kindes stören. Die Kategorie des inneren Konflikts wird durch die der misslungenen Interaktion ersetzt.

Eine Behandlung, die sich an der Säuglingsforschung orientiert, unterscheidet sich deshalb grundlegend von der klassischen psychoanalytischen Praxis. Wolff (1996), ein ehemaliger Pionier der Säuglingsforschung, spricht sogar von einem fundamentalen Widerspruch. Wesentliche Essentials eines psychoanalytischen Be-handlungsverständnisses mit einer entsprechenden Wahrnehmungshaltung wür-den aufgegeben und die Auseinandersetzung mit schwierigen, mitunter zer-reißenden inneren Themen vermieden. Dazu gehören Grenzen sprengende libidinöse Wünsche ebenso wie eine lustbesetzte Aggressivität und Destruktivität, Verführung und narzisstischer Triumph, Schuld und Scham.

3 Erziehungsvermeidung am Beispiel der Kinder- und Jugendkriminalität

3.1 Über alte Ideale und ungelöste Probleme

Der Blick auf das Erziehungsgeschehen hat sich radikal gewandelt, nachdem deutlich wurde, wie sehr sich die ältere Generation mit dem Nationalsozialismus verstrickt hatte. Erst ein Abstand von mehr als zwanzig Jahren ermöglichte es, dass schreckliche Ahnungen und bedrückende Gewissheiten in Sprache gefasst und auf breiter Ebene thematisiert werden konnten. Als Erziehende nicht wie die Eltern zu sein, ist insbesondere für die Generation der 68er zu einem gewichtigen Argument geworden. Es setzt sich bis in die heutige Zeit fort. Nicht zufälligerweise und mit einigem Grund: Denn das Vergangene verflüchtigt sich, allen gegenteiligen Hoffnungen zum Trotz, nicht von selbst. Die Schuld der Tätergeneration, der Mitläufer und Dulder bleibt ein Thema, das die Nachfolgenden beschäftigen muss. Ebenso wie die zweite Schuld, über die Giordano (1987) eindrucksvoll berichtet, die Unfähigkeit, das Geschehene nach 1945 anzuerkennen und wenigstens halbwegs zu bearbeiten.

Diese vorsichtige Formulierung ist mit Absicht gewählt. Die Schuld- und Schamgefühle über das Geschehen, wenn sie denn überhaupt bewusst werden, sind so überwältigend, dass sie die psychische Integrationskraft des Einzelnen überfordern. Eine abschließende Bewältigung dieses Teils der Vergangenheit, die zu einer inneren Beruhigung führt, kann es deshalb wohl kaum geben. Dies zu erwarten, wäre eine naive Forderung. Und auch eine solche, die von wenig Achtung vor der inneren Katastrophe zeugt, vor der ein großer Teil der Überlebenden nach 1945 stand. Insofern geht es hier um ein Mehr oder Weniger, einen „halbwegs gelungenen" Versuch einer Auseinandersetzung mit sich selbst. Dass auch dies oft nicht gelang, gehört zu den großen, vorwurfsvoll stimmenden Enttäuschungen der nachfolgenden Generation.

Wie schwierig eine Auseinandersetzung mit dem Nationalsozialismus ist, zeigt die Arbeit Chamberlains, und auch, dass sie in gewisser Weise misslingen kann. Chamberlain hat sich eines bisher „vergessenen" Themas angenommen. Das ist ihr Verdienst. Zugleich bleibt ihre Analyse in einigen wesentlichen Punkten lückenhaft und verstellt den Blick auf wichtige Themen. Vor allem transportiert sie ein um die innere Konflikthaftigkeit und eine genuine Schuldhaftigkeit bereinigtes Menschenbild. Es nährt – in Übereinstimmung mit der Säuglingsforschung – die trügerische Hoffnung, dass es im Menschen selbst doch nicht so bedrohlich zugehen mag wie die Freudianer aus guten Gründen behaupten.

Die Hoffnung auf weitgehend schuldfreie Entwicklungsmöglichkeiten eint auch die Mehrzahl derer, die in der Erziehung einen Neubeginn wagen wollten, in Abkehr von der schuldbelastenden autoritären Erziehung und der eigenen Elterngeneration. Diese Abgrenzung erfüllt vielfältige Funktionen, die hier nicht weiter ausgeführt werden sollen. Sie steht auch im Dienste der eigenen Exkulpation, der Vergewisserung, dass das Böse anderswo existiert und nicht in der eigenen Person liegt. Inzwischen hat sie ihrerseits eine lange Tradition. Der Schatten, den sie auf das heutige Erziehungsgeschehen wirft, ist nicht unbeträchtlich. Die übergroße Angst davor, sich in eine schuldbeladene Position zu begeben, führt notgedrungen zu einer Vermeidung von konflikthaften Auseinandersetzungen mit der nachwachsenden Generation. Daraus folgt konsequenterweise eine Relativierung des Erziehungsgedankens. Wie verhängnisvoll sich dies auswirkt, zeigt sich mit aller Deutlichkeit erst in jüngerer Zeit.

Der Hinweis auf eine unbearbeitet gebliebene 68er-Tradition mag pauschalisierend und klischeehaft klingen. Er unterstellt, dass es seitdem kaum bedeutungsvolle kritische Reflexionen über die Erziehungsziele und das eigene Erziehungsverhalten gegeben hat. Dies ist mitnichten so: Viele Eltern, Lehrer und Erzieher, die dieser Tradition verpflichtet waren, haben die früheren Positionen überdacht, sich weiterentwickelt und sind zu einer Neubewertung gelangt. Viele von ihnen treten seit längerem für eine Stärkung des Erziehungsgedankens ein. Kinder und Jugendliche erfahren dadurch, dass sie durch Erziehung für das Leben gestärkt werden. Denn eine „der Hauptaufgaben von Erziehung ist es . . ., Leitbilder und Normen zu fördern, die den einzelnen bei ihrer Suche nach Selbstachtung und Anerkennung helfen können" (Savater 1998, 56). Erziehung hat das Ziel, dass Kinder erwachsen werden und die Beschränkungen überwinden, die mit dem Kindsein verbunden sind.

Dennoch existieren nach wie vor gesellschaftlich relevante Bereiche, in denen die alten Ideale und Erziehungsphilosophien nahezu unbeschadet überlebt haben. In ihrem Hauptstrom sind sie weitgehend unverändert erhalten geblieben, auch wenn sie sich mitunter in zeittypischer Verkleidung präsentieren. Ein wichtiger Bereich ist der (sozial)pädagogische Umgang mit Kindern und Jugendlichen, die sich in besonderen Krisen- und Gefährdungssituationen befinden. Exemplarisch wird dies am Beispiel der Jugendkriminalität gezeigt, anhand des Bundeslandes Hamburg, das über viele Jahre für seine „progressive" Grundorientierung als vorbildlich galt. Doch haben sich die Zeiten gewandelt: Inzwischen finden sich dort, bis in die jüngste Zeit hinein, eine Fülle vergangenheitsfixierter Positionen. Sie tragen in ihrem Kern dazu bei, dass der Erziehungsgedanke geschwächt, wenn nicht gar aufgegeben wird.

Die Jugendkriminalität ist in den letzten Jahren zu einem hochrangigen gesellschaftspolitischen Thema geworden. Sie reiht sich in vielfältige andere Zustandsbeschreibungen ein, die eine bedrohliche innere wie äußere Lebenssituation vieler Heranwachsender konstatieren. Beklagt wird vor allem eine erhöhte Aggressivität: Sie zeigt sich unter anderem darin, dass gewaltsame Mittel, die den eigenen Interessen dienen, zunehmend als legitim gelten. Dem entspricht eine sich mehrende manifeste Gewaltausübung, nicht selten von erheblicher Brutalität. Wichtig sind in diesem Zusammenhang auch politisch motivierte Gewalttaten, die von Jugendlichen begangen werden. Hinzu kommen teils anders gelagerte Phänomene wie Verwahrlosungserscheinungen, Drogenabhängigkeit und Prostitution in einem sehr jungen Lebensalter.

Unklar bleibt allerdings häufig, ob über gesicherte Fakten oder über Vermutungen diskutiert wird, die nur in einem lockeren Verhältnis zur Realität stehen. Dies gilt vor allem für das emotional hochbesetzte Thema der Jugendkriminalität. Ist die

Jugendkriminalität tatsächlich so sehr angestiegen, wie die mediale Berichterstattung vermuten lässt? Haben insbesondere schwere Straftaten so dramatisch zugenommen, dass dadurch ein sicheres Zusammenleben nachhaltig gefährdet wird? Oder sind die grundlegenden Fakten weitgehend unverändert geblieben, hat sich nur der Aufmerksamkeitsfokus, aus welchen Gründen auch immer, auf die Jugendkriminalität verschoben? Dann stellt sich allerdings die Frage, aus welchen anderen Quellen die verbreitete Beunruhigung über die Jugendkriminalität entspringen könnte.

Ich lasse zunächst die faktische Lage außer Acht, um auf ein bemerkenswertes Phänomen hinzuweisen. Gemeint ist die kriminologische Einsicht, dass das Sicherheitsgefühl der Bevölkerung nur in einem begrenzten Maße von der realen Gefährdung abhängt. Eine besondere Angst vor Kriminalität findet sich bei alten Menschen, einer Personengruppe, die im statistischen Sinne relativ selten von Straftaten betroffen ist. Und um ein weiteres Beispiel zu nennen: Sehr viele Gewalttaten von Jugendlichen treffen Jugendliche selbst, nicht Erwachsene, obgleich sich gerade Erwachsene durch die Jugendkriminalität bedroht fühlen. Auch wenn mit dem Sicherheitsgefühl der älteren und alten Menschen nicht leichtfertig umgegangen werden sollte, in einem unmittelbaren Zusammenhang mit einer realen Kriminalitätsbedrohung steht es nicht. Damit ist zumindest angedeutet, dass sich die Besorgnis über die Jugendkriminalität auch aus anderen Quellen nähren kann als der realen Sicherheitssituation und der persönlichen Gefährdung jedes Einzelnen.

Meine These ist nun, dass sich in der gegenwärtigen Beunruhigung zwei Entwicklungslinien treffen. Einerseits steigt, wie noch genauer gezeigt wird, die Kinder- und Jugendkriminalität tatsächlich an. Immer mehr Jugendliche begehen Straftaten. Darin zeigt sich, dass gesellschaftliche Vorgaben, so wie sie in Gesetzen formuliert sind, für die Heranwachsenden zunehmend an handlungsregulierender Bedeutung verlieren. In einer Gesetzesüberschreitung wird weniger als früher ein Problem gesehen. Besonders gravierend ist, dass sich relativ kleine Gruppen so genannter Intensivtäter herausbilden. Sie sind, gemessen an ihrer geringen Zahl, für einen erheblichen Anteil der Straftaten ihrer Altersgruppe verantwortlich. Und es ist diese Gruppe von Kindern und Jugendlichen, die mit ihren Taten besondere Aufmerksamkeit auf sich zieht. Die öffentliche Ordnung stellen sie dadurch jedoch nicht in Frage. Ihr Gefährdungspotenzial bleibt insgesamt begrenzt, auch wenn es keinen vernünftigen Grund dafür gibt, ihre Taten zu bagatellisieren.

Was über das Faktische hinaus so beunruhigend wirkt, ist die Hilflosigkeit, mit der der Jugendkriminalität begegnet wird, insbesondere bei jugendlichen Intensivtätern. Mit einiger Berechtigung ist das alte System des harten Strafens längst außer Kraft gesetzt worden. Entschiedene (sozial)pädagogische Interventionen, die an die Stelle von Strafen treten müssten, unterbleiben jedoch vielfach. In wichtigen Bereichen der Gesellschaft scheint man, sofern diese Pauschalisierung erlaubt ist, nicht mehr zu wissen, was man mit den straffälligen Kindern und Jugendlichen anfangen soll. Bagatellisierungen und Rufe nach härteren Strafen können die Hilflosigkeit eines Teils der Erwachsenengeneration nur notdürftig kaschieren. Sie sind Ausdruck einer unglückseligen Polarisierung in einer häufig ideologisch überfrachteten, hoffnungslos festgefahrenen Diskussion. In dieser Orientierungslosigkeit dürfte der entscheidende zweite Grund für die starke emotionale Besetzung des Kriminalitätsthemas liegen. Es geht hier also nicht nur um die Kriminalitätsentwicklung an sich, sondern darum, dass sich im Umgang mit massiv delinquenten Kindern und Jugendlichen ein zeittypisches Problem verdichtet. Es ist das einer Erwachsenengeneration, die sich ihres eigenen Erziehungsauftrages unsicher geworden ist. Mit „Erziehungsvergessenheit" lässt es sich grob, aber zutreffend umreißen. Abhanden gekommen ist damit auch die Gewissheit, dass massiv gefährdete und delinquente Kinder und Jugendliche in besonderem Maße der Erziehung bedürfen. Ein reduzierter Erziehungsauftrag oder gar Erziehungsverzicht fällt hier besonders ins Auge. In seinen Folgen erweist er sich als durchaus tragisch: Betroffen sind vor allem Kinder und Jugendliche, die aus einem wenig förderlichen häuslichen Milieu stammen. Den Gewinn einer interessierten, liebevoll zugewandten und gleichwohl begrenzenden Erziehung haben sie häufig nicht kennen gelernt. Über die öffentliche Erziehung werden sie zum zweitenmal um eine wichtige Lebenschance gebracht.

Die folgenden Überlegungen gehen auf die Mitarbeit des Autors in einer Enquete-Kommission zur „Jugendkriminalität und ihren gesellschaftlichen Ursachen" zurück, die von der Bürgerschaft der Freien und Hansestadt Hamburg 1998 eingesetzt wurde. Der Endbericht erfolgte im Mai 2000. Die Aufgaben, die der Kommission gestellt wurden, lassen sich so umreißen: Sie sollte beschreiben, wie sich die Jugenddelinquenz in den letzten Jahren verändert hat und welche juristischen und (sozial)pädagogischen Konsequenzen sie nach sich zieht. Weiterhin ging es um die Frage, welche präventiven und rehabilitativen Maßnahmen ergriffen werden müssen, um die beklagte Problematik besser zu bewältigen. Die dazu angestellten Überlegungen beschränken sich zu Recht nicht allein auf die Jugendkriminalität im engeren Sinne. Sie erstrecken sich zugleich auf die sehr viel größere Zahl von Kindern und Jugendlichen, die in besondere Krisen- und Gefährdungssituationen geraten. Nur ein Teil von ihnen wird delinquent, viele andere nehmen Entwicklungswege, die aus anderen Gründen hochproblematisch sind. Der (sozial)pädagogische Umgang mit den gefährdeten und delinquenten Heranwachsenden sollte sich als der entscheidende kontroverse Punkt in der Kommissionsarbeit erweisen. Zunächst jedoch einige zentrale Daten, die den Verlauf der Jugendkriminalität widerspiegeln.

3.2 Die Entwicklung der Kinder- und Jugenddelinquenz

Die Kriminalitätsentwicklung wird gemeinhin anhand der Polizeilichen Kriminalstatistik gemessen. Sie umfasst alle rechtswidrigen Taten, die der Polizei bekannt werden, darunter auch Tatversuche. Neben der absoluten Zahl der Tatverdächtigen enthält die Polizeiliche Kriminalstatistik als relatives Maß so genannte Tatverdächtigenbelastungsziffern (TVBZ), die sich auf jeweils 100 000 gemeldete Einwohner beziehen. Durch diesen Bezugsrahmen wird eine Beschreibung des Kriminalitätsverlaufs möglich. Allerdings nur in Annäherung an die Verbrechenswirklichkeit, da die vorliegenden statistischen Daten einige Fehlerquellen beinhalten. Unaufgeklärt bleibt ein mehr oder weniger großes Dunkelfeld, das unter anderem dadurch zustande kommt, dass Straftaten nicht angezeigt werden oder die polizeiliche Ermittlungstätigkeit erfolglos bleibt. Veränderungen im Anzeigeverhalten sowie im Ermittlungserfolg schlagen sich deshalb in den statistischen Kennzahlen nieder. Nicht jede Erhöhung der Tatverdächtigenbelastungsziffer muss einem Anstieg der tatsächlichen Kriminalität entsprechen. Gleiches gilt für den umgekehrten Fall. Hinter fallenden statistischen Kennwerten kann sich auch eine steigende Kriminalität verstecken. Zum Beispiel dann, wenn die Anzeigebereitschaft aus Angst vor der Rache der Täter sinkt oder auch, weil mit einem Ermittlungserfolg sowieso nicht gerechnet wird. Trotz dieser Einwände bleibt die Polizeiliche Kriminalstatistik ein unentbehrliches Hilfsmittel, das zur Beschreibung der Kriminalitätsentwicklung wertvolle Dienste leistet.

Aufgrund der Arbeit der Enquete-Kommission liegen für Hamburg gut aufbereitete Daten vor. Für die Jahre 1989 bis 1999 weist die Statistik einen „nahezu kontinuierlichen Anstieg der polizeilich registrierten Straftaten bei den unter 21-Jährigen" auf, der erst 1999 wieder abfällt (Bürgerschaft der Freien und Hansestadt Hamburg [2000]: Bericht der Enquete-Kommission, 36; im Folgenden zitiert als „Enquete-Kommission"). Noch prägnanter sind die Veränderungen, die Jugendliche betreffen. Denn der „höchste Anstieg der Kriminalitätsbelastung ist bei den Jugendlichen zu verzeichnen". Die Tatverdächtigenbelastungsziffer liegt trotz eines leichten Rückgangs im Jahr 1999 um 55 % über dem Wert von 1989. Das bedeutet, dass „14,1 % der Jugendlichen als Tatverdächtige polizeilich registriert" wurden (Enquete-Kommission 2000, 37).

Bemerkenswert ist vor allem, dass die Tatverdächtigenbelastungsziffern im Bereich der schweren Gewaltkriminalität stark ansteigen. Dazu gehören unter anderem besonders schwere Fälle von sexueller Nötigung, Raub und räuberischer Erpressung, gefährliche und schwere Körperverletzung sowie Körperverletzung mit Todesfolge und Vergewaltigung. Im Gegensatz zu einem relativ moderaten Anstieg dieser Deliktart bei Erwachsenen um 21%, ist die Gewaltkriminalität bei den unter 21-Jährigen zwischen 1989 und 1999 überproportional um 165 % gewachsen. Vor allem bei den Jugendlichen um 199%, sowie bei den Kindern um 489%. Bedacht werden muss allerdings, dass die absolute Tathäufigkeit von Kindern 1989 noch sehr gering war. Veränderungen wirken sich deshalb statistisch besonders gravierend aus.

Ein hoher Anteil an schwerer Gewaltkriminalität findet sich bei nichtdeutschen Kindern, Jugendlichen und Heranwachsenden. Die Enquete-Kommission hat aus einer Vielzahl von Gründen darauf verzichtet, vergleichende Tatverdächtigenbelastungsziffern für Deutsche und Nichtdeutsche zu berechnen. Das vorliegende weitere Datenmaterial spricht dennoch eine deutliche Sprache. Nichtdeutsche Täter sind im erheblichen Maße an schwerer Gewaltkriminalität beteiligt (Enquete-Kommission 2000, 47 bzw. 55). Dies gilt nicht nur für Hamburg und auch nicht nur für besonders schwere Straftaten. Die erhöhte allgemeine Kriminalitätsbelastung ist, so Steffen (2001, 294), „... bei den jüngeren Ausländern besonders auffallend, besorgniserregend und interventionsbedürftig": Die im Vergleich zu gleichaltrigen Deutschen hohe Delinquenzbelastung der nachwachsenden „zweiten und dritten" Generation der hier lebenden Ausländer lässt befürchten, dass „eine ‚soziale Zeitbombe' tickt oder eine Katastrophe droht, wenn es nicht gelingt, die jungen Ausländer und Gastarbeiterkinder zu integrieren" (Kaiser 1996, 662). Die Gründe für diese Entwicklung mögen vielfältig sein. Wie immer sie auch aussehen: Es besteht hier ein gravierendes, über lange Zeit in seiner Bedeutung verleugnetes und bagatellisiertes Problemfeld.

„Insbesondere seit Anfang der 1980er Jahre, nahezu korrespondierend mit der deutlich ansteigenden Registrierungshäufigkeit der Ausländerkriminalität, wird v.a. deren polizeistatistische Erfassung und Auswertung (in der Polizeilichen Kriminalstatistik – PKS) immer wieder angegriffen und abgelehnt. Die seit den 1990er Jahren gehäuft auftretenden fremdenfeindlichen Handlungen haben weiter die Zulässigkeit der Fragestellung problematisiert. Bevor man sich also mit der kriminalstatistischen ‚Realität' der Ausländerkriminalität befassen kann, gilt es zunächst zu klären, ob man das überhaupt darf. Bereits der Begriff gilt manchen als ‚geistige Brandstiftung', und diejenigen, die ihn dennoch verwenden, geraten nur allzu leicht in den Verdacht, der Xenophobie oder zumindest der Ausländerfeindlichkeit das Wort zu reden" (Steffen 2001, 282).

Was hier eindrücklich für die Delinquenz von Nichtdeutschen beschrieben wird, gilt in weiten Bereichen auch für die Jugendkriminalität. Über lange Zeit bestand eine oft hartnäckige Weigerung, sich der bestehenden Problematik zu stellen, anzuerkennen, dass die Jugendkriminalität ansteigt und vor allem schwere Delikte zunehmen. An den Fakten selbst kann es keinen vernünftigen Zweifel geben. Dies belegen auch über Hamburg hinausgehende Vergleichsdaten, die hier nur beispielhaft genannt werden können. Sie beziehen sich in einem Städtevergleich auf die Entwicklung der Tatverdächtigenbelastungsziffern. Die Abbildung 1 beinhaltet einen Überblick über sämtliche erfassten Delikte bei den unter 21-Jährigen.

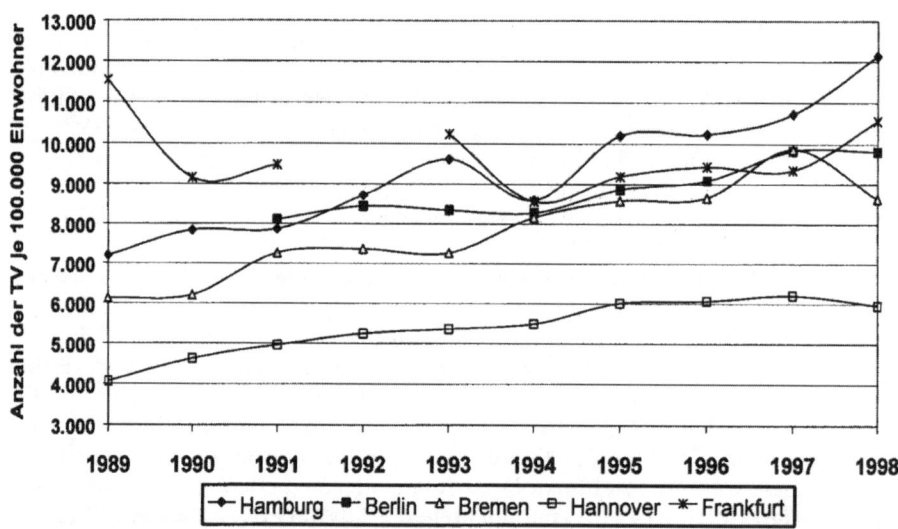

Abbildung 1: Entwicklung der TVZB der unter 21-Jährigen im Vergleich der Städte Hamburg, Berlin, Bremen, Hannover und Frankfurt/M., 1989 bis 1997 (sämtliche Delikte) (aus: Enquete-Bericht 2000, 62)

Das zweite Schaubild bezieht sich auf die von Jugendlichen ausgeübte schwere Gewaltkriminalität.

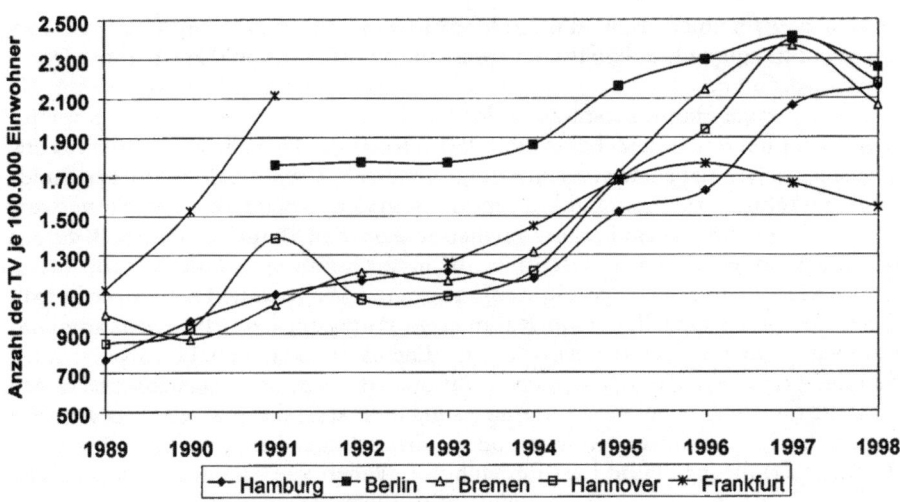

Abbildung 2: Entwicklung der TVZB bei schwerer Gewaltkriminalität im Vergleich der Städte Hamburg, Berlin, Bremen, Hannover und Frankfurt/M., 1989 bis 1997 (Jugendliche) (aus: Enquete-Bericht 2000, 63)

Beide Abbildungen zeigen, dass die für Hamburg beschriebene ansteigende Kriminalitätsentwicklung auch für andere Großstädte gilt. Auf bestehende Unterschiede soll im Einzelnen nicht eingegangen werden. Auch erübrigt es sich, weitere Bezugsdaten heranzuziehen. Denn es geht hier allein darum, eine allgemeine Entwicklungslinie ohne kriminologische Feinheiten grob zu skizzieren. Der bemerkenswerte Anstieg der Jugendkriminalität sollte zukünftig so unideologisch wie irgend möglich betrachtet werden, ohne hilflos machende Dramatisierung, aber auch ohne die Bagatellisierung und Verleugnungen, die in der Vergangenheit häufig dominierten. Dabei muss bedacht werden, dass die allermeisten Jugendlichen keine nennenswerten Straftaten begehen. Bei vielen Straftaten handelt es sich um Bagatelldelikte, die zu keiner delinquenten Entwicklung führen. Daneben steht allerdings eine Besorgnis erregende Zunahme an schwerwiegenden Delikten.

3.3 Hilfen zur Erziehung: Zum Umgang mit gefährdeten Kindern und Jugendlichen

3.3.1 Lebensweltorientierung in Krisen- und Grenzsituationen

Die folgenden Ausführungen beziehen sich auf Kinder und Jugendliche, die in ihrer Entwicklung in einem besonderen Maße gefährdet sind und in akute oder chronische Krisensituationen geraten. Besondere Krisen- und Gefährdungssituationen liegen bei Selbst- und Fremdgefährdung vor, „... häufig im engen Zusammenhang mit Delinquenz, Drogenkonsum und Prostitution ..." (Freie und Hansestadt Hamburg: Amt für Jugend 1998, 2). Symptomatisch sind in diesem Zusammenhang u. a. zu nennen: Eine akute oder latente Suizidgefährdung, Crash-Fahren, Drogenabhängigkeit, nachhaltige Erpressung und Bedrohung sowie andere massive Gewalttaten.

Der bisherige Handlungsrahmen der Hamburger Jugendhilfe, die in Krisensituationen intervenieren soll, wird durch das Konzept der Lebensweltorientierung abgesteckt. Die Lebensweltorientierung (Thiersch 1986/1992) ist in den letzen zwei Jahrzehnten zu einem Leitkonzept der Sozialen Arbeit geworden. Sie versteht sich als Gegenentwurf zur herkömmlichen Sozialarbeit, die als unzeitgemäß gilt, da sie die gewandelten Lebensverhältnisse nicht zur Kenntnis nimmt. Ein konstituierendes Merkmal der Lebensweltorientierung stellt die Parteinahme für die Betroffenen dar. Ihrer Weltsicht wird im Rahmen der vorgegebenen Lebensrealität breiter Raum gewidmet. „Der Respekt vor der Eigensinnigkeit von Lebenswelt muss durchgesetzt werden gegenüber den Traditionen der Sozialen Arbeit, die im Namen und Auftrag allgemeiner Normen Anpassung und Sozialdisziplinierung praktiziert haben, die in autoritärer Nötigung oder „fürsorglicher Belagerung" über lebensweltliche Erfahrungen und Ressourcen hinweggehen, die – heute zunehmend verbreitet – in der sublimen Hegemonie institutionsbezogener und fachlicher Deutungsmuster gefangen bleiben" (Grundwald & Thiersch 2001, 1143). Diese Neuorientierung folgt unterschiedlichen Quellen. Als ein wesentliches Bestimmungsmerkmal kann die Pluralisierung der Lebensverhältnisse gelten, die sich einer vorgegebenen Normierung von Entwicklungsverläufen und -zielen entzieht.

Lebensweltorientierte Soziale Arbeit insistiert „… auf der Stärkung der erfahrenden Lebensräume und sozialen Bezüge mit den in ihnen liegenden Möglichkeiten und Ressourcen: Lebensweltorientierung betont nicht nur die Vielfalt der im Alltag zu bewältigenden Aufgaben und Probleme, sondern auch die grundsätzliche autonome Zuständigkeit *aller* Menschen für ihren je eigenen Alltag, unabhängig von ihrer Unterstützungsbedürftigkeit und der Perspektive der Professionellen und Institutionen" (Grundwald & Thiersch 2001, 1137). Von dieser Position aus ist verständlich, dass einer Ausrichtung an herkömmlichen bürgerlichen Lebensformen und verbindlichen Entwicklungsvorgaben eine dezidierte Absage erteilt wird. Die Lebensweltorientierung versteht sich als ein übergreifendes Konzept für unterschiedlichste Lebenslagen. Sie umfasst normale Lebensverhältnisse ebenso wie krisenhaft zugespitzte Lebenssituationen, gleichermaßen bezogen auf Kinder und Jugendliche wie auf Erwachsene. Der Angebots- und Dienstleistungscharakter Sozialer Arbeit wird betont.

Die lebensweltorientierte Arbeit mit gefährdeten Kindern und Jugendlichen beruht in Hamburg wesentlich auf den Prämissen der Freiwilligkeit („Angebotscharakter von Maßnahmen"), Parteilichkeit und Alltagsorientierung. Kinder und Jugendliche gelten dabei als „Experten ihres Lebens", die weitestgehend verantwortlich über sich selbst entscheiden können. Dazu Peters (1990, 160 f): „Zusammengefasst lassen sich Alltagsorientierung, Integration, Normalisierung und Lebensbewältigung als die zentralen Fixpunkte der Hamburger Praxis benennen, die in den veränderten Betreuungsarrangements als … parteiliche Versuche, gegen die systemischen Interessen die Interessen der (jugendlichen) Lebenswelt(en) systematisch zu stützen, zum Tragen kommen."

Die zentralen Leitlinien des Lebensweltkonzeptes werden im Folgenden im Hinblick auf besondere Krisen- und Gefährdungssituationen kritisch analysiert und Veränderungsnotwendigkeiten benannt. Es geht dabei (1) um das Prinzip der

Freiwilligkeit, (2) die Annahme, Kinder und Jugendliche seien auch in Krisen- und Grenzsituationen „Experten ihres Lebens", (3) das Prinzip der Parteilichkeit sowie (4) den Grundsatz der Alltagsorientierung. Die Bewertung beruht auf den Anhörungen der Enquete-Kommission, der Analyse von Dienstanweisungen und einschlägigen Publikationen.

Das Prinzip der Freiwilligkeit

Ein autoritäres Verfügen über Personen ist in der Sozialen Arbeit, von wenigen Ausnahmen abgesehen, schon lange kein leitendes Prinzip mehr. Demgegenüber hat sich eine Grundhaltung durchgesetzt, die darauf abzielt, sich (zunächst) mit den Betroffenen zu identifizieren. Ihre Stellungnahmen sollen erkundet und es soll verstanden werden, in welcher äußeren und inneren Lebenssituation sie sich befinden. Eine Kooperation mit möglichst allen Beteiligten wird für unumgänglich gehalten. Deshalb sollen die Maßnahmen der „Hilfen zur Erziehung" so weit wie möglich mit Zustimmung der beteiligten Kinder und Jugendlichen sowie ihrer erwachsenen Bezugspersonen erfolgen.

Ungern eingestanden wird jedoch, dass das Prinzip der Freiwilligkeit in zugespitzten Krisen- und Gefährdungssituationen auf Grenzen stößt. Eine extensive Auslegung des Freiheitsbegriffes, wie sie in Hamburg von Bittscheidt (1998) befürwortet wird, hat zur Folge, dass Interventionen nur dann vorgenommen werden, wenn die Betroffenen sie beantragen bzw. annehmen. Insofern fungiert die rechtlich festgelegte Mitwirkung der Betroffenen faktisch als ein Vetorecht, das Maßnahmen oder Hilfestellungen beliebig ins Leere laufen lassen kann. Ohne Zustimmung der Erziehungsberechtigten müssen notwendige Unterstützungen unterbleiben. Dies ist besonders bedenklich vor dem Hintergrund, dass zugespitzte familiäre Situationen sehr häufig ein wesentlicher Bedingungsfaktor dafür sind, dass Kinder und Jugendliche in Krisen- und Grenzsituationen geraten.

Blandow (1997, 185) umreißt diese Problematik so: „Zu begrüßen ist ..., dass die moderne Jugendhilfe Hilfepläne und Hilfekonferenzen vorsieht und die Behörden dazu verpflichtet, Eltern und Kinder/Jugendliche in Entscheidungsprozesse einzubeziehen. Sie werden problematisch, wenn in ihnen formale Mitbestimmungsrechte bzw. eine formale Beteiligung automatisch mit Entscheidungskompetenzen der Einbezogenen gleichgesetzt werden. Mit einem demokratischen Mäntelchen lassen sich die für zer- und verstörte Familien – Eltern, Kinder, Jugendlichen – typischen Selbstentfremdungsphänomene, systemischen Verstrickungen und bornierten Bewusstseinsformen weder aufheben noch zukleistern."

Dazu ein Beispiel, das belegt, wie sehr Erziehende und Kinder durch eine solche Vorgabe überfordert sein können:

„Frau K. hat sieben Kinder (sechzehn, vierzehn, zwölf, zehn, acht, fünf und vier Jahre alt) von verschiedenen Vätern. Die beiden ältesten Jungen, Schulabbrecher, kriminell, drogenabhängig, gelten nach einer mustergültigen Jugendhilfekarriere, in der keine pädagogische Wohngemeinschaft, kein Auslandsprojekt und keine Einzelbetreuung fehlen, als pädagogisch ‚nicht mehr erreichbar'. Die beiden mittleren Töchter, zwölf und zehn Jahre alt, sind grotesk übergewichtig, ‚nässen jede Nacht ein' – und führen den Haushalt. Die jüngeren Kinder haben Sprachstörungen, sie sind immer übermüdet, aggressiv, auffällig. Frau K. hat die kleinen Kinder, allesamt Frühgeburten, nach der Entbindung kein einziges Mal in der Kinderklinik besucht. Als der Fünfjährige von einer Bekannten ins Krankenhaus gebracht werden musste, war die Mutter tagelang nicht aufzufinden. Dann vergaß sie, das Kind abzuholen. Die kleineren Jungen ließ sie wochenlang von einem als Päderasten bekannten ‚Freund' betreuen. Frau K. ist eine schlanke, aparte Frau, selbst wenn ihr Gesicht durch Alkohol und Drogen, gewiss auch durch Kummer, gezeichnet ist. Sie ist nicht dumm, nur in einer leeren, leblosen Weise desinteressiert an ihren Kindern: Sie weiß gar nicht, was Kinder sind. Frau K. wirkt auf Männer. Und sie wirkt auf Sozialarbeiterinnen. Letztere fragen sich angesichts dieser Frau: Wie weit bin ich selbst, wie weit sind wir alle vom inneren Abgrund entfernt? Vermutlich weil Frau K. diese Gefühle bei ihren Betreuerinnen auslöst, haben sie mit unendlicher Geduld versucht, ihr beizubringen, wie sie für ihre Kinder sorgen müsste.

Das Ergebnis dieser Bemühungen war ein endloses Hin und Her zwischen Pflegefamilien, Kinderheimen und der Ursprungsfamilie. Unter anderem rivalisierten die Behörden zweier Städte, in denen sich Frau K. jeweils für längere Zeit aufhielt: Weil man hier wie dort meinte, es besser machen zu können als die Kollegen, ging den Kindern weitere Zeit in geordneten Verhältnissen verloren. Wenige Monate nachdem alle Kinder bis auf die beiden ältesten Jungen untergebracht waren, wurden sie ‚in den Haushalt der Mutter zurückgeführt'. Kurz darauf arbeitete der ASD daran, sie wieder herauszuholen – unter schleppender Mitwirkung, wie immer, von Frau K. Unzählige Ansätze, ihren ‚Lebensplan kritisch mit ihr zu beleuchten', sind fehlgeschlagen; es drängt sich der Verdacht auf, dass sie keinen solchen hat. ‚Mitwirkung' findet in einem solchen Fall ihre Grenzen. Das hehre Ziel, Kinder so lange wie möglich in ihren Familien zu lassen, kehrt sich gegen die Kinder. Die Sozialpädagoginnen, die sich um Frau K. kümmern, sehen das anders: Sie sprechen von Respekt vor der Klientin, von der Mühe, die sie sich immer wieder gegeben habe, von Frau K.s eigener, unbestreitbar grauenhafter Kindheit. Sie warnen davor, ‚eigene Wertmaßstäbe' an das Leben eines anderen Menschen anzulegen. Sie haben damit Recht – und gleichzeitig Unrecht, denn die Wertmaßstäbe dieser Gesellschaft sind, auch unter Maßgabe des KJHG, die Voraussetzung dafür, dass sie sich überhaupt beruflich mit Frau K. befassen. Deren eigenes schweres Schicksal ist ein Grund für Mitgefühl, auch für Therapieangebote. Es entschuldigt aber nicht die Verantwortungslosigkeit gegenüber den Kindern" (Gaschke 2001, 162 f).

Der Jugendhilfe sind die Hände auch dann gebunden, wenn Jugendliche in Krisen- und Grenzsituationen vorhandene Hilfeangebote nicht annehmen, wenn sie sich mit hartnäckiger Verweigerung jeglicher Art von Beziehungsaufnahme entziehen oder Beziehungen kurzfristig wieder aufgeben. Entweder, weil sie sich in einer von außen gesehen gefährdenden Lebensweise wohl fühlen oder wohl zu fühlen scheinen, oder weil sie in ihrem Unglück auf Grund situativer Gegebenheiten oder ihres psychischen Entwicklungsstandes keine verantwortlichen Entscheidungen für sich treffen können.

Die Folgen für die Mitarbeiter der Jugendhilfe sind nicht unbeträchtlich. Sie werden aufgrund äußerer Rahmenbedingungen depotenziert und von den Jugendlichen auch so erlebt. Den Nachteil haben beide Seiten. Die Mitarbeiter dürften unter dieser Bedingung mehr oder weniger schnell resignieren, zumindest dann, wenn Entwicklungsziele für Kinder und Jugendliche nicht ins Beliebige verschoben werden. Die Probleme der Kinder und Jugendlichen in Krisen- und Grenzsituationen bleiben ungelöst: Sie werden allein gelassen, ohne dass sie bedeutsame Beziehungen eingehen und ihr problematisches, zum Beispiel delinquentes Verhalten, zum Gegenstand eines Erziehungsprozesses werden kann. Eine Verschiebung ihrer Problematik in den Bereich der Justiz ist eine mögliche und nicht unwahrscheinliche Folge.

Aufschlussreich sind in diesem Zusammenhang die Ergebnisse einer Aktenanalyse, die sich mit der Entwicklung jugendlicher Intensivtäter beschäftigt. Sie wurde von der Enquete-Kommission zur Jugendkriminalität in Auftrag gegeben, konnte aber erst durch die Überwindung erheblicher politischer Widerstände realisiert werden. Ihre Resultate sind in der Tat brisant.

In 10 von 25 Fällen jugendlicher Intensivtäter existieren in den eingesehenen Kriminal-, Ermittlungs-, KJHG- und JBH-Akten keine Hinweise auf die Durchführung von Hilfen zur Erziehung/Jugendhilfemaßnahmen. Wenig wahrscheinlich ist aber, dass hier kein Bedarf bestand. Denn die Jugendlichen zeichnen sich durch erheblich problematische Lebensläufe und teilweise sehr frühe soziale Auffälligkeiten aus. Nicht selten sind sie in der schulischen Entwicklung bereits nach wenigen Jahren durch massive Probleme aufgefallen. Das häusliche Milieu ist oft schwer belastet. Vielfach lassen sich erhebliche körperliche Übergriffe durch die Eltern oder Elternteile feststellen, oft auch mit beträchtlichen gesundheitlichen Schädigungen. Einige Kinder werden so stark verprügelt, dass sie im Krankenhaus behandelt werden müssen. Durch straffälliges Verhalten treten sie früh und nachhaltig in Erscheinung, oft schon als 12- und 13-Jährige. Vor diesem Hintergrund lässt sich die mangelnde Initiative des Jugendamtes u. a. daraus erklären, dass eine Mitwirkungsbereitschaft der Betroffenen und ihrer wichtigsten Bezugspersonen nicht vorgelegen hat. Auch dann, wenn Jugendhilfemaßnahmen zum Tragen kamen, erwies sich die mangelnde Bereitschaft der Jugendlichen zur Mitarbeit als ein wichtiger Hemmschuh für ihre weitere Entwicklung – so die Autoren der Aktenanalyse.

Ein weiteres Beispiel soll zur Illustration herangezogen werden. Auf die Freiwilligkeit der zu Betreuenden setzen auch niedrigschwellige Angebote für gefährdete Kinder und Jugendliche. Das Projekt KIDS („Kinder in der Szene") in der Nähe des Hamburger Hauptbahnhofs beschreibt das Grundverständnis der eigenen Arbeit so: „Die Einrichtung eines szenenahen, dem Lebensraum und -stil entgegenkommenden Angebots, ist als ein erster Schritt zu verstehen, die Kinder dort zu erreichen, wo sie sich befinden und von dort aus tragfähige Beziehungen wieder aufzunehmen bzw. intensivieren zu können. Diese Beziehungen können nur unter Einbeziehung der Akzeptanz des Lebensraumes und -stils der Kinder entwickelt werden. Akzeptanz meint in diesem Zusammenhang eine pädagogische Haltung, die die spezifischen Angebotsstrukturen und Handlungskonzepte aus der Lebenswelt der Kinder ableitet" (Lembeck 1998, 189).

Es geht hier also nicht um das Zusammentreffen von professionellen Mitarbeitern und Jugendlichen, die sich in ihrer Unterschiedlichkeit aufeinander zu beziehen hätten. Da die Angebote aus der Lebenswelt der Kinder und Jugendlichen abgeleitet werden, gilt: „Die Jugendlichen bestimmen hier die Regeln der Interaktion" (Lembeck 1998, 191). Die Jugendlichen, das sind unter anderem „. . . Drogen konsumierende junge Menschen, die sich ihren Konsum mit Beschaffungsprostitution, Beschaffungskriminalität, Betteln, Schnorren und Dealen finanzieren; AusreißerInnen, . . . Jungen, die Kontakte zu Päderasten haben . . ." (Jahresbericht BASIS-Projekt e. V. – KIDS 1995/96; zitiert nach Lembeck 1998, 189).

Wiederholt wird betont, dass diese Einrichtung einen Angebotscharakter habe, auf Freiwilligkeit setze und auf die Konfrontation mit vorgegebenen Entwicklungszielen verzichte. Dazu zwei Zitate: „So ist unsere Beratungsarbeit davon geprägt zu versuchen, so effektiv wie möglich zu handeln, ohne zu wissen, was dabei herauskommt." Und weiter: „Eine Facette des Versuches, effektiv zu handeln, ist mit [folgendem] Beratungsbegriff verbunden . . .: Weder die Professionellen, noch die Jugendlichen sind die Wissenden: Nicht die Jugendlichen werden aufgefordert, sich einsichtsfähig zu zeigen, sondern die PädagogInnen" (Lembeck 1998, 198). Ein Erziehungsbegriff existiert hier nicht mehr. Vor diesem Hintergrund wird deutlich, warum Entwicklungsziele wie Schulbesuch oder die Vermeidung von Drogenkonsum keine Priorität in der Arbeit haben.

Denn pädagogische Zielvorstellungen, die seitens der Schule erhoben werden und sich auf Schulbesuch und Drogenfreiheit beziehen, seien der Ausdruck des Umstandes, dass „schon LehrerInnen an den Grundschulen ... als Fachwissenschaftler weniger als Pädagoginnen [agieren]" . ... „Sie entwerfen in ihrer Hilf- und Ratlosigkeit und vor dem Hintergrund des Drucks herrschender Normen Perspektiven (Entzug, Therapie, Schulabschluss, Lehre), von denen sie wissen, dass die realen gesellschaftlichen Bedingungen einen solchen Lebensweg sehr unwahrscheinlich machen" (Lembeck 1998, 201 f).

Die „Philosophie" des Projektes KIDS („Kinder in der Szene") lautet: Die Jugendlichen, wie bedroht und gefährdet sie auch immer sein mögen, sollen in ihrer Lebensrealität einen eigenen Weg finden, ohne Konfrontation mit Zielvorstellungen und Verhaltenserwartungen, die aus einer anderen Lebenswelt stammen. Freiwilligkeit und Selbstbestimmung sind die zentralen Devisen – verbunden mit einem entsprechenden Vertrauen in die Selbstheilungskräfte der Jugendlichen.

Die Niedrigschwelligkeit des Angebotes, die eine Kontaktaufnahme ohne Vorbedingungen ermöglicht, wird nicht kritisch gesehen. Fragwürdig ist vielmehr, dass sich ein niedrigschwelliges Angebot mit einer Betreuungsphilosophie verbindet, die unter den Stichworten „Selbstbestimmung" und „Freiwilligkeit" auf zielgerichtete Veränderungsvorstellungen fast vollständig verzichtet – so, als wären diese Jugendlichen kompetente „Experten ihres Lebens".

Kinder und Jugendliche als „Experten ihres Lebens"

Eine verhängnisvolle Rolle spielt in diesem Zusammenhang die These, Kinder und Jugendliche seien auch in Krisen- und Grenzsituationen „Experten ihres Lebens". Grundlage dieser These ist, dass junge Menschen in Selbstbestimmung einen eigenen Lebensweg gehen sollen, ohne dass sie zwangsweise in die Lebensvorstellungen der älteren Generation gepresst und dadurch ihrer Freiheit beraubt werden.

Die Anerkennung der Autonomie des Individuums, der so genannte Subjektstatus, stellt zweifelsfrei einen hohen und zu bewahrenden Wert dar. Kinder, Jugendliche und ihre Familien in besonderen Krisen- und Grenzsituationen als „Experten ihres Lebens" anzusehen, simplifiziert jedoch die psycho-soziale Lebenssituation der Betroffenen in unzulässiger Weise. Zum einen verarbeiten die Betroffenen kritische Lebenssituationen in einer subjektiv bestmöglichen Weise, unter Aktivierung der ihnen (noch) zur Verfügung stehenden Selbsthilfepotenziale. Deswegen kann die angestrebte Problemlösung als Ausdruck vorhandener Ressourcen zur Lebensbewältigung verstanden werden. Andererseits stellen die Selbsthilfeversuche des hier interessierenden Personenkreises missglückte Problemlösungen dar: Sie sind ein Ausdruck von Hilflosigkeit und Überforderung, Ohnmacht und Hoffnungslosigkeit, eines unglücklichen Gefangenseins in einer schwierigen, nicht zu bewältigenden Lebenssituation, mitunter auch von seelischer Unreife oder psychischer Erkrankung.

Mit der These von den „Experten ihres Lebens" wird eine vollständige Wahrnehmung vermieden, die die beiden beschriebenen Seiten der krisenhaften Verstrickung umfasst. Zusammen mit einer extensiven Auslegung des Freiheits- und Freiwilligkeitsbegriffes führt sie dazu, dass Jugendlichen in kritischen Lebenssituationen Kompetenzen zu letztendlichen Entscheidungen unterstellt werden, über die sie real gar nicht verfügen oder auch noch nie verfügt haben.

„... weil ihr die modernen Individualisierungs- und Pluralisierungstheoreme zum Credo wurden, hält moderne Jugendhilfe trotzig daran fest, dass Kinder lernen müssen, mit diesen Prozessen zurechtzukommen. Sie verdoppelt damit die Probleme jener, denen die Chancen der Modernität nicht offen stehen, denen Individualisierung nicht gut getan hat, weil ihnen keine integrierende Instanz zur Verfügung steht und keine Optionen auf Entscheidungsfreiheiten gegeben sind." Die moderne Jugendhilfe nimmt in vermeintlicher „... Parteilichkeit für die Sache der Kinder und Jugendlichen ... das Zerbrochene und Zerstörte als Gegebenes hin und bestätigt es so" (Blandow 1997, 184).

Von außen vorgegebene Entwicklungsziele gelten als schädigend, gleichermaßen entmündigend wie entwürdigend. Eine konturierte, an der Klärung von Konflikten orientierte und von einem Erziehungsauftrag ausgehende Beziehung zu den hoch problembelasteten Kindern, Jugendlichen und ihren erwachsenen Bezugspersonen wird dadurch faktisch verhindert. Die Betreuer können – zugespitzt formuliert – allenfalls als Facilitatoren in Erscheinung treten, die vorgegebene Entwicklungsprozesse begleiten. In ihrer Verantwortlichkeit für die nachfolgende Generation sind sie geschwächt, was zahlreiche negative Folgen für die psychosoziale Entwicklung der Heranwachsenden nach sich zieht.

Das Prinzip der Parteilichkeit

In diesen Kontext reiht sich das Prinzip der Parteilichkeit ein. Parteilichkeit beinhaltet das Eintreten für eine verbesserte äußere Lebensrealität Heranwachsender, zum Beispiel im Freizeit- oder Arbeitsbereich. Dies gilt vor allem für Kinder und Jugendliche, die unter wenig privilegierten sozialen Verhältnissen aufwachsen und von einer Erweiterung der Erlebens- und Erfahrungsräume profitieren können. Sie machen zugleich die Hauptgruppe derjenigen aus, die in zugespitzte, kritische Lebenssituationen geraten. Parteilichkeit bedeutet zudem eine bestimmte Form der Beziehungsgestaltung: Die professionellen Helfer sollen sich in der persönlichen Beziehung auf die Seite der Jugendlichen stellen, sich gemeinsam mit ihnen gegen missliche Realitäten und gesellschaftliche Anforderungen wenden, die den Lebensinteressen und -plänen der Jugendlichen widersprechen (Heinemann & Peters 1987).

Die Verbesserung der allgemeinen Lebenssituation Heranwachsender stellt ein unumstrittenes und bewahrenswertes Ziel der Jugendhilfe dar, unabhängig von der besonderen Problematik problembeladener und delinquenter Kinder und Jugendlicher. Ebenso ist eine verbesserte Lebensrealität für Kinder und Jugendliche in krisenhaften und zugespitzten Lebenssituationen anzustreben. Gleichwohl verkennt das Prinzip der Parteilichkeit die Komplexität krisenhafter Entwicklungen von Kindern und Jugendlichen, insbesondere dann, wenn es sich mit einer primär sozialen Verursachungstheorie abweichenden Verhaltens verbündet. Dies führt notgedrungen zu Handlungskonzepten, die den bestehenden Anforderungen nicht gerecht werden können.

Die so genannte Magdeburger Initiative („Forum zu Jugend und Kriminalität", 1999) folgt den bisher dargestellten, in Hamburg dominierenden Prämissen und schreibt sie fort. Als Ausgangspunkt der Überlegungen dient ein Bild der nachwachsenden Generation, das eine bedeutende Zahl von Jugendlichen fast ausschließlich als Opfer ungünstiger Entwicklungsvorgaben der Erwachsenenwelt ansieht. Als Menschen, die in „Sozialen Mangel- und Randlagen" leben. In seiner Leitlinie beinhaltet der Text, dass es die Erwachsenen sind, die sich durch das „Nichtakzeptieren jugendlicher Welten als eigenständige kulturelle Räume ..." schuldig machten, Probleme der Jugendlichen ausgrenzten und sie als Sündenböcke für ihre eigenen Interessen benutzten, indem sie „... feinsinnige pädagogische, wissenschaftliche, rechtliche oder politische Mechanismen [entwickeln], mit deren Hilfe [sie ihre eigenen] Ängste bannen und ... Kinder und Jugendliche auf Distanz halten – disziplinierend, kriminalisierend, strafend entmündigend" (Magdeburger Initiative 1999, 6 f). Parteilichkeit für Kinder und Jugendliche bedeute, sich dem mit Entschiedenheit zu widersetzen.

Auf der fachlichen Ebene findet sich ein solches Verständnis von Parteilichkeit bis in die jüngste Zeit in einer ganzen Reihe von Publikationen wieder, die sich unmittelbar auf die Hamburger Situation beziehen oder von Autoren verfasst sind, die die Hamburger Gegebenheiten entscheidend geprägt haben. Sie markieren die dominierende Position der Hamburger Jugendhilfe.

So wendet sich Bittscheidt in einer „Repression statt Perspektiven" betitelten Schrift gegen die „ordnungspolitische Zurichtung der Jugendhilfe"; „Plazieren, Verlegen, Abschieben und Einsperren" gelten als die gefürchteten „Strukturmerkmale des Hilfesystems" (Bittscheidt 1998, 25 bzw. 31). Verhaltensauffälligkeiten von Kindern und Jugendlichen werden dabei – entgegen gesicherter fachwissenschaftlicher Erkenntnis (Hillenbrand 1999; Myschker 2002) – nahezu umstandslos als Folge sozialer Benachteiligungen angesehen, die aus „Perspektivlosigkeit und der sozialen Chancenlosigkeit ihrer Familien" (Bittscheidt 1998, 35) entstünden. Diagnostische Differenzierungen gelten als hochproblematisch, da sie „fast zwingend eine Fixierung auf das spezifische Defizit des Betroffenen" (Bittscheidt 1998, 33) mit sich brächten. Eine spezialisierende Professionalität wird ebenso kritisch betrachtet wie besondere Einrichtungen, da jede Art von institutioneller Differenzierung latent vorhandene „Verlegungs- und Abschiebungsimpulse" von Mitarbeitern freisetze.

Ohne diagnostische Differenzierungen und berufliche Spezialisierungen sei die „Aufmerksamkeit für die Lebensentwürfe von Kindern und Jugendlichen in der Jugendhilfe ... (neu zu entdecken)". Angemessene Hilfen seien „aus der Position der möglichen Nutzer heraus ... zu organisieren" (Bittscheidt 1998, 36 bzw. 38). Dem Prinzip der Parteinahme folgend, gilt die fast ausschließliche Aufmerksamkeit der Autorin der „nicht realisierten Rechte der Betroffenen", der „Ausweitung ihrer sozialen Teilhabe" und der Korrektur äußerer Lebensbedingungen. Dass die Autorin dabei nicht eindeutig zwischen besonderen Krisen- und Grenzsituationen und allgemeinen Lebenserschwernissen unterscheidet, verdeutlicht noch einmal die Problematik ihres Beitrags.

Weitere wichtige, die Hamburger Situation kennzeichnende Beiträge finden sich bei Köttgen (1998). Die Kategorie der „seelischen Verletzungen" spielt dabei eine besondere Rolle. Wenn „seelische Verletzungen bei Kindern und Jugendlichen als Folge von Armut und Ausgrenzung" (Titel des Buchbeitrags) angesehen werden, erweist sich eine eindeutige Parteinahme für die Betroffenen als unumgänglich. Verletzungen, so signalisiert die begriffliche Fassung, geschehen von außen – und der Duktus der Schrift bestätigt diese Sichtweise. Kinder und Jugendliche, die Verletzungen erleiden mussten, sind demzufolge Opfer äußerer Umstände und nichts als das.

Angesichts der Vielschichtigkeit der in Frage stehenden Problematik erweist sich die These von den „seelischen Verletzungen", zusammen mit der geforderten Parteinahme, als allzu reduktionistisch. Bei aller notwendigen Anerkennung der oft schrecklichen Lebenserfahrungen gefährdeter und delinquenter Jugendlicher sowie der mitunter dringend gebotenen Korrektur äußerer Lebensbedingungen trägt die Kategorie der „seelischen Verletzungen" dazu bei, dass Unterstützungen einen eindimensionalen Charakter annehmen. Sie fixiert die professionellen Mitarbeiter auf die Ebene der äußeren Realität, verbunden mit der allgemein gehaltenen Forderung nach Partizipation am gesellschaftlichen Leben. Die fast durchgängig zu beobachtende massive innere Konflikthaftigkeit der Betroffenen kommt so gut wie gar nicht zur Sprache. Die These von den „seelischen Verletzungen" verhindert, dass sich die Mitarbeiter differenziert mit der inneren Realität problembeladener Kinder und Jugendlicher auseinandersetzen – mit ihrer intrapsychischen Konflikthaftigkeit und konflikthaften Verstrickung in bedeutsame persönliche Beziehungen (Heinemann, Rauchfleisch & Grüttner 1995; Rauchfleisch 1981/1999). Auch bei äußeren Übergriffen kommt es regelhaft zu komplizierten psychischen Verstrickungen zwischen Opfer und Täter. Von einem reinen Opferstatus als psychisches Prinzip kann nicht ausgegangen werden (Ehlert-Balzer 1996; Richter-Appelt 1997).

Ebenso ist wissenschaftlich gesichert, dass die äußere Realität allenfalls eine unter verschiedenen anderen Bedingungen ist, die dazu führt, dass junge Menschen massiv delinquent werden (Marneros 2002; Schumann, Matt & Rother 1999). Zwar kommen jugendliche Intensivtäter fast durchgängig aus sozial bedrängenden und sehr belastenden Verhältnissen, typisch für den sozialen Kontext, dem sie entstammen, ist ihr Verhalten dennoch nicht. Nur eine sehr kleine Gruppe von Jugendlichen wird massiv straffällig. Der weitaus größere Teil erweist sich in seiner Entwicklung als (relativ) unproblematisch, obwohl er unter vergleichbaren Umständen aufwächst. Insofern verhalten sich die jugendlichen Intensivtäter untypisch für den sozialen Hintergrund, dem sie angehören.

Gefährdete Kinder und Jugendliche sind beides, Opfer wie Täter im Rahmen belastender Lebenssituationen und ungeklärter Beziehungsstrukturen. Im Hinblick auf den Autonomiebegriff bei Kindern und Jugendlichen muss genau das zur Kenntnis genommen werden. Das Kind tritt als aktiver Gestalter seiner Entwicklung auf, der die inneren und äußeren Konflikte so gut (oder schlecht), wie es ihm möglich ist, zu lösen versucht. Es ist mit den beiden genannten Seiten seines Selbst an seiner Lebensplanung und der Gestaltung zwischenmenschlicher Beziehungen beteiligt.

Auch Blandow (1997, 183) beklagt zu Recht, dass noch immer an einer einseitigen Opferthese und längst obsolet gewordenen sozialen Verursachungstheorien festgehalten wird: „Jugendhilfekarrieren, auch kriminelle oder psychiatrische Karrieren, werden nicht mehr durch Untätigkeit, Stigmatisierung, Repression, Rigidität gemacht. Die Analysen der 70er Jahre zu totalen Institutionen, über Degradierungszeremonien in ihnen, über diskriminierende Aktenbiographien und insgesamt ein Chancen verweigerndes Jugendhilfesystem stimmten damals, aber sie stimmen heute nicht mehr (mal abgesehen von den ewig Gestrigen, die aber – weil ‚aussterbend' – eine zu vernachlässigende Größe sind). An die Stelle der totalen Institution ist die offene, pluralistische Gesellschaft getreten, an die Stelle von Degradierungen das Integrationsparadigma, an die Stelle einsamer Entscheidungen die Teamentscheidung oder gar die Hilfekonferenz, an die Stelle der Verwaltung von Schicksalen die hingebungsvolle oder fachlich-therapeutische ... Zuwendung zum Klienten." Dementsprechend wendet er sich gegen eine missverstandene Parteilichkeit: „Die Parteilichkeit der modernen Jugendhilfe, des progressiven auf die Subjektivität der Kinder und Jugendlichen bezogenen Erziehers, verfehlt gerade, die Kinder und Jugendlichen als Subjekte, d. h. als Personen mit einer Biographie wahrzunehmen" (Blandow 1997, 182).

Und an anderer Stelle: „Zu einer kontraproduktiven Haltung wird sie, wenn Parteilichkeit dazu führt, die biographischen Verstrickungen von Kindern und Jugendlichen mit ihren Familien und anderen für sie wichtigen Personen zu übersehen und diese in vermeintlich parteilicher Haltung für die Jugendlichen zu ignorieren, auszuschließen oder zu bekämpfen. Bekämpft werden damit auch die inneren Repräsentanzen solcher Personen im Jugendlichen selbst; es sind unmittelbare Angriffe auf ihre Person. Entsprechendes gilt für eine akzeptierende Haltung. Sie ist verkannt, wenn sie akzeptiert, was die/der Jugendliche selbst hasst – und sie hassen vieles an sich und ihrem Leben" (Blandow 1997, 186).

Der Grundsatz der Alltagsorientierung

Alltagsorientierung bedeutet, dass Hilfestellungen und Problemlösungen in den alltäglichen Lebenszusammenhängen der Betroffenen gesucht und dort realisiert werden. Bestehende Lebenszusammenhänge sollen nicht unnötigerweise aufgelöst und dadurch eine spätere Reintegration erschwert werden. Im Zusammenhang mit der These, Kinder und Jugendliche seien „Experten ihres Lebens", und unter dem Aspekt der Parteilichkeit gewinnt die Alltagsorientierung eine zusätzliche Dimension: Entwicklungsziele werden wesentlich aus der vorgegebenen Lebensrealität der Betroffenen hergeleitet, in Orientierung an den dort herrschenden Werten und Normen und gegen andersartige Entwicklungsziele und Wertvorstellungen zu verteidigen gesucht (Bittscheidt 1998).

Auch in zugespitzten Krisen- und Gefährdungssituationen ist es sinnvoll, die vorhandenen Ressourcen darauf zu richten, dass eine Kontinuität der Betreuungsverhältnisse erhalten bleibt. Dies stellt einen hohen, aufrechtzuerhaltenden Wert dar. Soweit vertretbar, weil dem Kindeswohl dienend, wird es darum gehen, den bisherigen Lebensort der Kinder und Jugendlichen beizubehalten. Die Alltagsorientierung stößt jedoch dann auf Grenzen, wenn sich Kinder und Jugendliche in Lebensfeldern aufhalten, die massiv schädigende und vor Ort nicht veränderbare Bedingungen aufweisen. Die Lebenssituation, in der sich die Kinder der Frau K. befinden, kann dafür als beispielhaft gelten. Eine extensive Auslegung der Alltagsorientierung führt dazu, dass milieutypische Lebensbedingungen für normal gehalten werden, obgleich sie die psychosoziale Entwicklung von Kindern und Jugendlichen nachhaltig behindern. So „... läuft moderne Jugendhilfe auf eine Akzeptanz von segregierenden Lebensverhältnissen hinaus, indem sie diese längst als ‚normal' hinnimmt" (Blandow 1997, 184). Damit wird eine allgemeine, auch für Hamburg gültige Entwicklungstendenz beschrieben.

Besondere Krisen- und Gefährdungssituationen sind, einem Konsens in der Fachdiskussion folgend, nicht allein unter individuenbezogenen Aspekten zu sehen. Sie betreffen das soziale Umfeld gleichermaßen. Einerseits führen sie zu einer Überforderung der Kinder und Jugendlichen sowie ihrer erwachsenen Bezugspersonen, zugleich fordern sie aber auch die Jugendhilfe in einem besonderen Maße heraus. Häufig gerät auch die Jugendhilfe in Grenzsituationen – an Grenzen der persönlichen Belastbarkeit der Betreuer und an Grenzen institutioneller Möglichkeiten. Eine wichtige Variable ist dabei die Qualifikation der vor Ort Tätigen. Um auch in Grenzsituationen so weit wie möglich handlungsfähig zu bleiben, erweist sich eine kontinuierliche Weiterbildung als notwendig, ebenso wie eine die Arbeit ständig begleitende Supervision.

Dennoch sind Situationen unvermeidlich, in denen Erträglichkeitsgrenzen überschritten werden. Die Belastbarkeit von Mitarbeitern ist auch durch Weiterqualifikation nicht beliebig steigerbar, so berechtigt und notwendig eine kritische Auseinandersetzung auf konzeptioneller und, im Einzelfall, persönlicher Ebene auch sein mag. Die Vorstellung, dass jede Mitarbeiterin oder jeder Mitarbeiter vor Ort in jeder noch so zugespitzten Situation handlungsfähig bleiben muss und Trennungen von Kindern und Jugendlichen dadurch grundsätzlich vermieden werden können, geht von einem illusionären Menschenbild aus – von Menschen ohne Erträglichkeitsgrenzen, die über unbegrenzte Fähigkeiten verfügen.

Dieses illusionäre Menschenbild wird durch ein extensives Verständnis von Lebensweltorientierung aufrechtzuerhalten versucht. Die Mitarbeiter geraten dadurch in kaum zumutbare Konfliktsituationen. Es wird von ihnen erwartet, dass sie Lebensverhältnisse akzeptieren und milieutypische Sichtweisen aushalten, die sie als unerträglich erleben. Denn es gilt die pauschale Aufforderung: „Formen des defizitären und abweichenden Verhaltens [sind] immer auch ... Ergebnis einer Anstrengung, in den gegebenen Verhältnissen zu Rande zu kommen, und müssen darin zunächst respektiert werden, auch wenn die Ergebnisse für den Einzelnen und seine Umgebung unglücklich sind" (Grundwald & Thiersch 2001, 1139). Den Ausweg aus dem beschriebenen Dilemma sollen soziale Konstruktionen weisen, die – aus einer exzentrischen Perspektive betrachtet – auch beim besten Willen kaum noch nachvollziehbar sind. Ein Beispiel für die Akzeptanz besonderer Lebensumstände ist die Anerkennung der Prostitution sehr junger Mädchen als „normale" Lebensform. Die Mitarbeiter mögen sich zunächst innerlich dagegen sträuben. Wenn eigene Grenzen in der Beziehung jedoch per Dekret nicht gesehen werden dürfen und zudem spezielle, dringend benötigte Institutionen fehlen, muss nach Entlastungsmöglichkeiten gesucht werden. Die „Normalisierung" des Abweichenden erscheint dann als die nahe liegendste Lösung. Sie befreit die Mitarbeiter von inneren und äußeren Auseinandersetzungen, die sie als überfordernd und unlösbar erleben. Das Leid der Betroffenen wird aus der Welt geschafft, indem man es „normalisiert".

Eine übertriebene Verpflichtung zur Alltagsorientierung führt auch dazu, dass ein Mangel an besonderen Angeboten und speziellen Einrichtungen existiert. Die benötigte professionelle Spezialisierung und institutionelle Differenzierung stößt bisher in Hamburg aber auf eine starke Reserviertheit, mitunter auch auf offene Ablehnung. Denn bei einer Reihe meinungsbildender Autoren herrscht die Gewissheit, dass diagnostische Differenzierungen fast zwangsläufig eine „Defizit-orientierung" beinhalten. Mit der Folge, dass die so etikettierten Kinder in ihrer weiteren Entwicklung Schaden nehmen (z. B. Köttgen, Kretzer & Richter 1990). Dem Stand der wissenschaftlichen Erkenntnis entspricht dies allerdings seit langem nicht mehr. Zudem werden Differenzierungsprozesse primär unter dem Aspekt der sozialen Ausgrenzung gesehen, als Folge unkontrollierter und unkontrollierbarer Verlegungs- und Abschiebungsimpulse. Die Gefahr einer „Psychiatrisierung" wird nachhaltig herausgestellt. Eine verbindliche Unterbringung von Jugendlichen in geschlossenen Heimen gilt als ein reines Repressionsinstrument (Bittscheidt 1998).

Problematisch an dieser, bisher in Hamburg dominierenden Sichtweise ist nicht, dass die mit einer Spezialisierung verbundenen Gefahren wahrgenommen werden, sondern die Einseitigkeit, mit der dies geschieht. Sie führt dazu, dass die Möglich-keiten besonderer Betreuungssettings und institutioneller Rahmenbedingungen in ihrem positiven Gehalt kaum diskutiert werden und ihr Nutzen unerkannt bleibt. Eine vollständige Wahrnehmung der in Frage stehenden Problematik muss deshalb beide Seiten beinhalten: Zum einen die Gefahr, dass Kinder und Jugendliche in Krisen- und Grenzsituationen unnötigerweise in spezielle Einrichtungen abge-schoben werden, um schwierige Beziehungskonstellationen zu vermeiden. Weiter-hin können aber auch Kindern und Jugendlichen sowie ihren Familien notwendige Hilfeleistungen und Unterstützungen dadurch vorenthalten werden, dass die Möglichkeiten besonderer Einrichtungen nicht anerkannt werden.

Die Bedeutung besonderer Settings und Institutionen liegt darin, dass sie ein wertvolles Hilfsmittel für pädagogische und therapeutische Prozesse darstellen können. Für eine bestimmte Gruppe von Heranwachsenden, die sich in zuge-spitzten Lebenssituationen befinden, bieten sie einen haltenden und strukturieren-den äußeren Rahmen. Er ermöglicht es, dass verlässliche und intensive Bezie-hungsstrukturen entstehen, die sich auch im Krisenfall aufrechterhalten lassen. Nur unter dieser Bedingung kann die psychosoziale Problematik bestimmter Kin-der und Jugendlicher bearbeitet werden.

Aus fachlichen Gründen erweist sich eine institutionelle Differenzierung als notwendig, auch wenn sie einem radikalen Verständnis von Alltagsorientierung widerspricht. Dies gilt unter anderem für Kinder und Jugendliche mit starken psychischen Beeinträchtigungen oder psychiatrisch relevanten Erkrankungen, et-wa bei Drogenabhängigkeit. In Hamburg fehlen zudem einzelne geschlossene Plätze in der kinder- und jugendpsychiatrischen Versorgung. Auch für delinquente Jugendliche kann auf eine Spezialisierung nicht verzichtet werden, wie sich dem „Bericht der gemeinsamen Arbeitsgruppe der Vertreter der Fachkonferenzen der Jugend-, Innen-, Kultus- und Justizminister" (1999, 4 f) entnehmen lässt: „Ein-richtungsplätze mit einer ‚Betreuung mit hoher Verbindlichkeit' und einem even-tuellen Wechsel des Lebensfeldes können … ein wichtiger Beitrag sein, um junge Menschen von einer Gefährdung ihrer weiteren Entwicklung zu bewahren. Mit derartigen flexiblen, aber auch personalintensiven Betreuungsangeboten mit stringenter Anwendung von Regeln, Vereinbarungen und Erziehungsgrundsätzen kann auch dem mehrfachen oder schwer rechtswidrigen Verhalten von straf-unmündigen Kindern seitens der Jugendhilfe im Sinne einer notwendigen Krisen-intervention begegnet werden."

Wesentlich an den Ausführungen der „Gemeinsamen Arbeitsgruppe der Vertre-ter der Fachkonferenzen der Jugend-, Innen-, Kultus- und Justizminister" ist, dass verbindliche Beziehungsangebote gefordert und der Erziehungsgedanke in Grenz-situationen gestärkt werden soll. Es geht hier mit anderen Wörten darum, fernab jeder ideologischen Grundsatzdebatte vom schleichenden Rückzug aus der Erzie-hungsverantwortung abzukommen.

Die bisherigen Ausführungen haben gezeigt, wie problematisch die in Hamburg nahezu monopolartige Orientierung an dem Lebensweltkonzept in Krisen- und Grenzsituationen ist. Sie beinhaltet ein Verständnis von Jugendhilfe, das den heu-tigen Gegebenheiten nicht gerecht wird. Vor allem deshalb nicht, weil sie die Selbstheilungskräfte gefährdeter Kinder- und Jugendlicher überschätzt und die Bedeutung von Erziehung nicht anzuerkennen vermag. In vermeintlicher Partei-lichkeit für die Heranwachsenden und durch eine übertriebene Alltagsorientierung wirkt sie beziehungs- und konfliktvermeidend. Für einen Teil der massiv gefähr-deten und delinquenten Kinder und Jugendlichen erweist sich dies als ausgespro-chen kontraproduktiv. Ihre Situation wie auch die ihrer wichtigsten Bezugsperso-nen verschlechtert sich noch dadurch, dass notwendige und mögliche Hilfen unterbleiben. Dazu trägt nicht nur eine mangelnde institutionelle Differenzierung bei, sondern auch der Umstand, dass diagnostische und therapeutische Möglich-keiten ungenutzt bleiben.

Zur Verbesserung dieser misslichen Situation ist, als zentrale Leitlinie, eine stärkere Pädagogisierung im Umgang mit gefährdeten und delinquenten Kindern und Jugendlichen erforderlich. Dabei müssen die Entwicklungsbedürfnisse ge-fährdeter und massiv delinquenter Kinder und Jugendlicher ebenso zum Tragen kommen wie von außen vorgegebene, unumgängliche Entwicklungsnotwendig-keiten. Beide erfordern ein ausgeglichenes Verhältnis zueinander.

3.4 Auch delinquente Heranwachsende brauchen Erziehung

Im Hinblick auf die Kinder- und Jugenddelinquenz sei zunächst daran erinnert, dass das Jugendstrafrecht ein Erziehungsstrafrecht ist. Erziehung soll Strafe soweit wie vertretbar ersetzen, damit zukünftig ein straffreies Leben möglich wird. Der dominante Erziehungsgedanke impliziert, dass Jugendliche auf Grund ihrer noch nicht endgültig gefestigten Persönlichkeit für erfolgreiche Erziehungsprozesse zu-gänglich sind. Zudem wird ihre besondere, regelhaft krisenhafte Lebenssituation anerkannt. Ebenso bedeutungsvoll ist der Erziehungsgedanke aber auch bei der Betreuung und Förderung von Kindern und Jugendlichen, die in ihrer Entwicklung besonders gefährdet sind.

Dem Wandel gesellschaftlich dominierender Erziehungsvorstellungen folgend, wächst die Mehrzahl der Kinder und Jugendlichen nicht mehr in einem harten Klima der alten, autoritären Erziehung auf (Leggewie 1993; Schneider 1993). Dies gilt auch für Kinder, die in besonderem Maße in Krisen- und Grenzsituationen geraten. Typisch für diese Gruppe ist, dass sie nur begrenzt über verlässliche Beziehungserfahrungen verfügen. Kontinuierliche Erziehungsanforderungen wer-den ihnen kaum entgegengebracht. Das bedeutet nicht, dass sie vor gewalttätigen und narzisstischen Übergriffen geschützt wären. Im Gegenteil: Massive Gewalter-fahrungen und Selbstwertkränkungen gehören sehr wohl zu ihren prägenden Lebenserfahrungen. Sie treten aber vor allem als Folge eruptiver Durchbrüche in einem ansonsten blassen Erziehungsgeschehen auf.

Vor dem Hintergrund eines Mangels an Beziehungs- und Erziehungserfahrungen, von erlebter Gewalt und narzisstischen Kränkungen, stellen sich vielfach gravierende seelische Probleme ein – ungelöste psychische Konflikte, strukturelle Beeinträchtigungen oder Entwicklungsrückstände.

Sie lassen sich folgendermaßen umreißen: Die Wahrnehmung der inneren und äußeren Realität gelingt häufig nur eingeschränkt. Die Gefahren des eigenen Handelns können nicht richtig eingeschätzt, längerfristige Folgen des Tuns nicht antizipiert werden. Ein sorgendes Verhältnis zu sich selbst fehlt vielfach weitgehend. Besondere Probleme bereitet die Steuerung aggressiver Impulse: Sie werden häufig projektiv nach außen verlegt. In der Folge erscheinen andere als gefährlich und bedrohlich, so dass es vor dem inneren Richter, dem Gewissen, begründet erscheint, sie zu bekämpfen. Hinzu kommen Spaltungsprozesse, die bewirken, dass andere Personen, ebenso wie der Jugendliche selbst, entweder nur als „gut" oder nur als „böse" erlebt werden. Eine innere Sicherheit kann dadurch nicht entstehen. Konflikte mit der Umwelt wie mit sich selbst lassen sich so nur schwerlich lösen.

Dazu trägt auch bei, dass sehr häufig keine reife Gewissensinstanz existiert, die das Verhalten wirkungsvoll steuern könnte. Die früher verbreitete Annahme, dissoziale und delinquente Jugendliche hätten überhaupt kein Gewissen, wird fachwissenschaftlich seit längerem nicht mehr vertreten. Diese Jugendlichen verfügen, entgegen dem äußeren Schein, sehr wohl über eine Gewissensinstanz. Sie zeichnet sich durch eine grausame Härte aus: Im Falle eines Vergehens führt sie zu so unerträglichen Selbstvorwürfen, dass die kritischen inneren Stimmen zum Schweigen gebracht werden müssen. Eine kritische Selbstauseinandersetzung ist dann nicht mehr möglich.

Hinzu kommt fast regelhaft eine massive Selbstwertproblematik mit einem besonderen Wunsch nach Anerkennung und Bewunderung. Die Idealvorstellungen von sich selbst sind häufig erheblich überhöht und können in der Lebenspraxis nicht eingelöst werden. Untergründig dominieren Gefühle der eigenen Wertlosigkeit. Da ein gesichertes Selbstwertgefühl nicht entwickelt werden konnte, kommt es zu einem ständigen Schwanken zwischen zwei Extremen: Einerseits dem Versuch, sich zum Beispiel durch delinquentes Verhalten unangreifbar, groß und bedeutend fühlen zu können, zum anderen zu heftigen Selbstentwertungen bei Misserfolgen, die sich mitunter bis zum Selbsthass steigern.

Die Möglichkeiten einer besseren zukünftigen Entwicklung sind wesentlich daran gebunden, dass neben Korrekturen der äußeren Realität auch die psychische Problematik in ihrer Bedeutung erkannt und in pädagogischen oder therapeutischen Settings bearbeitet wird. Da die klassischen, an Einsicht orientierten psychotherapeutischen Verfahren bei dieser Personengruppe nur begrenzt Erfolg versprechen, kommt einer erzieherischen Beeinflussung eine besondere Bedeutung zu. Diese Kinder und Jugendlichen brauchen wohlwollende, verständnisvolle und zugleich konturierte Bezugspersonen, die sich ihnen in der Beziehung stellen. Einerseits muss eine sorgende und schützende Haltung der Erziehenden deutlich werden. Die Voraussetzung dafür ist, dass die Erwachsenen in zugespitzten Krisen- und Grenzsituationen handlungsfähig bleiben. Weiterhin erweist es sich als von zentraler Bedeutung, dass die Kinder und Jugendlichen auf ein Gegenüber treffen, das ihrer vor allem aggressiv getönten Beziehungsgestaltung nicht ausweicht (Rauchfleisch 1992a,b/1999). Dazu gehört u. a. die Bereitschaft, zum Beispiel delinquentes Verhalten als solches zu benennen. Der eigene Willen der Erziehenden ist zu verdeutlichen. Grenzen müssen gezogen werden, wenn ein gemeinsamer Konsens nicht mehr möglich ist.

Grundsätzlich und so weit wie verantwortlich vertretbar, sollen die durch-zuführenden Hilfen und Unterstützungen auch in Krisen- und Grenzsituationen im Einvernehmen mit den Kindern und Jugendlichen festgelegt und realisiert werden. Das dialogische Prinzip darf aber keine grenzenlose Anwendung finden: In extrem zugespitzten Situationen kann es sich als notwendig erweisen, dass Maßnahmen auch ohne Einverständnis des Kindes oder Jugendlichen erfolgen. Solche Maß-nahmen erfordern eine differenzierte pädagogische Begründung und müssen im Hinblick auf das Wohl der Betroffenen ausgewiesen sein. Sie nur als „Repression" zu verstehen, verkennt die Komplexität der Beziehungsdynamik zwischen den professionellen Mitarbeitern und den Betroffenen. Denn die Kinder und Jugendli-chen sind in sich selbst hochambivalent. Sie erleben beides, einen gefürchteten äußeren Eingriff und auch die ersehnte Befreiung aus einer kaum noch erträglichen, überfordernden Situation.

Erziehung beinhaltet ihrem Wesen nach auch Momente des Zwangs. Eine Er-wachsenengeneration, die auf das verzichtet, was Kinder als Zwang erleben könn-ten, verabschiedet sich zugleich vom Erziehungsgedanken selbst. „Die Erziehung muss also hemmen, verbieten, unterdrücken", schreibt Freud in der „Neuen Folge der Vorlesungen zur Einführung in die Psychoanalyse". Allerdings nicht ohne den ironischen und kritischen Nachsatz, dass sie dies „auch zu allen Zeiten reichlich besorgt" habe (Freud 1932, 160). Durch eine übertriebene Triebunterdrückung sei viel kindliches Unglück entstanden und das Entstehen von Neurosen gefördert worden. Freud (1932, 160) fährt fort: „Die Erziehung hat also ihren Weg zu suchen zwischen der Scylla des Gewährenlassens und der Charybdis des Versagens. Wenn die Aufgabe nicht überhaupt unlösbar ist, muss ein Optimum für die Erziehung aufzufinden sein, wie sie am meisten leisten und am wenigsten schaden kann." Dieser Spannungsbogen scheint für Bittscheidt (1998, 37 f), eine radikale Befür-worterin der Lebensweltorientierung, nicht zu existieren. Sie ist überzeugt davon, dass ein „eindeutiges Verbot der Interventionen durch Zwang ... die Glaubwür-digkeit der Intentionen der Jugendhilfe verbessern" würde. Der Preis für diesen vermeintlichen Glaubwürdigkeitsgewinn ist allerdings hoch: Er besteht in der Aufgabe von Erziehung in Krisen- und Grenzsituationen und schränkt die Hand-lungsmöglichkeiten der Jugendhilfe entscheidend ein.

Ein gefährlicher Irrtum besteht nämlich in der Annahme, man könne die Be-ziehung zu Kindern und Jugendlichen in Krisen- und Grenzsituationen durch ein ständiges Zurückweichen sichern und festigen. Ein Vermeiden notwendiger Interventionen und konflikthafter Auseinandersetzungen sowie der Verzicht auf wertgeleitete Erziehungspositionen erweisen sich für die psychische Entwicklung dieser Kinder und Jugendlichen als fatal. Eindrucksvolle Belege dafür finden sich zum Beispiel bei Maneros (2002), der über rechtsradikale Gewalttäter berich-tet. Ein solches Zurückweichen ist in einem überstrapazierten Freiwilligkeits-postulat genuin angelegt und ebenso in der These, Kinder und Jugendliche seien in noch so extrem zugespitzten Krisen- und Grenzsituationen „Experten ihres Le-bens".

Dazu ein Beispiel aus einem ambulant betreuten Wohnprojekt. Heinemann & Peters (1987, 446 f) konstatieren, dass „... natürlich das Betreuungsverhältnis positiv beeinflusst wird durch das Unterlassen ständiger Auseinandersetzungen oder Kontrolle darüber, ob der Jugendliche einer bürgerlichen Erwerbstätigkeit nachgeht, und auch darin, dass die ‚Zumutungen‘ anderer Instanzen abgewehrt werden, wie z. B. die des Jugendrichters, der ‚Arbeit‘ zur Auflage macht, oder die des Lehrers, der auf die Einhaltung einer sinnentleerten Schulpflicht drängt. (Etwas völlig anderes ist es, wenn die Jugendlichen selbst etwas wollen!)“. Und weiterhin: „... Interventionen, die nicht die Zustimmung des Jugendlichen finden, [bleiben] ohne Effekt, da die üblichen Sanktions- und Gratifikationstechniken nicht funktionieren“ – was für die Betreuer die Verneinung und Vermeidung einer gezielten direkten Beeinflussung bedeutet.

Dieses Zitat zeigt, wie sehr sich die Betreuer von einem Erziehungsauftrag verabschiedet haben. Die Identifikation mit der Widerspenstigkeit der Jugendlichen, die diese Passage kennzeichnet, dürfte eine ganze Reihe von Gründen haben. Sie sichert zum einen vor Schuldgefühlen, die mit Grenzsetzungen in der Erziehung verbunden sind. Vor allem dann, wenn ein konturiertes Auftreten mit einem „kalten Nein“ (Voigtl 2001) gleichgesetzt wird. Einem Nein, das ausschließlich als ablehnend, gegen die Person gerichtet und schädigend erlebt wird. Dies würde erklären, warum es zu einer so unverhohlenen Identifikation mit dem abweichenden Verhalten kommt. Doch nicht nur Schuldgefühle dürften so abgewehrt werden, sondern auch starke Schamgefühle. Sie entstehen aus der ohnmächtigen und depotenzierten Position gegenüber den Jugendlichen, in die sich die „erziehungsvergessenen“ Betreuer gebracht haben. Und in die sie durch die überzogenen Anforderungen einer extensiven Lebensweltorientierung gepresst wurden, dadurch, dass Sanktionen als unmoralisch und schädigend gelten und institutionelle Differenzierungen fehlen.

Bei dem Plädoyer für die Stärkung des Erziehungsgedankens geht es nicht um eine sentimentale Rückwendung zu den längst vergangenen Zeiten einer stärker gesicherten Wertewelt. Konturierte Beziehungserfahrungen und die Auseinandersetzung mit Werten sind vielmehr aufgrund der inneren Entwicklungslogik von Kindern und Jugendlichen unabdingbar (Speck 1991). Sie stellen eine entscheidende Bedingung dafür dar, dass die innere und äußere Realitätswahrnehmung gestärkt wird und mit eigenen Impulsen, insbesondere aggressiven Wünschen, kontrollierter umgegangen werden kann. Sie sind zugleich eine psychologische Bedingung dafür, dass reife Gewissensleistungen entstehen und sich die Selbstwertproblematik zugunsten eines realistischen, wohlwollenden Selbstbildes reduziert. Das Wissen darüber, wie Beziehungsprozesse gestaltet werden müssen, um gefährdeten und delinquenten Kindern und Jugendlichen zu helfen, hat sich in letzter Zeit erheblich erweitert (Marneros 2002; Volkan & Ast 1992/1994; Copley & Forryan 1987). Es ist für die zukünftige Arbeit zu nutzen. Voraussetzung dafür ist allerdings, dass die psychische Problematik der Betroffenen wahrgenommen und Erziehungsnotwendigkeiten anerkannt werden.

Dazu nur ein Beispiel: Spaltungsprozesse können nur dadurch aufgelöst werden, dass sich die Erziehenden auch enttäuschten und ablehnenden Reaktionen der Jugendlichen stellen. Eine weitgehend unbedingte Parteilichkeit für die Interessen der Jugendlichen trägt nicht dazu bei. Indem Differenzen zwischen den Erziehenden und den Jugendlichen nivelliert werden, erhöht sich zugleich die Gefahr, dass sich Spaltungsprozesse noch verstärken. Den nur „guten" Mitarbeitern steht dann die nur „böse" äußere Realität gegenüber – eine für die psychische Weiterentwicklung überaus unzuträgliche Konstellation.

3.5 Die verbindliche Unterbringung – noch immer ein Streitfall

Ein besonderes Problemfeld beinhaltet die Frage danach, ob die Möglichkeit bestehen sollte, gefährdete und delinquente Kinder und Jugendliche in so genannten geschlossenen Heimen unterzubringen. Diese Frage nimmt in der politischen und öffentlichen Diskussion einen außergewöhnlichen Stellenwert ein. Sie ist symbolisch hoch besetzt. In der Folge entsteht der Eindruck, als ginge es (jugend-)politisch entscheidend darum, ob der Kampf um eine geschlossene Unterbringung gewonnen oder verloren wird, als sei diese Frage wichtiger als viele andere, die sich im Umgang mit gefährdeten Kindern und Jugendlichen stellen.

Die unterschiedlichen Positionen schlagen sich bereits in der Wortwahl nieder. Was die einen als geschlossene Heime bezeichnen, ist für andere eine verbindliche Unterbringung. Geschlossenheit wird häufig mit Zwang und einem Verlust an Freiheitsrechten assoziiert, mit dem Wegsperren unbequemer Jugendlicher und einer überkommenen Form von gewaltsamer, auf Unterordnung ausgerichteter Erziehung. Der Begriff der verbindlichen Unterbringung rekurriert demgegenüber auf die angestrebte intensive und verpflichtende Beziehungsform zwischen Betreuern und Jugendlichen. Er spiegelt das Selbstverständnis derjenigen wider, die eine zeitweise geschlossene Unterbringung unter pädagogischen und therapeutischen Gesichtspunkten befürworten. Sie verstehen die Verbindlichkeit als eine Voraussetzung dafür, dass eine bestimmte Personengruppe für pädagogische Prozesse erreichbar wird.

Für die weiteren Überlegungen ist zunächst eine thematische Eingrenzung notwendig, die zugleich die Leitlinie skizziert, auf die sich die folgenden Ausführungen beziehen. Bei der Frage nach einer verbindlichen Unterbringung kann es nicht darum gehen, eine große Anzahl schwieriger Kinder wegzuschließen. Eine solche Forderung, sofern sie überhaupt erhoben wird, ist aus fachlich-inhaltlichen Gründen nicht vertretbar und muss deshalb auch nicht weiter diskutiert werden. Zu klären ist aber, ob in jedem noch so extremen Einzelfall, in massiv zugespitzten, lang anhaltenden Krisen- und Gefährdungssituationen auf eine verbindliche Unterbringung verzichtet werden kann. Das ist die Grundsatzentscheidung, um die es geht und zu der Stellung genommen werden muss.

Dabei stehen sich zwei hohe Werte gegenüber: Auf der einen Seite die Freiheitsrechte der Kinder und Jugendlichen, andererseits eine Fürsorgepflicht der Gesellschaft, die eine umfassende Schutzfunktion dann zu übernehmen hat, wenn die Betroffenen dies selbst nicht mehr tun können. Der Konflikt zwischen diesen beiden Werten lässt sich grundsätzlich nicht auflösen, weder bei einem vollständigen Verzicht auf eine verbindliche Unterbringung noch bei der Anerkennung ihrer Notwendigkeit.

Eine verbindliche Unterbringung wird in Hamburg kompromisslos abgelehnt – obgleich unstrittig ist, dass es Kinder und Jugendliche gibt, die in besonderen

Krisen- und Gefährdungssituationen durch das offene System nicht erreicht werden. Das Nachdenken über eine (Wieder-)Einführung so genannter geschlossener Heime gilt hier wie in weiten Teilen der (Sozial-)pädagogik als Ausdruck eines politischen „Roll back" in längst überwunden geglaubte Zeiten. Denn es handele sich nicht in erster Linie um eine fachliche Frage, sondern um eine politische, eine Problematik, die aus ganz anderen als fachlichen Gründen „das Feld sozialer Ratlosigkeit" besetze (Bittscheidt 1998, 28). Unmittelbar auf die Hamburger Situation bezogen, schreibt Wolf (1991, 28) in diesem Zusammenhang: „So bleibt letztlich eben die politische Frage, ob die Heimerziehung im Wesentlichen die Bestrafung von Schwierigkeiten verursachenden Kindern durchführen soll oder nicht. Diese Frage kann aber auch nur politisch entschieden werden. . . ." Für das Selbstverständnis der Heimerziehung sei es unabdingbar, auf eine verbindliche Unterbringung zu verzichten: „. . . solange dieser ‚repressive Kern' jeglicher Heimerziehung nicht aufgegeben wird, wird sich die Heimerziehung insgesamt kaum als ‚positive' öffentliche Erziehung etablieren können . . ." (Peters 1990, 152).

Eine Sorge um das Kindeswohl könne bei Befürwortern einer verbindlichen Unterbringung nicht ernsthaft angenommen werden. Diese Sorge sei vorgeschoben, als Rationalisierung von Abschiebungswünschen, die sie unter dem Deckmantel der Humanität zu verbergen suchen. Es gehe ihnen darum, das Rad der Geschichte zurückzudrehen (Köttgen 1991; Wolf 1991). Schreckliche Heimkarrieren, über die Werner (1969) berichtet, würden billigend in Kauf genommen. Grundsätzlich sei von einer erzieherischen Wirkung bei verbindlicher Unterbringung nicht auszugehen, eine Erfolglosigkeit deshalb von Anfang an vorprogrammiert. In diesem Sinne verweisen Bittscheidt-Peters, Mahnkopf & Wohlert (1981, 3) „auf die Unvereinbarkeit von Erziehung/Therapie und Zwang, aber auch auf die Erfolglosigkeit erzieherischer Maßnahmen unter Bedingungen des Einschlusses . . .".

Die in Hamburg bis vor kurzem dominierende Position beruft sich u. a. auf die Ergebnisse einer Arbeitsgruppe „Geschlossene Unterbringung" (1995). Sie findet sich zudem in einer Reihe öffentlicher Stellungnahmen wieder. Beispielhaft sei hier eine Erklärung der „Arbeitsgemeinschaft für Erziehungshilfe (AFET)" (1995) genannt oder auch ein „Aufruf gegen die geschlossene Unterbringung" (1998), der auf eine Initiative des Paritätischen Wohlfahrtsverbandes zurückgeht. Der Aufruf beginnt mit einem Satz, der das zentrale Anliegen des Textes kennzeichnet: „Der Ruf nach geschlossener Unterbringung kleidet ordnungspolitische Ziele in das Gewand der Jugendhilfe." Junge Menschen sollen weggesperrt werden, um zu dokumentieren, dass sie allein für ihr Scheitern an gesellschaftlichen Anforderungen verantwortlich seien. „Wer wider alle pädagogische Erfahrung die Ausweitung geschlossener Unterbringung verlangt, verkennt, dass die Lebenslagen vieler junger Menschen sehr viel schwieriger geworden sind." . . . „Anstatt das Problem also ordnungspolitisch zu verdrängen" (Aufruf 1998, 14), müssten gesellschaftliche Rahmenbedingungen verändert und den Heranwachsenden berufliche Perspektiven eröffnet werden. Nur in Freiheit könnten sich junge Menschen entwickeln.

Eine verbindliche Unterbringung gilt den Verfassern also als reines Repressionsinstrument, das (sozial-)politischen Legitimationszwecken dienen soll und in seinem Kern inhumane Züge trägt. Jugendliche würden auf diese Weise zu Sündenböcken gesellschaftlicher Versäumnisse gemacht, mit der Folge zusätzlicher Schädigungen auf ihrem weiteren Lebensweg. Ein pädagogischer Wert verbindlicher Unterbringung wird pauschal verneint. Er sei durch „alle pädagogische Erfahrung" widerlegt.

Diese Bewertung zeigt, wie sehr die Autoren in einer einseitigen Polarisierung gefangen sind. Sie orientieren sich in allererster Linie an den wenig ermutigenden Erfahrungen der Vergangenheit. Die heutige Arbeit von Einrichtungen mit einer verbindlichen Unterbringung gerät nicht in ihren Blick. Sie wird, zum Beispiel bei Breymann (2001), weder erwähnt noch erfährt sie eine kritische Würdigung. Doch es ist nicht nur das stark gewandelte Selbstverständnis dieser Einrichtungen, das übersehen wird. Ebenso wenig entspricht die vorgenommene Bewertung den veränderten Krisen- und Gefährdungssituationen, die seit der Auflösung geschlossener Heime vor mehr als 20 Jahren neu entstanden sind oder sich verschärft haben. Prostitution in einem sehr jungen Lebensalter und HIV-Gefährdung, Drogenmissbrauch und Beschaffungskriminalität, Crashfahren mit Todesfällen und die massiver gewordenen Straftaten so genannter Intensivtäter sind hierzu wichtige Stichworte. Bei einem Teil der gefährdeten Kinder und Jugendlichen geht es nicht mehr um eine relativ harmlose Form des sich Entziehens, wie sie für frühere Zeiten typisch war.

Zunächst einige Fakten: Traditionell existieren Einrichtungen mit individueller Geschlossenheit in Baden-Württemberg, Bayern, Niedersachsen und Rheinland-Pfalz. Nach eigenen Recherchen gab es Anfang 1998 bundesweit zumindest neun Einrichtungen mit geschlossenen Gruppen, davon drei für Mädchen. Die Zahl der verfügbaren Plätze betrug 122, das Alter der aufgenommenen Kinder und Jugendlichen variiert im Allgemeinen zwischen 12 und 17 Jahren (Schmitt 1997). Inzwischen sind Einrichtungen geschlossen worden, weitere, auch in anderen Bundesländern, hinzugekommen. Die Gesamtzahl der Plätze hat sich dadurch nur unwesentlich verändert.

Geschlossene Heime mit ausschließlich freiheitsentziehendem Charakter finden sich in der Bundesrepublik nicht. Die bestehenden Einrichtungen verstehen sich als pädagogisch-therapeutische Intensivstationen, die Freiheitseinschränkungen individuell regeln. Sie wollen gefährdeten, zum Teil auch delinquenten Jugendlichen eine pädagogische Hilfe geben, die sich im Rahmen einer offenen Erziehung nicht mehr realisieren lässt. Das heißt, dass die Geschlossenheit als ein notwendiger äußerer Rahmen verstanden wird, der Erziehungsprozesse überhaupt erst wieder ermöglicht. Unter dieser Bedingung wird eine besondere persönliche Beziehungsdichte angestrebt, die sich anderenorts nicht realisieren lässt. Sie ist die Voraussetzung dafür, dass für eine bestimmte Personengruppe eine persönliche Weiterentwicklung gelingen kann. Vor allem die aggressiv getönte Beziehungsgestaltung dieser Heranwachsenden kann so bearbeitet werden, ebenso wie ihre aufgeheizten inneren Konflikte. Den Raum dafür biete eine tragende, den Jugendlichen sichernde therapeutische Gemeinschaft.

Das Prinzip der individuellen Geschlossenheit bedeutet konkret, dass die aufgenommenen Jugendlichen die Einrichtung für einen überschaubaren Zeitraum nicht verlassen dürfen. Dieser Zeitraum variiert, je nach dem Einzelfall, zwischen wenigen Wochen und einigen Monaten. Schnellstmöglich wird die Geschlossenheit gelockert, so dass die allermeisten Jugendlichen nicht über die gesamte Aufenthaltsdauer geschlossen untergebracht sind. Ein Übergang in eine offene Wohngruppe ist häufig möglich.

Wie sich das Leben in einer verbindlichen Unterbringung gestalten kann, wurde an anderer Stelle ausführlicher beschrieben und muss hier nicht wiederholt werden.

Und auch nicht, wie sich beeinträchtigte Ich-, Über-Ich- und Selbststrukturen unter dieser besonderen Rahmenbedingung erfolgreich verändern lassen (Ahrbeck 1998c; Ahrbeck & Stadler 2001). Eine entscheidende Erziehungs- und Beziehungserfahrung besteht darin, dass – im Gegensatz zum bisher Erlebten – Konflikten nicht ausgewichen wird. Dazu gehört, dass die Erziehenden Anforderungen stellen, zum Beispiel die, einen strukturierten Tagesablauf durchzuhalten. Normverdeutlichende Grenzsetzungen können ebenso erfolgen wie Konfrontationen mit der inneren und äußeren Realität. Die Kinder und Jugendlichen erfahren zudem, dass wirksame Schutzfunktionen von außen auch dann übernommen werden, wenn sie selbst dazu nicht mehr in der Lage sind. Die pädagogisch-therapeutischen Interventionen folgen in allererster Linie keinen Strafzwecken. Sie orientieren sich vielmehr an der inneren Entwicklungslogik der Betroffenen. Zugleich beziehen sie sich auf unerlässliche Anforderungen, die sich aus den Interessen anderer und aufgrund äußerer Notwendigkeiten ergeben. Intensive Beziehungserfahrungen entstehen und Erziehung ersetzt die zuvor erfahrene Erziehungsvergessenheit.

Die Jugendlichen reagieren, wie auch die Anhörung der Enquete-Kommission gezeigt hat, auf einen solchen Einschluss nicht nur ablehnend. Der Aufenthalt wird auch nicht durch ständige Fluchtgedanken und -versuche geprägt, wie Erfahrungswerte hinreichend belegen. Vielmehr besteht, besonders zu Beginn, eine ambivalente Einstellung gegenüber der Einrichtung. Zum einen wird gegen die Freiheitseinschränkung (verständlicherweise) protestiert, andererseits sehr wohl wahrgenommen und anerkannt, dass sich die Betreuer den Jugendlichen in der Beziehung stellen und sich intensiv um sie kümmern.

Die Indikationsstellung für eine verbindliche Unterbringung ist speziell zu umreißen. Ihr gehen in der Regel diverse gescheiterte Versuche einer offenen Erziehung voraus, mit erheblichen Schäden in der psychosozialen Entwicklung der Betroffenen, die auch für die Zukunft absehbar sind. Als zentrale Leitfrage muss dabei gelten, ob die Jugendlichen von den verdichteten Beziehungserfahrungen profitieren können, die dieses besondere pädagogisch-therapeutische Setting beinhaltet. Anderenfalls ist eine Aufnahme nicht sinnvoll. Delinquentes Verhalten stellt für sich genommen, ohne dass weitere Kriterien erfüllt sind, kein hinreichendes Indikationskriterium dar. Eine verbindliche Unterbringung ist deshalb auch keine Patentlösung für den Umgang mit massiv delinquenten Kindern und Jugendlichen, die umstandslos für diese Personengruppe zu fordern wäre.

Pädagogisch-therapeutische Intensivabteilungen können ihre Aufgabe verantwortlich nur dann erfüllen, wenn sie auf hohem Niveau über die personellen und sächlichen Ressourcen verfügen. Als Richtlinie kann die Ausstattung des pädagogisch-therapeutischen Intensivbereiches der Rummelsberg bei Nürnberg dienen, eine Einrichtung der Inneren Mission mit modellhaftem Charakter. Das Betreuungsverhältnis des Teams aus Psychologen, Sozialpädagogen und Erziehern nähert sich einer Relation von eins zu eins an (Zapf 1996).

Systematische Evaluation von Einrichtungen mit einer verbindlichen Unterbringung liegen bisher nicht vor, wohl aber eine Reihe von ermutigenden Erfahrungsberichten und Fallbeispielen (z. B. Steinberger 1998). Pankofer (1997) untersuchte die Langzeitentwicklung ehemaliger Besucherinnen einer Einrichtung für Mädchen in Gauting bei München. Auf Grund der von ihr erhobenen Daten ergibt sich nach Berechnung von Ahrbeck & Stadler (2000, 26) anhand einer kleinen, nicht-repräsentativen Stichprobe (n = 20), dass 40 % der ehemals verbindlich

Untergebrachten den Aufenthalt im Nachhinein als bedingungslos positiv ansehen. 50 % wägen positive wie negative Erfahrungen gegeneinander ab und nur 10 % sehen retrospektiv überhaupt keinen positiven Effekt für sich. Die objektiven Daten: 18 der 20 ehemaligen Besucherinnen haben keine weiteren Straftaten begangen, sind berufstätig und zeigen höchstens einen geringen Grad an sozialer Auffälligkeit. Nur zwei haben wieder ein Leben auf der Straße oder im Prostituiertenmilieu begonnen.

Eine differenzierte inhaltliche Auseinandersetzung mit der Problematik verbindlicher Einrichtungen findet sich in der sozialpädagogischen Literatur nur selten. Eine Ausnahme bildet die umfassende Studie von von Wolffersdorf, Sprau-Kuhlen & Kersten (1990), die sich allerdings in der zweiten Auflage von 1996 noch auf das alte Datenmaterial der 80er Jahre stützt. Die Neuauflage enthält aber eine aktualisierte Einschätzung zur geschlossenen Unterbringung. Die Autoren plädieren weiterhin dafür, so genannte geschlossene Heime nicht (wieder)einzurichten.

Eine verbindliche Unterbringung wird dabei allerdings weder für inhuman gehalten noch bezweifelt, dass dort tragende persönliche Beziehungen entstehen können. „Die in der Vergangenheit verbreitete Kritik an der geschlossenen Unterbringung mit ihrem schrillen Anklageton hat sich – hoffentlich – überlebt. Vorwürfe, wie „Unmenschlichkeit", „KZ-Charakter" und ähnlich unsinnige, verletzende Assoziationen gingen und gehen an der Sache vorbei. Stets lag in solchen Vorhaltungen der untaugliche Versuch, ein Strukturproblem ... zu personalisieren und zu moralisieren." Und kurz darauf: „... auch die Behauptung, dass jeglicher Beziehungsversuch unter den Bedingungen geschlossener Unterbringung per se zum Scheitern verurteilt sein muss, ist empirisch unseriös" (von Wolffersdorf, Sprau-Kuhlen & Kersten 1996, 387). Das entscheidende Gegenargument besteht vielmehr in der Befürchtung, die Existenz verbindlicher Einrichtungen führe zu einer strukturellen Bedrohung des bisherigen Systems sozialpädagogischer Arbeit. „Kumulierende Ausgrenzungs- und Delegationsprozesse" seien die Folge, mit einer Sogwirkung, die sich auf das gesamte System erstrecke. Aufgrund der systemisch angelegten, durch freie Entscheidung kaum noch zu steuernden Abgabe schwieriger Kinder in das geschlossene System komme es zu einer „Überlastung mit kurzfristigen Krisen und ‚Drehtür'-Fällen" (von Wolffersdorf, Sprau-Kuhlen & Kersten 1996, 388). Die Beziehungsfähigkeit der Betreuer sei dadurch schnell erschöpft.

Diese Überlegungen sind wenig überzeugend. Gegenwärtig existiert nur eine geringe Anzahl von Einrichtungen mit verbindlicher Unterbringung. Es ist schwer nachvollziehbar, warum die zur Diskussion stehende begrenzte Ausweitung, etwa eine Verdoppelung oder Verdreifachung der Plätze, zu derart gravierenden Folgen führen soll – in einem ansonsten wohlreflektierten und funktionsfähigen System. Zumal die Realität in verbindlichen Einrichtungen einem Drehtüreffekt widerspricht: Das ehemals geschlossene System hat sich längst zu einer zeitweisen individuellen Geschlossenheit gewandelt, das mit längeren Aufenthaltsdauern einhergeht, die sich aus dem pädagogisch-therapeutischen Selbstverständnis dieser Einrichtungen ergeben. Deshalb werden auch keine Kinder und Jugendlichen in akuten Krisensituationen wahllos aufgenommen und ebenso schnell wieder entlassen.

Auch in anderer Hinsicht erweist sich die Annahme als fragwürdig, die bloße Existenz verbindlicher Einrichtungen setze unkontrollierbare Abschiebungsmechanismen frei oder verstärke, vorsichtiger formuliert, ohnehin bestehende Abschiebungswünsche erheblich. Diese Sichtweise impliziert ein tiefes Misstrauen gegenüber der Arbeit der vor Ort Tätigen. Sie unterstellt, dass ein fachlich kompetenter, verantwortlicher Umgang mit Kindern und Jugendlichen in Krisen- und Grenzsituationen nur in sehr fragiler, wenig verlässlicher Form erfolgt. Sobald sich eine äußere Möglichkeit zur Abschiebung ergäbe, würden Verantwortung und Engagement leichtfertig aufgegeben. Der Hinweis auf die Eigengesetzlichkeit systemischer Zwänge, durch die niemand persönlich schuldig werde, vermag dieses Misstrauen nur notdürftig zu übertünchen.

Die zentrale Problematik des Umganges mit Kindern und Jugendlichen in Krisen- und Grenzsituationen liegt in Hamburg wie anderswo nicht in einer Bedrohung, die sich aus der Einrichtung weniger Plätze mit verbindlicher Unterkunft ergibt. Entscheidend ist vielmehr, dass an einer Lebensweltorientierung festgehalten wird, die in zugespitzten Krisen- und Grenzsituationen den bestehenden Anforderungen nicht gerecht wird. Sie lässt die betroffenen Kinder und Jugendlichen zu sehr allein und enthält ihnen Erziehung vor. Um Erziehung geht es aber zuförderst bei der verbindlichen Unterbringung. Die heutigen Einrichtungen verstehen sich als pädagogisch-therapeutische Intensivabteilungen. Sie können bei guter Ausstattung und sorgfältiger Indikation ein ethisch verantwortbares, pädagogisch wirksames Hilfsmittel darstellen, das dringend benötigte Betreuungs- und Erziehungsaufgaben auch dann noch übernimmt, wenn dies anderswo nicht mehr möglich ist. Die Bedeutung einer zeitweisen Freiheitseinschränkung sollte dabei nicht leichtfertig unterschätzt werden, auch dann nicht, wenn sie nur einen Teil des Aufenthalts umfasst. Sie ist aber den zerstörerischen Folgen gegenüberzustellen, die sich aus extrem schädigenden Lebensrealitäten für Kinder und Jugendliche ergeben, wenn ihnen notwendige und mögliche Hilfen verweigert werden. Einem radikalen, vor allem politisch motivierten Verzicht auf eine verbindliche Unterbringung kann aus den genannten Gründen nicht gefolgt werden.

4 Erziehungsvergessenheit: Radikaler Konstruktivismus und Systemtheorie in der Pädagogik

4.1 Einleitende Überlegungen

Die Darstellung zur Jugenddelinquenz hat gezeigt, wie sehr Erziehungsverhältnisse noch heute durch das Festhalten an überkommenen pädagogischen Überzeugungen geprägt sein können. Die gegenwärtig weit verbreitete Erziehungsvergessenheit nährt sich jedoch nicht nur aus dieser Quelle. Andere wichtige Einflüsse sind hinzugetreten: Sie tragen in ihren Auswirkungen ebenso wie die pädagogischen Überreste der 68er-Bewegung dazu bei, dass Erziehungspositionen geschwächt werden.

Ein wesentliches Element besteht aus der zunehmenden Dominanz ökonomischer Prozesse, einer marktwirtschaftlichen Durchdringung fast aller Lebensbereiche, die mit Macht in den Ausbildungssektor hineindrängt und sich fast naturgesetzmäßig auszubreiten scheint. Sie findet einen prägnanten Ausdruck in der Kundenmetapher: Lehrer und Erzieher werden zu Anbietern pädagogischer Dienstleistungen, Eltern und Kinder wählen aus den bestehenden Angeboten aus, ihren eigenen Interessen folgend. Die Beziehungen zwischen den Beteiligten ändern sich dadurch wesentlich. Die Macht steigt auf der Konsumentenseite, und das bisherige Verhältnis zwischen den Generationen verkehrt sich tendenziell, um nur zwei der wichtigsten Aspekte zu nennen. Damit verbunden ist ein zeittypisches Menschenbild, das Flexibilität und Anpassungsfähigkeit sowie wie die Fähigkeit, schnell neue Bindungen einzugehen und alte aufzugeben, als hohe Werte ansieht. Kurzfristigkeit ersetzt langfristige Ziele. Eine „Bastelbiographie" soll an die Stelle der alten Identität treten, die lebensgeschichtliche Erfahrungen zu integrieren sucht. Eine Vergangenheitsorientierung erweist sich demzufolge als wenig zukunftsträchtig und deshalb störend. Die Beschäftigung mit dem eigenen Innenleben wird zu einem Randthema, intime Beziehungen, so scheint es, verlieren an Bedeutung.

In der Folge gewinnen in der Pädagogik Theorien an Einfluss, die mit diesen hier nur grob skizzierten Entwicklungstendenzen kompatibel sind. Im besonderen Maße gilt dies für den Radikalen Konstruktivismus und eine Systemtheorie, die sich konstruktivistischer Anleihen bedient. Sie stehen in gewisser Weise auf der Höhe der Zeit. Oder anders formuliert: In ihnen findet der Zeitgeist eine gelungene Repräsentation. Dazu gehört, dass das klassische Erziehungsverständnis weitgehend relativiert wird, bis hin zur Auflösung des Bildungsbegriffs.

An die Stelle wertgeleiteter Erziehungsziele treten die Kategorien der Selbstorganisation, Autopoiesis und Emergenz. Die Fremderziehung, als wesentlicher Inhalt des Erziehungsgedankens, mutiert zu einer fast grenzenlosen Selbstgestaltung des Individuums, die sich nicht mehr an verbindlichen Zielen und vorgegebenen Kriterien erweisen muss. Damit wird der Weg frei gemacht zur Relativierung oder sogar zur Aufhebung von Grenzen, die das Erziehungsgeschehen bisher kennzeichneten. Man mag in der harmlos klingenden Formel vom Pauker, der zum „Coach" oder Lernbegleiter wird, einen Ausdruck davon sehen.

Das damit angedeutete Maß an individueller „Freiheit" und zugleich beliebiger Beziehungsgestaltung ist dem bisherigen Selbstverständnis pädagogischen Handelns entgegengesetzt. Erziehung, im Griechischen Knabenführung, beinhaltet das absichtsvolle Hinführen eines Kindes und Jugendlichen zu einem mehr oder weniger eng umschriebenen Ziel. Sie wird als ein planmäßiges Handeln verstanden, das sich an vorgegebenen Leitvorstellungen orientiert. Dies gilt auch für weitgesteckte Perspektiven der Erziehung, sei es zur Identitätsbildung oder zur Mündigkeit. „... auch wenn sie zur *Mündigkeit* führen will, muss sie in gewissen Grenzen hemmen, verbieten oder unterdrücken. Mündigkeit ist von *Munt* abgeleitet und bedeutet nach innen Herrschaft und Fürsorge, nach außen Haftung und Schutz" (Gottschalch 2000, 23). Auch hier geht es also um einen vorgegebenen Zielrahmen, der an ein bestimmtes Menschenbild gebunden ist und über den nicht beliebig disponiert werden kann. Erziehung ist, dem alltäglichen Verständnis folgend, ihrem Wesen nach „Fremderziehung". Sie stellt also eine von außen kommende Beeinflussung dar, die Zielen dient, die sich der Educandus nicht oder zumindest nicht vollständig selbst gesucht hat.

Dieses Verständnis von Erziehung ist erziehungsphilosophisch seit langem durch einen weiteren Aspekt ergänzt worden, den der „Selbsterziehung". Dieser Begriff spiegelt wider, dass der Educandus als ein aktives Wesen verstanden wird, das sich nicht mehr im behavioristischen Sinn vollständig von außen steuern lässt. Bereits Herbart hat sich mit der Eigenständigkeit des Zöglings beschäftigt und schon Descartes und Montaigne waren davon überzeugt, dass sich Erziehung letztlich nicht allein auf Fremderziehung beschränken darf. Selbstbestimmung bleibt bei ihnen aber an vorangegangene Erziehungsmaßnahmen gebunden, Selbsterziehung setzt Fremderziehung voraus. Wie immer sich aber das Verhältnis von Fremd- und Selbsterziehung im Einzelnen darstellen mag, der Erziehungsbegriff ist ohne eine wesentliche Akzentuierung der Fremderziehung nicht vorstellbar (Meyer-Wolters 2000).

Inzwischen haben die herkömmlichen Erziehungsziele an Selbstverständlichkeit verloren. Eine nachhaltige Relativierung des einst sicher Geglaubten hat zu erheblicher Unsicherheit geführt. Soziales Verhalten und innere Haltungen sind von der gegenwärtigen Irritation ebenso betroffen wie intellektuelle Anforderungen oder die Auswahl von notwendigen Wissensbeständen. Die Auswahl und Begründung von Erziehungszielen ist also schwieriger geworden. Sie stellt die Erziehenden vor Probleme, die mitunter als so gravierend erlebt werden, dass sie vor ihnen zu kapitulieren drohen. „Es ist allerdings nicht zu übersehen, dass die Pädagogik insbesondere in Form der Lehrerbildung dieser Schwierigkeit zunehmend ausweicht, insofern sie es nicht mehr als ihre zentrale Aufgabe ansieht, einen pädagogischen Gedankenkreis zu bilden, der eine Auswahl der möglichen Unterrichtsgegenstände derart erlaubt, dass durch sie die Bildung eines Gedankenkreises beim Schüler angeregt wird. Stattdessen wird die Profession des Pädagogen darin gesehen, entweder als Spezialist für Menschenformung seinen Klienten erwünschtes Verhalten anzutrainieren oder als Spezialist für das Lehren und Beurteilen von Qualifikationen die Übernahme von vorgegebenen Wissens- und Könnensbeständen zu optimieren" (Meyer-Wolters 2000, 92 f).

Mit der Reserviertheit, Bildungs- und Entwicklungsziele zu formulieren, korrespondiert der zunehmende Einfluss, den das radikal konstruktivistische und systemische Denken in der Pädagogik gewinnt. In diesem Sinne fährt Meyer-Wolters (2000, 93) fort: „Mit dieser Entwicklung scheint ebenso wie mit dem Versuch, den Bildungsbegriff durch die Begriffe Selbstorganisation, Autopoiesis und Emergenz zu ersetzen, das Ende der Fremderziehung als pädagogisches Problem erreicht. Wenn Fremderziehung – verstanden als Anregung der Bildung eines handlungsorientierten einheitlichen Gedankenkreises – sich unter pluralistischen Bedingungen als nicht mehr zu lösendes Problem darstellt oder unter der Optik des Konstruktivismus als hartnäckige Selbsttäuschung der Erzieher und damit als Scheinproblem, dann ist entweder das Ende des Phänomens Erziehung ... in Sicht ... oder wir müssen im Sinne des Konstruktivismus die Vorstellung von Fremderziehung zugunsten einer radikalen Vorstellung von Selbsterziehung verabschieden."

Nicht zufälligerweise erstarken also Radikaler Konstruktivismus und Systemtheorie in der Pädagogik zu Zeiten, in denen vorgegebene Bildungs- und Entwicklungsziele relativiert werden, oder, noch weitgehender, sogar die Frage aufgeworfen wird, ob es definitive Erziehungsziele überhaupt noch geben könne. Das konstruktivistisch-systemische Denken scheint hier eine wichtige Lücke zu füllen: Es besteht auf einer derart großen „Autonomie" – oder besser: Autarkie – des zu Erziehenden, dass von außen vorgenommene, zielgerichtete Maßnahmen so gut wie folgenlos bleiben müssen. Dem entspricht das Ohnmachtserleben vieler Erziehender, die sich den Eigengesetzlichkeiten unbeeinflussbarer Entwicklungsprozesse hilflos ausgeliefert wähnen. Damit wird die bestehende Unsicherheit in Erziehungsprozessen als unausweichlich legitimiert und die Weigerung, sich Erziehungsaufgaben zu stellen, auf die Höhe der Zeit gehoben. Der bisherige Erziehungsbegriff gilt deshalb als historisch überholt. Seine Komplexität löst sich in der Kategorie der „Selbstorganisation", die mit Selbsterziehung oder Selbstbildung eine enge Beziehung eingeht, auf.

Dieser zunächst nur angedeutete Zusammenhang verdient eine genauere Betrachtung. Eine begriffliche Klärung wird deshalb vorausgeschickt.

4.2 Grundlagen und Perspektiven des Radikalen Konstruktivismus und der Systemtheorie

Vor dem Hintergrund physikalischer, biologischer und kybernetischer Forschungsergebnisse kommen Radikale Konstruktivisten wie von Foerster (1997) oder von Glasersfeld (1997) „zu dem Schluss, dass all unsere Erkenntnisse eines sich selbst organisierenden Systems, des Gehirns, sind, gebunden an dessen Erkenntnismöglichkeiten und -grenzen. Diese erlauben grundsätzlich keine Aussagen über die tatsächliche, die ‚wahre' Beschaffenheit der Welt, sie zeigen nur, ob eine Erkenntnis mit der Beschaffenheit der Welt *vereinbar* ist, ob sie ‚passt' – nicht aber, dass sie ‚wahr' (im Sinne eines ‚einzig richtig') ist" (Meinefeld 1995, 100). Der Wahrheitsbegriff wird also zugunsten eines weitgehenden Relativismus aufgegeben. Zugespitzt formuliert: Da es keine Wahrheit gibt, ist „Wahrheit ... die Erfindung eines Lügners" (von Foerster 1999).

Genauer formuliert: „Es gebe keinen direkten Zugang zur Welt, der eine zuverlässige Wiedergabe ihrer Strukturen ermöglichen würde – was wir als Wirklichkeit wahrnähmen, sei das Produkt unserer eigenen Bedeutungszuschreibung, wobei – und dies begründet den originären Anspruch des Radialen Konstruktivismus – diese *allein* den Funktionsbedingungen des Gehirns folge, nicht aber denen der Welt. Das Gehirn sei nicht nur Filter, wie uns vertraute Wahrnehmungstheorien unterstellen, sondern Konstrukteur unserer Wahrnehmung: ‚Die Umwelt, so wie wir sie wahrnehmen, ist unsere Erfindung‛" (Meinefeld 1995, 100). Das menschliche Handeln ist demnach dann erfolgreich, wenn die handlungsbegleitenden inneren Konstruktionen von Wirklichkeit hinreichend übereinstimmen. Eine Stimmigkeit entsteht von innen, aus sich selbst heraus. Der Erfolg des Tuns beruht nicht auf einer möglichst exakten Erfassung der äußeren Realität, da diese, für sich selbst genommen, gar nicht existiert.

Das Gehirn erweist sich nach dieser Theorie als der entscheidende Konstrukteur von Wirklichkeit. Biologische Erkenntnisse über Hirnfunktionen und Erkenntnistheorie stehen dabei in einem engen Verhältnis. „Der Radikale Konstruktivismus ist eine erkenntnistheoretische Theorie, die die Relativität allen Erkennens mit den Mitteln moderner Naturwissenschaft zu begründen versucht. Ausgangspunkt seiner Argumentation ist die Funktionsweise des Nervensystems. Das Nervensystem wandelt physikalische und chemische Reize der Umwelt in Nervenerregungen um, die die Eigenschaft besitzen, sich in ihrer Intensität, nicht aber in ihrer Qualität voneinander zu unterscheiden. Deshalb muß der Übergang von der physikalischen und chemischen Umwelt zu den Wahrnehmungszuständen des Gehirns einen radikalen Bruch darstellen, da die Komplexität der Umwelt zugunsten der Einheitssprache des Nervensystems vernichtet wird. Dies hat zur Folge, daß im Gehirn nur unspezifische, bedeutungsfreie neuronale Impulse ankommen, die erst im Gehirn mit Bedeutung belegt werden. Da die qualitativen Eigenschaften der Umwelt nicht durch Nervenerregungen übermittelt werden, muß das Gehirn aus den einlaufenden Signalen eine Welt konstruieren, die von Subjekt zu Subjekt verschieden und schon deshalb nicht mit der realen Welt identisch sein kann. Insofern erhält ein lebendes System keine Informationen über die Außenwelt, sondern bestenfalls Informationen über sich selbst. Diese These der informationellen Geschlossenheit lebender Systeme ist die zentrale These des Radikalen Konstruktivismus. Sie bildet die Schnittstelle zwischen der biologischen Theorie der Autopoiese und der erkenntnistheoretischen Theorie des Radikalen Konstruktivismus" (Dettmann 1999, 5).

Umwelteinflüssen wird kein direkter Einfluss auf das Erkenntnisgeschehen zugeschrieben. Sie sind nur in dem Maße von Bedeutung, in dem ihnen die individuellen Selbstorganisationsprozesse einen Platz einräumen. Gleiches gilt für genetische Vorgaben. Sie stellen eine, wenngleich wichtige Rahmenbedingung dar, von der aber keine determinierende Wirkung ausgeht.

Ein Übergang von der Systemtheorie zum radikalen Konstruktivismus findet sich in den Arbeiten von Maturana & Varela (1987), die das Konzept der Selbstorganisation auf lebende Systeme übertragen. „Selbstorganisation" beschreibt das spontane Entstehen von Ordnung in einem System, ohne dass sie auf äußere steuernde Einwirkungen zurückzuführen wäre. Ein Beispiel dafür sind hirnphysiologische Prozesse, die sich aus sich selbst heraus regulieren. Menschliche Lebewesen funktionieren „autopoietisch": Sie stehen in einem ständigen Austausch mit der Umwelt, sind in ihrem Verhalten aber durch die eigenen inneren Strukturen bestimmt. Auch wenn sie sich als plastisches System an die Umwelt anpassen, geschieht dies aufgrund innerer Vorgaben, die in der Theoriebildung ein absolutes Primat genießen. So schreibt Varela (1990, 61): „Jeder Bestandteil operiert dabei nur in seiner eigenen, eng begrenzten Umwelt, und es gibt keinerlei externe Auswirkung, die das System gleichsam um die eigene Achse drehen würde. Da das System ein Netzwerk ist, ‚emergiert‘, d. h. es ergibt sich spontan ein übergreifendes Zusammenwirken, sobald die Zustände aller beteiligten ‚Neuronen‘ einen für alle befriedigenden Zustand erreichen." Autopoietische Systeme sind „operational geschlossen", aber „energetisch offen", d. h. sie sind ihrer Umwelt gegenüber für die Aufnahme von Information, Energie und Materie offen, aber die Maßstäbe für die Verarbeitung setzten sie selbst (Huschke-Rhein 1998, 14).

Die Begrifflichkeit der Systemtheoretiker und Konstruktivisten zeichnet sich durch eine hohe Komplexität und einen erheblichen Abstraktionsgrad aus, sodass sie eine exakte Abgrenzung oft nicht zulassen. So stehen „Emergenz" und „Selbstorganisation" in einem engen Zusammenhang. Nach Lenzen (1997, 958) wird der „Emergenzbegriff ... heute dem Selbstorganisationsbegriff gelegentlich vorgezogen, weil er die Netzwerkdynamik komplexer Systeme besser erfasst".

Auch der Systemtheoretiker Watzlawick (1981/1988) hat sich in seinen späteren Veröffentlichungen dem Radikalen Konstruktivismus zugewandt. Zunächst ging es ihm darum, eine rein individuenbezogene Sichtweise zu überwinden, die in der Psychologie über lange Zeit vorherrschte. Er führt aus, dass und warum das individuelle Verhalten außerhalb des jeweiligen interaktiven Kontextes unverständlich bleiben muss. Sein Interesse gilt den kommunikativen Prozessen zwischen Personen, nicht der einzelnen Person mit ihren psychischen Besonderheiten. Zwischenmenschliche Beziehungen werden als System verstanden, als ein System, dem Watzlawick seine ganze Aufmerksamkeit schenkt. Dazu postuliert er einzelne, inzwischen weithin populäre Axiome interaktiver Bezogenheit, so zum Beispiel, dass man nicht „nicht kommunizieren" kann. Eine detaillierte Analyse von Kommunikationsprozessen schließt sich an. Insbesondere wird die Bedeutung der „paradoxen Kommunikation" herausgestellt. Sie spielt, als Doppelbindung, vor allem bei der Diskussion um die Genese seelischer Erkrankungen eine gewichtige Rolle.

Die Kommunikationstheorie Watzlawicks eröffnet zum einen neue Perspektiven, indem sie auf die interaktive Eingebundenheit des Menschen insistiert und konsequent die Beschränkungen eines engen Individuenbezugs zu überwinden sucht. Für die Öffnung in das kommunikative Feld wird zugleich ein nicht unbeträchtlicher Preis gezahlt. Faktisch erfolgt eine Beschränkung auf das Augenscheinliche: Die Existenz von Bedeutungen, inneren Realitäten also, wird in der frühen Phase zwar nicht geleugnet, gilt aber für die Analyse kommunikativer Prozesse als entbehrlich. Allein das manifeste Verhalten interessiert, also lediglich der beobachtbare In- und Output von Kommunikation. Damit erfährt das alte „black-box"-Prinzip eine Renaissance, wie Girgensohn-Marchand (1996) in einer ausführlichen Analyse zeigt.

Verwirrend und widersprüchlich wird die Situation dadurch, dass sich Watzlawick teilweise zugleich auf konstruktivistische Überlegungen bezieht, die für ihn im Weiteren an Bedeutung gewinnen. Er übernimmt in wichtigen Teilen seiner Schriften die These, dass die „Wirklichkeit" nicht existiert, sondern nur konstruiert wird. „Die erfundene Wirklichkeit" lautet entsprechend ein Buchtitel. Damit ist die ehemalige „black-box" gefüllt. Sie beinhaltet nun höchst individuelle Konstruktionen, das heißt Selbsterschaffungen von Welt, die in ihrer Eigenständigkeit nicht angetastet werden dürfen. In diesem Entwicklungsschritt sieht Watzlawick einen entscheidenden emanzipatorischen Akt. Er soll die Würde des Menschen sichern und dazu beitragen, dass ein humanes Zusammenleben möglich wird. Wörtlich: „Wer weiß, dass er nicht *recht* hat, sondern dass seine Sicht der Dinge nur recht oder schlecht *passt*, wird es schwer haben, seinen Mitmenschen Böswilligkeit oder Verrücktheit zuzuschreiben. . . ." Denn der „. . . bequeme Ausweg in die Abwälzung von Schuld an Umstände und andere Menschen stünde ihm nicht mehr offen" (Watzlawick 1997, 311 f).

Nicht nur für die persönliche Weltsicht gilt, dass es keinen verpflichtenden überindividuellen Wahrheitsgehalt geben kann. Auch die Wissenschaft ist davon betroffen. Sie soll nämlich eingestehen, dass es „keine Theorien gibt, die die Wirklichkeit genauer erfassen als andere" (Watzlawick 1981, 15). Jede Theorie ist dann – sofern man diesen Vorschlag ernst nimmt – so gut wie jede andere. Weitergehende Festlegungen gelten als unzulässig, da aus dieser Perspektive weder eine objektive Realität existiert noch eine verbindliche Annäherung an eine wie immer geartete „Wahrheit" möglich erscheint. Der bisher zentrale Gedanke der Begründbarkeit und Intersubjektivität wird aufgegeben. „Anything goes" ist die Losung.

4.3 Das Selbstverständnis einer systemisch-konstruktivistischen Pädagogik

Es liegt auf der Hand, dass eine solche humanontogenetische Setzung für den bisherigen Bildungsbegriff zahlreiche Folgen hat, ebenso wie für den Umgang mit alltäglichen Erziehungsfragen. Die individuelle Konstruktion von Wirklichkeit beinhaltet nämlich letztlich, dass es unmöglich ist, pädagogisch zielgerichtet auf andere Einfluss zu nehmen. Da sich Lebewesen ihrer eigenen Struktur entsprechend verhalten, muss jede planmäßige äußere Beeinflussung von vornherein scheitern. Bei so genannten Perturbationen, Zustandsveränderungen in Folge von Interaktionen, entscheidet das Individuum über Art und Grad der Veränderung. „. . . die Perturbationen der Umwelt [bestimmen] nicht, was dem Lebewesen geschieht; es ist vielmehr die Struktur des Lebewesens, die determiniert, zu welchem Wandel es infolge der Perturbation in ihm kommt. Eine solche Interaktion schreibt deshalb ihre Effekte nicht vor. Sie determiniert sie nicht und ist daher nicht ‚instruierend'" (Maturana & Varela 1987, 106). Insofern gelten auch Kinder und Jugendliche als unumstößlich autonome Schöpfer ihrer selbst. Sie wählen aus der Angebotsvielfalt der Umwelt etwas aus, wenn es ihnen gefällt, oder lassen es, wenn ihnen nicht danach zumute ist.

Diese Sichtweise wird von Huschke-Rhein (1989, 77) auf pädagogische Fragestellungen übertragen und als Neuerung ausdrücklich begrüßt, als „eine ‚Ohrfeige' für den normalen Pädagogik- und Sozialisationsbegriff". Huschke-Rhein (1998), ein Hauptvertreter der „Systemischen Erziehungswissenschaft", übernimmt die beschriebene radikal konstruktivistische Position. Auch er ist der Auffassung, dass die Anerkennung der individuellen Welt- und Selbstkonstruktion zwangsläufig eine grundsätzliche Neuorientierung nach sich ziehen muss – in der Pädagogik ebenso wie in der Therapie. Kein System könne das andere direkt beeinflussen. Von außen vorgegebene Ziele seien deshalb nicht erreichbar. „Die Allmacht der Therapeuten wird ebenso wie die der Pädagogen ... vollkommen destruiert: Erfolge lassen sich ... aus prinzipiellen Gründen nicht mehr planen; gewünschte Effekte sind eher das Resultat unsteuerbarer Prozesse auf Seiten des Klienten, des Kindes oder des Schülers" (Huschke-Rhein 1989, 191). Eltern könnten zum Beispiel ihren Kindern noch so sehr zureden, sie ermahnen oder auch drangsalieren. Sie werden nichts erreichen, es sei denn, das Kind selbst will eine Veränderung. Wörtlich: *Jede Erziehungsmaßnahme erhält damit den Charakter eines Angebots, das angenommen oder abgelehnt oder verändert werden kann"* (Huschke-Rhein 1998, 26).

Allenfalls sei der Versuch möglich, minimale äußere Anstöße zu geben, mit Ergebnissen, die im Ungewissen bleiben. Die alten Machtverhältnisse der Erziehung seien damit obsolet geworden, als eine Fiktion entlarvt, die sich nicht mit den neuen Erkenntnissen verträgt. Die Erziehenden müssten in allererster Linie einräumen, dass sie weitgehend ohnmächtig sind, als Unwissende nicht in der Lage, den Schülern einen Weg ins Leben zu weisen. Der Autopoiesisbegriff, aus dem Griechischen stammend, spiegelt genau dieses wider: „Ich selbst" („auto") mache etwas („poiein"). Und nicht der andere. Allzu schwer sollte es den Erziehenden aus systemisch-konstruktivistischer Sicht aber nicht fallen, diese Beschränkung einzugestehen. Denn sie beinhalte zugleich, dass die Autonomie und Würde von Kindern und Jugendlichen in besonderem Maße anerkannt wird. Nirgends sonst werde die Eigenständigkeit der Persönlichkeit so gewürdigt. „Die Einsicht, dass wir nichts wissen, ... ist die Voraussetzung des Respekts für die von anderen Menschen erfundenen Wirklichkeiten" (Watzlawick 1997, 311).

Die Frage, ob es heute noch eine Pädagogik geben könne, beantwortet Huschke-Rhein deshalb mit dem Begriff der Reserviertheit. Einem zielgerichteten Handeln stünden systemisch-konstruktivistische Erkenntnisse, verdichtet Selbstorganisation, im Wege. Zudem habe sich die soziale Realität gewandelt: Es gäbe keine verbindlich anerkannten Ziele mehr, auf die Kinder hingeführt werden könnten. Auch dadurch gerate der herkömmliche Pädagogikbegriff ins Wanken. Was Pädagogik heute leisten könne, sei etwas anderes als die „alte Knabenführung". „Pädagogik ist letztlich ‚Beratung', Konsultation" (Huschke-Rhein 1998, 10). Und unter Beratung wird nichts anderes verstanden als die Förderung von Selbstfindung und Selbstorganisation. Sie hat ihrem Wesen nach Angebotscharakter, soll Orientierungsmöglichkeiten eröffnen, aus denen die Schüler ihren Selbstorganisationsbedürfnissen folgend etwas auswählen. In der Beratung wird die zukünftig wichtigste pädagogische Aufgabe gesehen, die anderen pädagogischen Tätigkeiten vor- bzw. übergeordnet ist. Beratungsnotwendigkeiten in Bildungs- und Ausbildungsfragen währen lebenslang. Sie betreffen Kinder ebenso wie Erwachsene. Die Beratung Erwachsener, als autonome Individuen, wird dabei zum Modell auch für die Pädagogik des Kindes, und dies mit der Begründung, dass die Grenzen zwischen Kindheit und Erwachsenenalter in Zeiten lebenslangen Lernens sowieso im Schwinden seien. Ein Bezug zur Kundenkategorie wird ausdrücklich hergestellt. Es gelte, die Kunden des pädagogischen Prozesses in ihrer Selbstorganisation zu stärken.

Auch Voß (2000) betont, dass es immer schwieriger werde, den Kindern einen verlässlichen Weg in die Zukunft zu weisen. Bisher hätten die Älteren versucht, die Welt zu verstehen und zu ergründen. Die so gewonnene Weltsicht sei dann an die

Heranwachsenden herangetragen worden, mit dem Ziel und in der Hoffnung, ihnen Wichtiges mit auf den Weg zu geben. Ob diese Suche heute noch möglich und sinnvoll sei, bezweifelt Voß allerdings. Und nicht nur das: Es erscheint sogar als Erleichterung, dass die bisherigen Versuche der Weltdeutung überflüssig geworden sind. So, als wenn es jetzt an der Zeit und zudem befreiend wäre, unnötigen Ballast abzuwerfen. Denn nunmehr gilt: „... man muss die Welt nicht verstehen ..., es reicht, sich in ihr zurecht, die jeweilige ‚Passung‘ zu finden" (Voß 2000, 33). Selbststeuerung ist die zentrale Losung, eine flexible Anpassung an sich schnell wandelnde Umwelten und die Erfindung eigener Lernwelten. Die alte, auf Wissens- und Wertevermittlung orientierte Pädagogik erscheint damit als hoffnungslos antiquiert.

So ist es nur konsequent, pädagogische und auch therapeutische Prozesse von einer gänzlich anderen Warte aus zu sehen. Lösungsorientiertheit wird zu einem zentralen Schlagwort der „Systemischen Pädagogik" (Palmowski 1996a; Voß 1997; Spiess 1998). Sie vertraut im Extrem auf die Ausschöpfung vorhandener Ressourcen. Ausschließlich auf die Zukunft gerichtet, soll sie alte Scheinlösungen vermeiden und neue Handlungsoptionen eröffnen. Dabei geht es in erster Linie um die begleitende Unterstützung von Lösungen, die die Betroffenen selbst gefunden haben. „Die Lösungsorientierung in der Erziehung, Bildung und Beratung geht grundsätzlich davon aus, dass nicht die Fachkraft, sondern die Beratenden über alle Ressourcen verfügen, die sie zur Lösung eines Problems brauchen. Die Verantwortung in der lösungsorientierten Beratung besteht darin, dem Gesprächspartner jeweils Zugang zu diesen Ressourcen zu eröffnen" (von Devivere 2000, 197 f).

„Wer ein Problem hat, besitzt auch eine Lösung" (Hubrig & Herrmann 2000, 143). Niemand ist deshalb Opfer innerer und äußerer Umstände. Denn es liegt an jedem Einzelnen, wie er seine Wirklichkeit interpretiert, und auch, wie er das verarbeitet, was an ihn herangetragen wird. Etwas nicht zu können, gibt es ganz offensichtlich nicht – keine ausweglosen Verstrickungen, kein hilfloses Ausgeliefertsein an äußere Abhängigkeiten, keine Ohnmacht gegenüber inneren Zwängen. Bemerkenswert ist dabei, dass sich die systemische Pädagogik bei weitem nicht nur mit relativ harmlosen Alltagsproblemen beschäftigt. Auch verhaltensgestörte Kinder und Jugendliche, bekanntermaßen psychosozial oft schwer beeinträchtigt, sind der Gegenstand ihrer Bemühungen (zum Beispiel: Molnar & Lindquist 1995; Voß 2000). Die alte Frage nach der Entwicklung und dem dahinter liegenden Sinn wird zugunsten einer funktionalen Anpassung aufgelöst. Sie erscheint als unzeitgemäß, da sie zu zeitraubend und wegen ihrer Komplexität überfordernd ist. Stattdessen gilt, dass auch schwierige Probleme leichte Antworten herausfordern.

Aufgrund dieser Vorgaben ändert sich das Selbstverständnis von Pädagogen grundlegend. Lehrer und Erzieher werden zum Begleiter einer Entwicklung, die durch die Eigengesetzlichkeit der Heranwachsenden determiniert ist. Voß & Haug (2000, 167) sprechen von „der Lehrerin als Lernbegleiterin und Netzwerkarbeiterin", Voß (2000, 33) vom Moderator und Coach, Huschke-Rhein (1989, 191) von „... schlichten Mitspielern und Mitspielerinnen ...", die an die Stelle des ehemaligen Subjekts Lehrer treten. Worum es sich bei dem neuen Berufsverständnis im Kern handelt, lässt sich unschwer beantworten. Es geht um die „Halbierung von Verantwortung in selbstorganisierten Systemen" (Huschke-Rhein 1998, 31). Oder anders formuliert: Um die Entlastung von bisheriger Verantwortung. Ich komme darauf zurück.

4.4 Auf dem Weg in eine neue pädagogische Welt?

Mitunter finden sich bei den genannten Autoren aber auch andere Töne, die zumindest auf den ersten Blick überraschen. Huschke-Rhein führt nämlich an einigen Stellen seiner Schriften aus, dass Pädagogik nach wie vor notwendig sei. Man dürfe nicht gänzlich auf die Steuerung der Nachwachsenden verzichten. „Obwohl die systemische Pädagogik als Bildungsziel die Selbststeuerung in den Mittelpunkt stellt, erkennt sie die Legitimität einer *vorläufigen und zeitweisen Fremdsteuerung* von Menschen an, wenn diese mit dem Ziel der Förderung und Selbstorganisation verbunden und begründet ist" (Huschke-Rhein 1998, 15). Und unmittelbar darauf: Da „. . . es natürlich weder jemals eine Selbstorganisation ohne Umwelt noch eine Fremdsteuerung ohne Selbstorganisation gibt . . . hat Erziehung mit *Zielen* zu tun, *auf die hin* erzogen wird, weil es keine vorausberechenbare Sicherheit dafür gibt, dass oder wie dieses Ziel definitiv erreicht werden können" (Huschke-Rhein 1998, 15 f).

Das Bekenntnis zur Fremdsteuerung erfolgt, wie die Zitate belegen, sehr vorsichtig. Mehr am Rande als im Kern wird ihre Notwendigkeit zugestanden. Fremderziehung soll sich vornehmlich auf kleine Kinder beziehen. Es geht hier vor allem um elementare Versorgungsleistungen, um „Unterstützung", „Pflege", „Förderung" und „Hilfe" für Kinder, die noch auf äußere Interventionen angewiesen sind. Danach soll die Fremdsteuerung so schnell wie möglich überflüssig werden, zugunsten einer autopoietischen Entwicklung. Erziehungsziele im engeren Sinne werden nicht formuliert. Bei der hohen Wertschätzung, die Selbstfindung und Selbstorganisation genießen, vermag dies auch nicht weiter zu verwundern. Damit einher geht eine Ausdehnung des Pädagogikbegriffs, die so weit angelegt ist, dass sie eine präzise Inhaltsbestimmung kaum mehr zulässt. Als pädagogisch gilt all das, was eine Hilfe zur Selbstorganisation beinhaltet. Bei Huschke-Rhein (1998, 26) heißt es dazu: „. . . jede Hilfe, die mit dem Ziel gegeben wird, die *Fähigkeit* der Selbstorganisation zu erhöhen, kann als eine pädagogische Tätigkeit klassifiziert werden, also Sozialarbeit ebenso wie Therapie, die Arbeit bei den Anonymen Alkoholikern ebenso wie der Sportunterricht." Der lebensweltliche Kontext der Kinder soll dabei besonders beachtet werden. Er gilt als die Systembedingung, die einen zweiten Ansatzpunkt für pädagogisches Handeln bietet, neben der „Anregung des autopoietischen Selbstsystems".

Wenn Pädagogik so allumfassend verstanden wird, verblassen ihre Inhalte umso mehr. Das Primat der Selbstorganisation und der systemischen Bedingtheit verdunkelt den Blick darauf, wohin sich Kinder- und Jugendliche entwickeln sollen und auch müssen. Die entscheidende Verkürzung, die hier vorliegt, bezieht sich sowohl auf die innere als auch auf die äußere Realität – bei Huschke-Rhein ebenso wie bei anderen systemisch-konstruktivistischen Autoren. An die Stelle einer inneren, lebensgeschichtlich bedingten Entwicklungsdynamik tritt der globale, nicht weiter spezifizierte Verweis auf kindliche Selbstorganisationsprozesse. Gesellschaftlich vorgegebene Entwicklungsnotwendigkeiten, über die sich im Einzelnen streiten lässt, werden zu weitgehend diffusen Systemkontexten. Sie bleiben dem Individuum fremd, erscheinen als ferne äußere Größen, die außerhalb der eigenen Konstruktionsmacht liegen. Trotz der Bekundungen gegen ein pädagogisches laissez-faire, Huschke-Rhein spricht von einer „Orientierungspädagogik", bleibt der systemisch-konstruktivistische Standpunkt blass. Man weiß nicht wirklich, wofür er steht: Ungeklärt bleibt, was Kinder aufgrund ihrer inneren Entwicklungslogik von den Erwachsenen brauchen, und auch, was ihnen die Erwachsenengeneration davon geben kann.

Gleichwohl verortet sich die systemische oder besser gesagt: systemisch-konstruktivistische Pädagogik zwischen zwei Polen. Auf der einen Seite steht das Autopoiesis-Konzept, das eine weitgehende Aufgabe des Erziehungsgedankens beinhaltet. Am anderen Ende findet sich ein zartes Plädoyer für eine Fremderziehung und damit eine Anerkennung dessen, was schon immer galt. Alles in allem wird aber einem Erziehungsauftrag, der auf Fremderziehung beruht, ein Platz auf den hinteren Rängen zugewiesen.

Die systemisch-konstruktivistische Pädagogik bedient sich zahlreicher Polarisierungen, die dazu verhelfen sollen, ihr eigenes Profil zu schärfen. In der Folge erscheint sie als neuartiger Zugang zu pädagogischen Fragestellungen. Wie bereits ausgeführt, beansprucht sie, die Autonomie und Würde des Kindes in besonderem Maße anzuerkennen. Die Begründung dafür ergibt sich aus dem Selbstorganisationskonzept, das von Matura & Varela (1987) auf lebende Systeme und im Weiteren auf therapeutische und pädagogische Handlungsfelder übertragen wurde. Das Individuum funktioniert demnach seiner eigenen Struktur entsprechend, als ein System, das von außen nicht direkt und willentlich beeinflusst werden kann. Zugespitzt skizziert Girgensohn-Marchand (1996, 110) die kindliche Position so: „Niemand kann ihm vorschreiben, wie er sich und die Welt zu sehen hat oder was er tun soll." Deshalb müsse sich die Erwachsenengeneration mit eigenen Bildungs- und Erziehungsintentionen zurückhalten. Nicht nur, weil sie sowieso ins Leere laufen würden, sondern auch, um der Anerkennung des Kindes willen als eigenständige und würdevolle Person. Die Autonomie des Kindes gilt als hervorragender Wert, ihre Akzeptanz als Voraussetzung eines zeitgemäßen und aufgeklärten Umgangs mit den Heranwachsenden.

Dabei stellt sich allerdings die Frage, welche Position dem Kind damit eigentlich eingeräumt wird. Und ob es wirklich um die Autonomie des Kindes geht. Unter Autonomie wird gemeinhin die Fähigkeit verstanden, über sich selbst frei zu bestimmen und den Selbstwert unabhängig von der Zustimmung anderer aufrecht zu erhalten. Autonomie und Abhängigkeit stehen in einer engen Wechselbeziehung. Abhängigkeiten können dann gut eingegangen werden, wenn die Autonomie gesichert ist. Autonomie setzt voraus, dass Abhängigkeiten anerkannt werden.

Vieles spricht dafür, dass in der systemisch-konstruktivistischen Theoriebildung eine folgenschwere Verwechslung vorliegt, die zwischen Autonomie und Autarkie. Beschrieben und als neue Errungenschaft gefeiert wird nämlich das Bild eines autarken Kindes. Es ist vor allem auf sich selbst bezogen und braucht den anderen kaum. Denn es nährt und entwickelt sich wesentlich aus sich selbst heraus, aus dem, was in seinem eigenen Inneren vorhanden ist. Wie es sich selbst konstruieren kann, ist sein großes Thema, nicht die Nähe zu den Objekten und die Auseinandersetzung mit ihnen. Die Erwachsenen leben in einer großen Distanz zu ihm, es selbst bleibt weit von ihnen entfernt. Kinder sind weder sonderlich auf Erwachsene angewiesen und ihnen schon gar nicht hilflos ausgeliefert. An die Stelle eines Ringens um Abgrenzung und Autonomie ist also eine systemisch-konstruktivistische Autarkievorstellung getreten.

Vor diesem Hintergrund gewinnt das Bemühen, die Grenzen der Erziehungsmöglichkeiten aufzuzeigen, einen weiteren Sinn. Scharf herausgearbeitet und immer wieder betont wird, wie wenig eine zielgerichtete Erziehung auszurichten vermag. Dabei geht es den systemisch-konstruktivistischen Theoretikern nicht nur um eine Beschreibung von Grenzen, die dem Erziehungsgeschäft immanent sind. Häufig zwischen den Zeilen versteckt, gleichwohl aber deutlich spürbar, ist etwas anderes enthalten. Eine Identifikation mit der kindlichen Unberührbarkeit: Der Triumph, nur sich selbst verantwortlich zu sein und in jedem Fall unabhängig von dem zu bleiben, was andere wollen. Mitunter tritt dies auch explizit hervor: Zum Beispiel in der wohlverdienten Ohrfeige, die der normalen Pädagogik durch den Autopoiesis-Begriff verpasst wird. In der Beschreibung der vollkommen destruierten Allmacht der Pädagogen. In der vermeintlichen Notwendigkeit, Erwachsene müssten sich als Unwissende offenbaren, als altmodisch und unfähig, die längst obsolet gewordene Suche nach Weltdeutungen aufzugeben. Kinder werden dadurch weitgehend von Erziehungsansprüchen entlastet.

Doch dies ist nur die eine Seite. Hinzu kommt, dass die als Autonomie getarnte kindliche Autarkie auch die Position der Erziehenden verändert. Auch sie gewinnen gegenüber dem wesensmäßig selbstbestimmten Kind mehr Unabhängigkeit, sind weniger für die Entwicklung des Kindes verantwortlich. Aus guten Gründen können sie sich nunmehr zurückziehen. Selbstzweifel und unbequeme Gewissensanforderungen, die mit der Erziehung notwendigerweise verbunden sind, verlieren an Brisanz. Sie werden zu wenig bedeutungsvollen Randthemen. Denn das Kind bedarf, um sich gut entwickeln zu können, nur Personen, die es begleiten – sei es als Mitspieler oder Moderator, Lernbegleiter oder Coach. Es ist das Kind, das aus den bestehenden Angeboten auswählt. Auf die Weltdeutungen anderer ist es nicht mehr angewiesen. Den Zukunftsvisionen der Erwachsenen sollte es aus guten Gründen misstrauen. Die Erwachsenen müssen sich deshalb ihrerseits um entsprechende Auseinandersetzungen kaum mehr kümmern. Stattdessen wird eine oberflächliche Passung zwischen Kind und Umwelt zur zentralen Devise. Lösungsorientierte Ansätze gelten als Verfahren der Wahl, die, auf reine Funktionalität ausgerichtet, jede Art von Tiefe vermissen lassen. Auch der Erwachsenengeneration wird also ein systemisch-konstruktivistischer Befreiungsschlag angeboten, der die Last eines Erziehungsauftrages reduzieren, wenn nicht sogar von ihm befreien soll.

Darin liegt das Wesentliche, das den systemisch-konstruktivistischen Beitrag auszeichnet. Es ist nicht die Einsicht, dass Erziehung auf Grenzen stößt. Denn dass es Grenzen der Erziehbarkeit gibt, stellt wahrlich keine neue Erkenntnis dar. Jede Pädagogik hat mit dem altbekannten Phänomen zu rechnen, dass sich Heranwachsende widerständig gegenüber Erziehungsmaßnahmen verhalten. Man denke nur an Bernfelds (1973) Sysiphos-Methapher oder in jüngerer Zeit an Gottschalchs (2000) „Grundzüge einer skeptischen Pädagogik". Kinder lassen sich nicht rein behavioristisch formen, und die Wirksamkeit des gut Gemeinten ist begrenzt. Nicht umsonst spricht Freud (1925) von den drei unmöglichen Berufen, zu denen er neben dem Analysieren und Regieren auch das Erziehen zählt. So wirkt es einigermaßen überzogen, wenn eine systemisch-konstruktivistische Pädagogik für sich beansprucht, sie sei notwendig, damit endlich ein einfaches Ursache-Wirkungs-Denken und lineare Entwicklungsmodelle in der Pädagogik überwunden werden könnten. Es fällt schwer einzusehen, warum es hier einer systemisch-konstruktivistischen Erneuerung bedürfen soll. Dass psycho-soziale Entwicklungen diskontinuierlich verlaufen, durch Brüche und Krisen gekennzeichnet sind, gehört seit langem zu den entwicklungspsychologischen Essentials und elementaren pädagogischen Einsichten. Es sei hier nur an die vielfältigen und verzweigten Diskussionen um pubertäre Konflikte erinnert, die in der pädagogischen Fachliteratur zu finden sind.

Gleiches gilt für den wiederholt vorgetragenen Verweis auf die Komplexität menschlicher Entwicklung. Auch diese Einsicht ist keine systemisch-konstruktivistische Errungenschaft, die Neuigkeitswert beanspruchen kann. Zwar weist zum Beispiel Voß (2000) zu Recht darauf hin, dass auch im pädagogischen Denken die Gefahr bestehe, komplexe Phänomene auf einfache Gewissheiten zu reduzieren. Als Beispiele nennt er den Ruf nach härteren Strafen bei jugendlichen Delinquenten, die sich ausbreitende, primär hirnorganisch fundierte Diagnose „Aufmerksamkeits-Defizit-Syndrom" (ADS) bei unruhigen Kindern sowie die vermehrte Verordnung von Ritalin. Als ein weiterer Beleg, in diesem Zusammenhang oft genannt, kann die Verdichtung von Lernbehinderungen auf Intelligenzmängel angesehen werden.

Gleichwohl ist nicht zu übersehen, dass sich die wissenschaftliche Fachdiskussion seit langem kritisch mit den genannten Phänomenen beschäftigt. Dies gilt auch für die von Voß breit ausgeführte Hyperaktivitätsproblematik. Vernooijs (1992) einschlägige Schrift „Hampelliese, Zappelhans und Zappelliese" sei hier beispielhaft genannt und weiterhin, als ein neuerer Beleg, auf die Arbeiten von von Lüpke (2002) und Bovensiepen, Hopf & Molitor (2002) verwiesen. Auch die so genannte sonderpädagogische Diagnostik hat sich der Komplexität ihres Aufgabenfeldes bereits zu Zeiten gestellt, als von systemischen und konstruktivistischen Neuerungen noch nicht die Rede war (Kornmann, Meister & Schlee 1983). Zudem dominieren monokausale Ableitungen in der Lernbehindertenpädagogik seit langem nicht mehr, wie sich durch eine Fülle von Literaturverweisen unschwer belegen lässt. Die Reihe der Beispiele könnte beliebig fortgesetzt werden.

Eine Anerkennung komplexer Zusammenhänge ist inzwischen vielfach erfolgt, ohne dass systemisch-konstruktivistische Einflüsse zu verzeichnen wären. Auch hier eröffnet das systemisch-konstruktivistische Anliegen keine grundlegend neue Perspektive. Aus der Sicht der Heilpädagogik stellt Kobi (1997, 8) fest: „Es wäre … vermessen, zu behaupten, heilerzieherisch Tätige hätten sich bis in die gegenwärtige Renaissance systemischen Denkens und Handelns nicht um ökosystemische Zusammenhänge und Interdependenzen gekümmert. Ganz im Gegenteil: Die pädagogisch bedeutsamen Systeme von Familie, Schule, Anstalt, Arbeitswelt haben in den klassischen Lehrwerken zur Heilpädagogik … durchwegs eine herausragende Rolle gespielt. Nicht systemisch zu denken und zu handeln – d. h. unter Vernachlässigung intervenierender Variablen – ist, wenn überhaupt, höchstens in einem hochspezialisiert-arbeitsteiligen und entsprechend ‚abgehobenen' Menschenpark möglich: wie z. B. dem einer sterilisierten modernen Labor-Wissenschaft und/oder einer geschlossenen Weltanschauungsideologie."

4.5 Praxisbeispiele kritisch betrachtet

Zu einem wesentlichen Teil lebt die systemisch-konstruktivistische Pädagogik von Polarisierungen, die mit dem Stand der fachlichen Auseinandersetzung nur schwerlich zur Deckung zu bringen sind. Sie profiliert sich an Gegenüberstellungen, die historisch längst vergangene Positionen markieren oder in der beschriebenen Form gar nicht existieren. Dazu einige Beispiele.

Voß beklagt, dass das gegenwärtig noch verbreitete pädagogische Denken starr und rückwärtsgerichtet sei. Im alten Denken verfangen, verlagere es unzulässig Probleme und personifiziere sie. „Anstatt die Komplexität als Herausforderung anzunehmen, anstatt uns mit den Folgen von Globalisierung und Individualisierung auseinander zu setzen, anstatt neue Denk-, Einstellungs- und Handlungsoptionen zu entwickeln, folgen wir weiterhin einem alten Muster und richten den Fokus unserer Aufmerksamkeit auf das angeblich schwierige Kind" (Voß 2000, 5). Gänzlich neue Wege müssten deshalb beschritten werden. Es komme darauf an, sich den komplexen Zusammenhängen zu stellen und bestehende Ressourcen systemisch und kooperativ zu nutzen. Voß (2000, 11) illustriert dies an einem Beispiel, das hier vollständig wiedergegeben wird.

„Klaus, acht Jahre alt, ist im Unterricht unruhig und unkonzentriert. Nach den Worten seines Lehrers ist er ‚ständig abwesend', verlässt regelmäßig nach der zweiten Stunde die Klasse und geht nach Hause. Mit der Zeit wird der Lehrer hilflos, die Eltern sind verärgert. Als ‚Schulverweigerer' etikettiert, wird Klaus dem Schulpsychologen vorgeführt. Nachdem auch dieser scheitert, verschreibt der zu Rate gezogene Kinderarzt Psychopharmaka zur Behandlung der Unruhe und ein Mittel zur Steigerung der Konzentrationsfähigkeit. Am Ende seiner ‚Karriere' hat Klaus das Glück, dass er in der Kinder- und Jugendpsychiatrie auf eine engagierte Ärztin trifft, der es gelingt, eine engere Beziehung zu ihm aufzubauen. In dieser Situation hat der Junge zum ersten Mal die Möglichkeit, sich zu öffnen. Er beginnt zu erzählen, daß er eines Abends durch die angelehnte Tür den Streit der Eltern mitangehört habe, in dem seine Mutter unter anderem androhte, die Familie zu verlassen. So hielt es Klaus verständlicherweise nicht lange im Unterricht aus. Erst nachdem er sich persönlich vergewissert hatte, ‚dass die Mutter noch da war', kam er für den Rest des Tages zur Ruhe."

Dieser Fall gilt dem Autor als exemplarischer Beleg dafür, wie die konventionelle Pädagogik versagt. Denn: „In der Mehrzahl der Fälle lässt sich eine Verlagerung der anstehenden Problemsituation aufweisen. Nicht mehr die ‚Eheprobleme' der Eltern, sondern die ‚Schulverweigerung' des Kindes bestimmt die ‚Stimmungslage' der Familie" (Voß 2000, 11).

In der Tat greift man in diesen wie in vielen anderen Fällen zu kurz, wenn ausschließlich die kindliche Symptomatik betrachtet und für handlungsrelevant gehalten wird. Dass sich ein Phänomen wie die beschriebene „Schulverweigerung" aus vielfältigen Quellen speisen kann, vermag nicht sonderlich zu überraschen. Schulische wie außerschulische Einflüsse kommen als Bedingungsfaktoren in Betracht und an der Oberfläche imponierende Erscheinungen können den Hintergrund verdunkeln, um den es eigentlich geht. Dazu mag auch gehören, dass ein Kind nicht zur Schule geht, weil es die instabil gewordenen häuslichen Verhältnisse ängstlich überwachen muss. Eine solche „Problemverlagerung" stellt ein altbekanntes Phänomen dar. Es mag im Einzelfall nicht leicht zu erkennen sein, etwa deshalb, weil die Beteiligten die wirklich bedeutsamen Zusammenhänge verschleiern. Auch das Kind trägt im konkreten Fall aktiv dazu bei: Es schämt sich offensichtlich der häuslichen Situation, mag die Quelle seiner Angst nicht offenbaren und verbirgt sie deshalb. Dass es so etwas gibt, gehört zu den alltäglichen und trivialen Erkenntnissen der pädagogischen Arbeit mit schwierigen Schülern. Auch der im Beispiel genannten engagierten Ärztin entgeht dieser Zusammenhang nicht. Allerdings kann ich beim besten Willen nicht erkennen, dass sie dadurch eine neue

Sichtweise in das pädagogische Handeln einbringt. Und ebenso wenig, wieso dazu eine gesonderte systemische Begründung notwendig sein soll.

Bereits Freud (1909) hat eine markante Problemverlagerung anhand des „kleinen Hans" beschrieben. Der kleine Hans hat, wie sein Vater berichtet, Angst vor der Straße und speziell davor, dass ein Pferd ihn beißen könnte. Diese manifeste Angst verdeckt eine andere, tiefer liegende: Die vor dem Vater, der an ihm Rache nehmen könnte, wegen seiner verbotenen, auf die Mutter gerichteten Wünsche und der unfreundlichen Gefühle, die er dem Vater gegenüber hegt. Nicht auf der Straße liegt also die wirkliche Gefahr, sondern in der Familie. Hans hat, intrapsychisch betrachtet, eine Verschiebung vorgenommen. Er wehrt einen ihm unlösbar erscheinenden Konflikt so ab, dass die Angst an einem anderen Ort erscheint. Einem Ort, der entlastend wirkt, weil er von inneren Gefahren ablenkt. Was hier bei Freud als innerer Prozess beschrieben wird, lässt sich als eine klassische Form der Problemverlagerung lesen. Auch im „systemischen" Beispiel des „schulverweigernden" Kindes liegt eine Problemverlagerung vor. Sie mag – der Text ist hier leider ungenau – stärker auf der äußeren Ebene, der des Verhaltens, angesiedelt sein. Wie auch immer: Die Geschichte des „kleinen Hans" wurde 1909 erstmalig publiziert. Sie gilt als einer der wichtigsten Beiträge zur Kinderpsychologie. Fast jede Lehrerin und jeder Lehrer kennt sie – und auch die darin enthaltene Problemverschiebung.

Das genannte Beispiel eines systemischen Zugangs stellt keinen Einzelfall dar. Auch viele andere Beispiele sind nach diesem, mit Verlaub gesagt, etwas schlichten Muster gestrickt. Und das ist so gewollt: Denn die Anerkennung komplexer Zusammenhänge „... ist gleichbedeutend mit der Entscheidung, auf langwierige, zeitraubende, individuelle oder familiengeschichtliche Analysen zu verzichten ..." (Voß 2000, 30). Stattdessen soll ein anderer Weg eingeschlagen werden. Lösungsorientiertheit ist dazu das zentrale Stichwort. Es beinhaltet, dass die vorhandenen Ressourcen ohne zeitlichen Aufschub genutzt und in Taten umgesetzt werden.

Palmowski (1996b) betont den Wert systemischer Kurztherapien und stellt den Nutzen heraus, den sie für pädagogische Beratungen haben sollen. Konventionelle Therapien und Beratungen halten sich, seiner Auffassung nach, mit einem unnötigen Blick in die Vergangenheit auf. Dadurch zementierten sie das Bisherige. Am Beispiel: Ein Klient, der „unter Kopfschmerzen unklarer Herkunft leidet", könne nach einer Beratungsstunde im Sinne Rogers eine Symptomverstärkung erfahren. Er werde durch die Frage nach der Symptomatik und Genese seines Kopfschmerzes „... in der Annahme bestärkt, dass es sich hier wirklich um ein gravierendes und komplexes Phänomen handeln muss" (Palmowski 2000, 160). Rogers verstehender Zugang wird deshalb sehr kritisch beurteilt. Er lenke den Ratsuchenden, so lässt sich der Zitatumgebung entnehmen, auf eine falsche Fährte, indem er ihn zu einer Auseinandersetzung mit sich selbst und seinem Innenleben auffordert. Systemische Kurztherapeuten hingegen sollen solche Fehler vermeiden. Sie gehen „lösungsorientiert" vor, fragen nach bereits errungenen Erfolgen, problemfreie Lebenssituationen und auch danach, wie sie sich eine Zukunft ohne Beschwerden vorstellen würden (Ludewig 1993, de Shazer 1989).

Damit beinhalten sie tatsächlich etwas Neues. Systemische Kurztherapien wenden ihre Aufmerksamkeit nicht nur von der Vergangenheit ab, sondern sie weisen auch der inneren Erlebenswelt einen untergeordneten Platz zu. Es geht nicht mehr darum zu verstehen, in welchen Schwierigkeiten ein Mensch steckt, was ihn bewegt oder was er fürchtet, welche inneren Widersprüche ihn belasten oder gar quälen.

Aus dem Seelenleben interessiert nur noch ein winziges Segment, das vor dem Kriterium schnellstmöglicher Veränderlichkeit bestehen kann. Entscheidend ist die Funktionalität. Mit der viel beschworenen Anerkennung von Komplexität hat dies wenig zu tun. Im Gegenteil: Die Komplexität psychosozialer Phänomene wird so sehr akzentuiert, man könnte auch sagen dramatisiert, dass jeder Versuch, ihr gerecht zu werden, von vornherein zum Scheitern verurteilt ist. Deshalb wird auch gar nicht erst gewagt, sich der vielschichtigen und verschlungenen inneren und äußeren Realität zu stellen. Stattdessen dominiert ein leichtfüßiger Eskapismus, der zu den gewünschten einfachen Lösungen führen soll. Im Fall des „schulphobischen" Kindes, über das soeben berichtet wurde, bleibt am Ende eine monokausale Erklärung übrig. Das Kind verweigert den Schulbesuch, weil es Angst vor einer möglichen häuslichen Katastrophe hat.

Ebenso wie bei Voß spielen auch bei Palmowski Polarisierungen eine wichtige Rolle. Auch sie halten einer näheren Betrachtung kaum stand. Auf einer solchen Polarisierung beruht die Rede von einem lösungsorientierten Vorgehen. Sie unterstellt, dass die Vertreter anderer Therapie- und Beratungskonzepte erst nach unnötigen, teils riesigen Umwegen zu einer Lösung kämen. Oder dass sie dieses Ziel überhaupt nicht erreichen, weil sie in ihren lebensgeschichtlichen Interessen gefangen seien oder sich aus Selbstzweck übermäßig der Innenwelt der Ratsuchenden hingäben. Auf der einen Seite steht demzufolge die mangelnde Bereitschaft oder auch eine Unfähigkeit, eine Problemlösung herzustellen. Am anderen Pol findet sich ein zügiges Zupacken, das endlich die Probleme zielgerichtet angeht und unnötige Nebenaspekte außer Acht lässt.

Missverstanden wird dabei unter anderem, dass der gescholtene Blick auf die Vergangenheit keinem Selbstzweck dient, ebenso wenig wie eine Aufmerksamkeit, die sich auf das innere Erleben richtet. Beide sollen nicht von einer Lösung abhalten, sondern im Gegenteil dazu dienen, dass begründete Lösungen entstehen. Rogers zentriert sich in seiner Arbeit unmittelbar auf die Affekte der Ratsuchenden. Er tut dies deshalb so intensiv, weil er davon überzeugt ist, dass innerlich stimmige Lösungen eine geklärte Gefühlswelt voraussetzen. Nur wenn ein gefühlsmäßiger Zugang zu sich selbst besteht, kann nach Rogers entschieden werden, ob der eine oder andere Weg beschritten werden soll. Auch schulische Beratungen erfordern sehr häufig eine solche innere Klärung – bei Kindern, Eltern oder auch Lehrern.

So stehen zum Beispiel viele Eltern behinderter und beeinträchtigter Kinder vor schwierigen Entscheidungen, die sie emotional stark fordern. Soll etwa ein körperbehindertes Kind zum wiederholten Mal operiert werden, wenn ein daraus resultierender Gewinn zwar möglich, aber nicht sonderlich wahrscheinlich ist? Ist es sinnvoll, ein lernbehindertes Kind weiter integriert zu beschulen, wenn es dort besser lernt, sich aber als Außenseiter erlebt und darunter leidet. Sollen massiv psychosozial beeinträchtigte Jugendliche in ihrem bisherigen Umfeld bleiben oder an einen anderen Ort gebracht werden? Auch die Eltern schwer hörgeschädigter Kinder müssen eine schwierige innere Entscheidung treffen: Sollen sie den Weg der frühen Hörerziehung oder einen bilingualen Entwicklungsweg gehen? Sachliche Informationen sind dazu notwendig und können hilfreich sein. Die notwendige affektive Positionierung vermögen sie jedoch nicht zu ersetzen. So müssen die Eltern schwer hörgeschädigter Kinder bereits früh große Unsicherheiten in Kauf nehmen. Der bilinguale Weg kann ihr Kind im ungünstigsten Fall von der „Welt der Hörenden" fernhalten, damit auch von den Eltern selbst, und in eine isolierte gebärdensprachliche Welt führen. Die frühe Hörerziehung mag die akustische Wahrnehmung und die lautsprachliche Kompetenz verbessern. Der dafür zu zahlende Preis ist dann jedoch hoch, wenn frühe emotionale und kognitive Entwicklungsprozesse unnötig eingeschränkt werden. Die Eltern müssen sich also für den einen oder anderen Weg entscheiden. Dazu bedarf es neben fachlichem Wissen der inneren Besinnung und eines gewissen Maßes an Zeit. Anders können weder die eigenen Affekte ergründet noch bisherige Wertmaßstäbe überprüft werden. Die Problematik, vor der die beispielhaft genannten Eltern stehen, berührt sie existenziell. Ein Artefakt einer problemverstärkenden Beratung dürfte sie wohl kaum sein. Und auch nicht das Produkt einer unzweckmäßigen Selbstkonstruktion oder einer systemischen Unstimmigkeit, die sich fast automatenhaft und in rasanter Geschwindigkeit lösen ließe. Mit einer Lösungsorientiertheit, die dem inneren Erleben keinen Raum lässt, wird hier kaum etwas zu gewinnen sein.

Als fragwürdig erweist es sich auch, wenn Palmowski wie auch andere systemische und konstruktivistische Autoren jegliche Art von Vergangenheitsbetrachtung polarisierend verwerfen. Eine Vergangenheitsfixierung wird insbesondere der Psychoanalyse vorgehalten, als extremer Widerpart eines zügigen lösungsorientierten Vorgehens. Doch auch diese Polarisierung trägt nicht weit, so werbewirksam sie auch sein mag.

Psychoanalytisch orientierte Pädagogen oder Berater interessieren sich aus gutem Grund für lebensgeschichtliche Zusammenhänge. Allerdings nicht um ihrer selbst willen und auch nicht, weil sie im Vergangenen einfache Ursachen vermuten oder schlichte Lösungswege suchen. Ihr Interesse ist sehr wohl zielgerichtet und an möglichen Veränderungen orientiert. Sie möchten herausfinden, was Eltern, Kinder oder Lehrer daran hindert, sich gegenwärtig so zu verhalten, wie sie es selbst wollen oder wie es vernünftig wäre. In der Sprache der Psychoanalyse: Es geht um lebensgeschichtlich angehäufte, verinnerlichte Beziehungserfahrungen, so genannte Selbst- und Objektrepräsentanzen, um die Entwicklung der Ich-Funktionen und der Moralentwicklung. Sie sind deshalb so bedeutsam, weil sich gegenwärtige Verstrickungen häufig erst auf der Folie der Vergangenheit verstehen, erklären und verändern lassen. Die Aufmerksamkeit gilt also nicht der Vergangenheit an sich, sondern der Frage, wie sie das aktuelle Erleben und Verhalten mitbestimmt und Veränderungsmöglichkeiten blockiert. Es sei hier nur an die schwierige Bewältigung eines sexuellen Missbrauchs oder früher Traumatisierungen bei psychosozial schwer beeinträchtigten Kindern und Jugendlichen erinnert. Aber auch viele leichtere Verhaltensauffälligkeiten basieren darauf, dass sich Schülerinnen und Schüler mit einer ungeklärten Last der Vergangenheit herumschleppen. Oft wissen sie ganz genau, wie sie sich angemessen verhalten könnten. Dennoch gelingt es ihnen aus inneren Gründen nicht, sich zu ändern. Ihre erfolglosen Veränderungsversuche ziehen sich oft über viele Monate, wenn nicht Jahre hin.

Es gibt keine systematischen Gründe für die Annahme, dass die Beschäftigung mit dem Vergangenen die Auseinandersetzung mit dem Gegenwärtigen verhindern muss. Sie verstellt weder den Blick auf Problemlösungen noch wird zwingend notwendigen Entscheidungen ausgewichen. Zu beharren ist allerdings darauf, dass Lösungen eines gewissen Grundes bedürfen. Viele Beiträge einer „Psychoanalytischen Pädagogik" setzen sich mit unmittelbaren Entscheidungssituationen auseinander. Häufig beziehen sie sich auf die Frage, wie in akuten Krisensituationen gehandelt werden kann. Redls (1971) „Life-space-Interview" ist ein prominentes

Beispiel dafür. Ich-psychologische Arbeiten setzten an pädagogischen Alltagssituationen an, wie sich bereits Anna Freuds Buch über die Abwehrmechanismen entnehmen lässt. Eine extreme Zeitverknappung, wie systemische Kurztherapien und Beratungen, können und wollen sie jedoch nicht bieten. Denn die angestrebte Lösungsorientierung setzt voraus, dass das innere Erleben vernachlässigt, lebensgeschichtliche Zusammenhänge in ihrer Bedeutung übersehen und intensive persönliche Beziehungen vermieden werden.

Die Nutzung bestehender Ressourcen gilt im Rahmen eines lösungsorientierten Vorgehens als wichtigste Aufgabe. Auch dazu sei ein Beispiel angeführt. Voß (2000) berichtet in einer Fallvignette („Peter") über einen unehelich geborenen Jungen, der seinen leiblichen Vater nie kennen gelernt hat. Nach der Heirat der Mutter, es ist ihre zweite Ehe, wird ein Halbbruder geboren. Seitdem gelingt es Peter noch weniger als früher, Aufmerksamkeit und Zuneigung des Stiefvaters zu erlangen. Peter wird vom Stiefvater geschlagen. Er steht am Rande der Familie und die Beziehung der Eltern verschlechtert sich zusehends. Auch schulisch gerät Peter in eine Außenseiterposition: Die Mitschüler hänseln ihn und er hat niemanden, an den er sich anschließen kann. In der Folge wird er immer aggressiver. Dissoziale Verhaltensweisen nehmen zu. Schließlich verkriecht sich Peter immer mehr. Er ist fast nur noch zu Hause, nimmt kaum noch soziale Kontakte auf. Die Mutter bleibt als einzige Bezugsperson übrig. Aber auch sie ist aus verschiedenen Gründen erheblich belastet.

Als wichtigste personale Ressource wird die Mutter angesehen und neben ihr eine Lehrerin. Hinzu kommen verschiedene im Stadtteil angesiedelte Förderressourcen wie Beratungsstellen, Sportvereine oder Bildungsstätten. Folgende Lösung erweist sich, so Voß (2000, 32), als erfolgreich: „Über einen Kontakt zum Mütterzentrum hat Peters Mutter die Möglichkeit zu sporadischen Gesprächskontakten, die ihr eine psychische Entlastung bringen. Zugleich kann sie dort vormittags ihre beiden Kleinsten für ein paar Stunden abgeben. Die Entlastung der Mutter durch das Mütterzentrum wirkt sich positiv auf das familiäre Leben aus, sodass Peter sich weniger für die psychische Stabilität der Mutter verantwortlich fühlen muss. Eine weitere Distanz zu den familiären Spannungen erhält Peter durch die regelmäßige Hausaufgabenhilfe im Jugendzentrum, die zugleich Spielmöglichkeiten anbietet. Sie ermöglicht ihm den Kontakt zu Gleichaltrigen, die nicht an die Schule gebunden sind, die ihn unabhängiger machen und weniger den Vater vermissen lassen sowie einen gewissen Ausgleich zu dem Verlust herstellen. Hier hat Peter die Möglichkeit, Lerndefizite abzubauen und seine unterdrückten Aggressionen auszuleben. Die Initiierung von regelmäßigen, begleiteten Gesprächen zwischen Peter, seiner Mutter und der Lehrerin sind wesentliche Bestandteile des lösungs- und ressourcenorientierten Förderkonzeptes."

Das klingt vernünftig. Die Mutter erfährt für sich eine Entlastung, sowohl emotional als auch bei der Betreuung der beiden anderen Kinder. Peter wird bei den Hausaufgaben unterstützt. Er erhält zudem im Jugendzentrum einen neuen Lebensraum, der ihn von Mutter und Stiefvater unabhängiger machen soll. Aber was ist das Besondere an dieser Lösung? Worin liegt ihre systemische Spezifik? Doch wohl kaum in der Einsicht, dass die Mutter und ihre Kinder auf eine äußere Hilfe angewiesen sind. Und auch nicht darin, dass Peter eines eigenen, konfliktentlastenden Lebensfeldes bedarf. Veränderungen werden dort vorgenommen, wo sich die entsprechenden inneren und äußeren Voraussetzungen dafür finden. Wie sollte es auch anders sein. Es liegt auf der Hand, so oder ähnlich zu handeln, wie beschrieben wurde. Dazu bedarf es keiner speziellen systemischen Begründung. Auf die Frage, worin in diesem Beispiel das innovative und spezifisch Systemische liegen soll, weiß ich keine Antwort.

Eine ähnliche Ratlosigkeit stellt sich bei der Lektüre einschlägiger Texte systemischer und konstruktivistischer Autoren immer wieder ein. Sei es, dass Huschke-Rhein (1998) die Erziehung von einer reinen Fremdsteuerung befreien will oder seelische Kranke systemisch-konstruktivistisch vor Etikettierung und Aussonderung schützen möchte. So, als hätte es in den letzen Jahrzehnten keine Bildungsreformen gegeben, die genau dieses zum Ziel hatten. Und auch keine Sozialpsychiatriebewegung, die sich bereits seit langem und durchaus erfolgreich für die gesellschaftliche Integration seelisch kranker Menschen einsetzt. Sei es, dass derselbe Autor zum Schutz der Schüler vor autoritären Lehrern aufruft, die nicht in der Lage seien, über sich selbst zu reflektieren. So, als wäre die Selbstreflexion von Pädagogen nicht längst zu einem zentralen Thema im Erziehungsgeschehen geworden. Teilweise hat sie sogar eine solche Dominanz angenommen, dass Erziehungsaufgaben darüber in Vergessenheit geraten sind.

Die ausgeführten Beispiele stehen für viele andere. Sie könnten beliebig erweitert werden. Gemessen an dem hohen, selbst formulierten Anspruch, fallen sie recht kläglich aus. Häufig leben sie von polarisierenden Abgrenzungen, die sich an längst vergangenen Zeiten orientieren. Eine nähere Betrachtung zeigt, dass nicht selten auf Handlungsstrategien zurückgegriffen wird, die sich von einer konventionellen, seit langem realisierten Praxis kaum unterscheiden. Das zuerst ausgeführte Beispiel eines „schulphobischen" Kindes belegt dies ebenso wie der zuletzt genannte Fall „Peter". Oder es werden wirkliche Neuerungen eingeführt, wie in den lösungsorientierten Beiträgen, die in ihrer (vermeintlichen) Wirksamkeit und ihrem Reduktionismus allzu leicht zu durchschauen sind.

4.6 Eine wirkliche wissenschaftliche Neuerung?

Auf der Ebene der Theoriebildung finden sich inzwischen eine ganze Reihe von Arbeiten, die die Grundlagen der Systemtheorie und vor allem des Radikalen Konstruktivismus kritisch beleuchten. Ich beschränke mich hier auf einige wenige Hinweise.

Watzlawicks Kommunikationstheorie genießt in verschiedenen Wissenschaften eine erhebliche Popularität. Auch in der Pädagogik wird sie hoch geschätzt. Ein Grund dafür besteht darin, dass die beschriebenen Kommunikationsregeln unmittelbar eingängig sind und leicht nachvollziehbar erscheinen. Doch die leichte Zugänglichkeit repräsentiert nur eine Seite der Medaille. Darüber hinaus imponiert der interdisziplinäre Zugang, der den theoretischen Hintergrund kennzeichnet. Es erfolgt ein weiträumiger Rückgriff beispielsweise auf kybernetische, philosophische oder sprachwissenschaftliche Erkenntnisse, in so hoher Komplexität, dass das Theoriegebäude besonders anspruchsvoll wirkt. Das sichert der Kommunikationstheorie einen besonderen Status. Er wird mitunter für so gewichtig gehalten, dass von einer „kopernikanischen Revolution" in den Verhaltenswissenschaften die Rede ist. In dieser Mischung mag das besondere Faszinosum der Arbeiten Watzlawicks und seiner Mitarbeiter liegen, ebenso wie bei anderen systemischen und konstruktivistischen Autoren auch. Man kann die (kommunikative) Welt leicht verstehen und zugleich sicher sein, dass diese Erkenntnisse auf wissenschaftlich anspruchsvollen, hoch komplexen Grundlagen beruhen.

Die wissenschaftstheoretischen und philosophischen Grundlagen werden allerdings, wie Ziegler (1977) ausführt, viel zu selbstverständlich, mitunter fast gläubig hingenommen. Kritische Analysen, für die es zwingende Gründe gibt, seien deshalb selten. Ziegler meldet eine ganze Reihe von Bedenken an, die sich auch gegen die scheinbar evidenten Grundlagen der Kommunikationstheorie richten. Er spricht von „erstaunlichen Mystifikationen" und „schwerwiegenden ideologischen Vorentscheidungen" und wundert sich darüber, dass diese Mängel nicht früher entdeckt wurden. Die von Girgensohn-Marchand (1996) und Meister (1987) formulierten Einwände gehen in die gleiche Richtung. Auch Meister (1987, 188) ist auf „eine Vielzahl von schlecht definierten Begriffen, von Widersprüchen und Inkonsistenzen gestoßen, die sich zum großen Teil schon bei den ersten Denkansätzen und Konzeptualisierungsversuchen finden ließen, und die von späteren Autoren als unnützer und hinderlicher Ballast mitgeschleppt worden sind". Zwar gäbe es durchaus bewahrenswerte Erkenntnisse der Kommunikationstheorie, jedoch müssten ihre Grenzen deutlich gesehen werden. Ebenso nimmt sich Girgensohn-Marchand zentraler Grundbegriffe an, die Watzlawicks Kommunikationstheorie auszeichnen. Am Ende ihrer Analyse steht die streitbare These, dass „von Watzlawicks gewaltigem Gebäude nicht viel übrig [bleibt]. Die begrifflichen Grundlagen [seien] ungenau, falsch oder trivial" (Girgensohn-Marchand 1996, 83). Entsprechend kritisch werden die praktischen Anwendungen gesehen, auch im Hinblick auf die radikal konstruktivistische Orientierung, die Watzlawicks Überlegungen zunehmend bestimmen.

Dettmann (1999) setzt sich detailliert mit dem Radikalen Konstruktivismus als erkenntnistheoretischer Methode auseinander. Das Resultat seiner Überlegungen fällt ernüchternd aus. Die philosophische Umsetzung ursprünglich naturwissenschaftlicher Einsichten gilt als weitgehend misslungen. Entstanden sei eine philosophisch anspruchslose Theorie, die auf fehlerhaften Analysen beruht und sich durch eine Fülle begrifflicher Unklarheiten und Widersprüche auszeichnet. Zudem wird darauf verwiesen, dass die vorliegenden biologischen Erkenntnisse mit dem Theorieentwurf nur schwerlich in Einklang zu bringen sind.

Zu einer ähnlich kritischen Bewertung kommt Meinefeld (1995, 110 f): „Zusammenfassend ist festzustellen, dass die Erkenntnistheorie des Radikalen Konstruktivismus kein ausreichendes Modell für die Erklärung des menschlichen Erkenntnisprozesses darstellt. Ein wesentlicher Aspekt dieses Prozesses: die Genese von Bedeutungen wird nicht zufriedenstellend erklärt, und in seiner programmatischen Beschränkung auf die Analyse der Strukturen des erkennenden Systems werden alle realistisch erscheinenden Anklänge systematisch ausgeschieden. Damit aber wird auch der Weg zu einem Verständnis der Wechselwirkung zwischen den Strukturen des Gehirns und den Strukturen der Welt – die sowohl materieller als auch sozialer Natur sind – im Erkenntnisprozess verstellt. Wenn auch der grundlegend konstruktive Charakter des Erkennens nicht in Frage zu stellen ist, so sind doch die überschießenden erkenntnistheoretischen Schlussfolgerungen des Radikalen Konstruktivismus zurückzuweisen."

Die radikalkonstruktivistischen Theorien sind auch aus psychologischer Sicht hinterfragt worden. Als wichtiger Meilenstein kann die viel beachtete Arbeit Nüses

(1995) gelten. Ihr Titel lautet bezeichnenderweise: „Über die Erfindung/en des Radikalen Konstruktivismus". Die Radikal konstruktivistische Theorie lässt sich nicht, wie behauptet, hinreichend durch die angeführten wahrnehmungspsychologischen und -physiologischen Befunde stützen. Auch seien ihre theoretischen Grundlagen „derart abstrakt bzw. generell, dass aus ihnen nichts bezüglich konkreter, psychologisch relevanter Fragestellungen aus dem Bereich der Wahrnehmung oder des Lernens gefolgert werden kann" (Nüse 1995, 333). Weiterhin werden die meta- und erkenntnistheoretischen Neuerungen, die der Radikale Konstruktivismus für sich beansprucht, ausführlich analysiert. Sie erweisen sich in vielfacher Weise als brüchig und gehen nicht über das hinaus, was traditionellerweise in den Sozialwissenschaften diskutiert wird. Als ernüchterndes Fazit steht am Ende, dass „radikal-konstruktivistische Thesen und darauf gegründete Ansprüche bezüglich einer Neuorientierung der sozial- und kulturwissenschaftlichen Forschung als unbegründet gelten müssen" (Nüse 1995, 329).

Diese Hinweise mögen genügen. Sie enthalten eine Auflistung kritischer Stimmen, die sich auf den problematischen Kern der Systemtheorie bzw. des Radikalen Konstruktivismus konzentrieren. Insofern sind sie einseitig. Und sie müssen es auch bleiben, da hier keine systematisch angelegte, grundlegende Auseinandersetzung mit dem systemisch-konstruktivistischen Denken geführt werden kann. Die Darstellung verfolgt nicht das Ziel, unliebsame systemisch-konstruktivistische Sichtweisen pauschal zu entwerten. Systemische Sichtweisen können den Blick auf ein soziales Bedingungsgefüge schärfen. Der Radikale Konstruktivismus erinnert daran, wie sehr Umwelterfahrungen durch das Subjekt gebrochen und höchst individuell verarbeitet werden. Gleichwohl soll Widerspruch angemeldet werden: gegen eine fast hoffnungslose Selbstüberschätzung und den Anspruch, neben der Theoriebildung auch die therapeutische und pädagogische Praxis zu revolutionieren. Die beschriebenen systemisch-konstruktivistischen Theorien sind in ihren Grundlagen und Perspektiven durchaus umstritten, ihre Schwächen unübersehbar, auch im pädagogischen Kontext (Diesbergen 1998). Einige der kritischen Stellungnahmen fallen, wie ausgeführt, recht kräftig aus. Sie stellen den Wert systemisch-konstruktivistischer Theorie und Praxis grundsätzlich zur Disposition.

4.7 Der Rückzug aus der Erziehungsverantwortung als gefeierter Fortschritt

Besonders wichtig für den vorliegenden Zusammenhang ist eine weitere Frage, die nach der Popularität, die eine systemisch-konstruktivistische Praxis gegenwärtig in Pädagogik und Rehabilitationspädagogik genießt. Genauer formuliert: Wieso erfahren Handlungskonzepte eine so große Akzeptanz, die sich bereits bei oberflächlicher Betrachtung als ziemlich trivial erweisen? Wie erklärt sich die Begeisterung für ein strategisches Vorgehen, das bei einer genaueren Analyse um so dürftiger ausfällt?

Es muss also etwas wirklich faszinierendes geben, das Lehrerinnen und Lehrer, Erzieherinnen und Erzieher anzieht. Dafür gibt es in der Tat einige Gründe. Zunächst einmal verspricht der systemisch-konstruktivistische Ansatz einen Aufbruch in neue pädagogische Welten. Ein Teil der Faszination, die er auslöst, dürfte in diesem Versprechen liegen. Neben vielen alten sind einige neue Belastungen für die Erziehenden hinzugekommen. Erziehungsprozesse sind schwieriger geworden, oder sie werden zumindest so erlebt. Verhaltensauffälligkeiten und -störungen nehmen nach weit verbreiteter Meinung zu. Disziplinschwierigkeiten werden ebenso beklagt wie eine geringe Konzentrationsfähigkeit und eine schwankende Leistungsmotivation bei vielen Kindern und Jugendlichen. Vor allem scheinen zunehmend weniger Heranwachsende aus einem gesicherten häuslichen Hintergrund zu stammen. Erziehungsleistungen, die früher zu Hause erbracht wurden, sollen nun im Kindergarten oder in der Schule nachgeholt werden. Die besondere Entwicklungsproblematik vieler Kinder nicht-deutscher Herkunft, vor allem ihre sprachlichen Schwierigkeiten, kommen hinzu. Insofern ist es nur verständlich, wenn Auswege aus den ungelösten Problemen gesucht und neue Lösungen ersehnt werden.

Was der systemisch-konstruktivistische Zugang bietet, lässt sich aus einer kritischen Distanz heraus leicht beschreiben. In erster Linie geht es um Erleichterungen für die Erziehenden, die darauf beruhen, dass ein partieller Rückzug aus der Erziehung nicht nur erlaubt, sondern ausdrücklich gefordert wird. Die Erziehungsverantwortung nimmt ab, mitunter wird sie sogar ganz aufgehoben. Trotz einiger anderslautender Bekundungen rüttelt die systemisch-konstruktivistische Pädagogik an den Grundfesten des Erziehungsbegriffs. Und das nicht nur in seiner konservativen Form. Bestehende Erziehungsaufgaben geraten dadurch immer mehr in den Hintergrund. Vergessen wird, was Erziehung bedeutet und was sie bewirken kann. Der Rückzug aus dem Erziehungsgeschehen, üblicherweise mit Sorge betrachtet, mutiert hier zu einem gefeierten Fortschritt.

Am deutlichsten ist diese Erziehungsvergessenheit im Autopoiesis-Konzept angelegt. An die Stelle konflikthafter Beziehungen wird ein Bild eines fast autarken Heranwachsenden gesetzt. Das Kind konstruiert und nährt sich autopoietisch. Es ist für seine Entwicklung weitestgehend selbst verantwortlich, folgt eigenen Gesetzen und lässt sich nur in Randzonen beeinflussen. Mitunter schon fast beschwörend wird hervorgehoben, dass einem so ausgestatteten Kind wenig passieren kann. Zukunftsbilder und Weltdeutungen der Erwachsenen erweisen sich deshalb als weitgehend irrelevant. Ihre wohl gemeinten Ratschläge treten allenfalls als Epiphänomene des kindlichen Selbstfindungsprozesses in Erscheinung. Der Triumph des Kindes über die entlarvte Macht der Erziehenden ist zugleich auch ein Triumph der Elterngeneration selbst über einen Erziehungsauftrag, der ihnen als überholt erscheint. Die Erziehenden können sich deshalb zurückziehen, Angebote formulieren oder Entwicklungswege bahnen, für deren Verlauf sie nicht mehr wirklich verantwortlich sind.

Die Faszination des systemisch-konstruktivistischen Beitrags lässt sich also zugespitzt so konkretisieren: Sie resultiert aus dem Versprechen, die Erziehenden von schwierigen Erziehungsaufgaben zu befreien, von Selbstzweifeln ebenso wie von kritischen Gewissensstimmen. Irritationen im Erziehungsgeschehen gelten als unnötiges Beiwerk, von dem man sich ohne Bedenken lösen kann. Auch schwierige Aufgaben ermöglichen einfache und schnelle Lösungen, die weitgehend problemlos zur Verfügung stehen, wenn man den systemisch-konstruktivistischen Lehren folgt. Für Selbstzweifel ist dann nur noch wenig Platz. Innere Verstrickungen von Erziehenden und Beratern spielen dementsprechend in den dargestellten Fallbeispielen keine wesentliche Rolle. Die Schuldproblematik, ein Grundproblem des

Erziehens, gilt als ein Relikt alter Zeiten, das nun endlich überwunden werden kann.

Für Paramo-Ortega (1985) stellt der Umgang mit Schuldgefühlen eines der schwierigsten Probleme dar, das mit dem menschlichen Zusammenleben untrennbar verbunden ist. Dies gilt natürlich auch für die Erziehung der nachwachsenden Generation. Die Anpassung an kulturelle Notwendigkeiten kann, wie leicht einsichtig ist, nicht ohne Widerstand erfolgen. Wünsche und Bedürfnisse beider Seiten, von Erziehenden wie Heranwachsenden, sind nicht durchgängig zur Deckung zu bringen, zum Teil massiv kontrovers und auch von heftigen aggressiven Wünschen begleitet. Schuld und Wiedergutmachung werden deshalb zu einem grundlegenden pädagogischen Thema. Die in den letzten Jahren so heftig geführte Diskussion um Grenzsetzungen belegt dies nachdrücklich.

Aus systemisch-konstruktivistischer Sicht ist davon nicht die Rede. Hier werden leichte, die Schuldfrage vermeidende Lösungen angeboten. Passgenau zu der eingeschränkten Bedeutung von Erziehung und der reduzierten Verantwortung der Erwachsenengeneration. Wesentlich trägt dazu auch die Relativierung aller Werte bei, die dem radikal konstruktivistischen Entwurf immanent ist. Dettmann (1999, 9 f) führt im Einzelnen aus: „Allerdings entschlägt sich der Radikale Konstruktivismus dadurch der Möglichkeit einer rationalen Argumentation, dass er den *Relativismus* zum Ausgangspunkt seiner Überlegungen nimmt. In einer relativistischen Welt erscheint es willkürlich, welche Überzeugung zur Geltung gelangt: die einen glauben dies, die anderen das, und was sich durchsetzt, hängt von Zufällen, von größerem rhetorischem Geschick oder von physischer Gewalt ab. Wo man hinnehmen muss, dass für den einen gilt: „Liebe deinen Nächsten wie dich selbst", für den anderen aber: „Schlage deinen Nächsten tot, wenn er dir zur Last fällt", hat das radikal-konstruktivistische Plädoyer für eine humanere Welt keinen Platz mehr. „Wenn sich ... das Denken nicht mehr im Element der Wahrheit, der Geltungsansprüche überhaupt bewegen kann, verlieren Widerspruch und Kritik ihren Sinn."

Für Watzlawick (1997) hingegen besteht ein entscheidender Fortschritt in der Aufgabe des Wahrheitsbegriffs. Böswillige Zuschreibungen und Verurteilungen entstünden dadurch, dass andere unter das Fallbeil von Wahrheitsvorstellungen gerieten, die für unumstößlich gehalten werden. Nur vor diesem Hintergrund könne es zu Verurteilungen kommen. Wo es kein „richtig" oder „falsch" mehr gibt, sondern nur noch Passungsprobleme, sei ein würdevoller Umgang miteinander absehbar. Entwertungen anderer, Demütigungen und Ausgrenzungen hätten dann weder Grund noch Platz. Dies ist nicht ein einfaches Plädoyer für mehr Toleranz, es ist vielmehr die Aufforderung, sich einer neuen Weltanschauung anzuschließen, die Schuld erzeugende Aggressionen per kognitiver Neuinstruktion verhindern will. Mit anderen Worten: Wer sich die systemisch-konstruktivistische Weltanschauung zu eigen macht, ist nach höchstrichterlichem Bescheid vor Schuldgefühlen gefeit. Ein wahrhaft verführerischer Gedanke!

Vor Angriffen und Anschuldigungen sind andere, die sich außerhalb dieses Systems bewegen, jedoch nicht geschützt. Ein beträchtlicher Teil der einschlägigen Texte enthält, direkt ausgesprochen oder versteckt angemerkt, durchaus heftige Vorwürfe. Sie richten sich vor allem gegen uneinsichtige Pädagogen und Berater, die sich weigern, dem dort vorgeschlagenen Weg zu folgen. Unverständlicherweise hielten sie an alten Erziehungsvorstellungen fest. Ihre Arbeit sei durch eine mangelnde Lösungsorientierung gekennzeichnet, die Kinder und Jugendlichen würden in ihren Selbstentfaltungswünschen verkannt, verletzt und teils auch diskriminiert. Es scheint, als müsse die Schuld draußen untergebracht werden, in einer Welt voller Missverständnisse und fehlerhafter Verstrickungen – zur Rettung der eigenen Unschuld und zur Reinhaltung der eigenen Ideale.

Ein weiteres schuldentlastendes Moment tritt hinzu. Aus lösungsorientierter Sicht verfügen die Betroffenen über alle notwendigen Ressourcen. Eine Lösung ist latent in ihnen selbst vorhanden. Es liegt entscheidend in ihrer Hand und nirgendwo sonst, ob sie diese Ressourcen nutzen und Lösungen finden. Berater und Pädagogen können ihnen wenig geben und auch nicht viel vorenthalten. Die Beziehungen zwischen Ratsuchendem und Berater, Lehrer und Schüler sind in der Folge ausgedünnt, für Persönliches ist wenig Raum. Versagen und Schuld lassen sich aus der Erziehung streichen. Zumindest wird das denjenigen versprochen, die sich korrekt systemisch-konstruktivistisch verhalten.

Eine gravierende Zuspitzung erfährt die Schuldverleugnung in der These, dass es keine Opfer geben könne. Ohne Unterwerfung sei Machtausübung nicht vorstellbar, so oder ähnlich lauten die einschlägigen Begründungen. Das Opfer scheint, dieser Auffassung zufolge, die gleichen Möglichkeiten zu haben wie der Täter. „Aus systemischer Sicht muss man notwendigerweise allen Mitgliedern eines Systems gleiche Chancen der Beeinflussung und des Beeinflusstwerdens einräumen. Aus konstruktivistischer Sicht kann es keine Macht geben, weil nur die Strukturdeterminiertheit des Subjekts darüber entscheidet, wie Einflüsse von außen wirken. In beiden Modellen muss es immer den Mittäter geben, auch wenn dieser gar keine Chance hat, sich dem Gewaltverhältnis zu entziehen. So kann sich diese Denkungsart als unfair, inakzeptabel oder sogar inhuman erweisen" (Girgensohn-Marchand 1996, 99). Es mag sein, dass sich die hier kritisierten Autoren missverstanden fühlen, weil sie Gewaltverhältnisse nicht legitimieren und stabilisieren wollen. Dennoch müssen sie sich kritische Fragen gefallen lassen. Den Rückzug aus der Verantwortung haben sie allemal eingeläutet und die Tür zu einer Erziehungsvergessenheit weit aufgesperrt.

Zu der versprochenen Erleichterung, wenn nicht gar Befreiung von Selbstzweifeln und Schuldgefühlen der Erziehenden gehört noch ein weiteres wichtiges Element. Es ist eine starke, weitgehend unreflektiert bleibende Idealisierung, die dem systemisch-konstruktivistischen Projekt anhaftet. Sie bezieht sich zum einen auf die kindliche Kraft zur Selbstentfaltung, ihre Unabhängigkeit und geringe Angewiesenheit auf andere. Weiterhin auf das Ziel und den Weg, der nunmehr eingeschlagen werden soll. Angeboten wird eine Befreiung aus alten Denkzwängen, der Beginn eines neuen pädagogischen Zeitalters, das der Emanzipation von Kindern, Jugendlichen und Erwachsenen gleichermaßen dient. Diese Idealisierung setzt sich in den praktischen Handlungsstrategien fort. Beeindruckende Veränderungen erscheinen nunmehr bei geringem Einsatz möglich, mit der entscheidenden Zusicherung, dass Veränderungen schnell, weitgehend problemlos und vor allem schmerzlos erfolgen.

Das ist der Kern des lösungsorientierten Vorgehens. Getan wird das, was als nützlich erscheint und unmittelbaren Erfolg verspricht. Probleme, die Zeit erfordern, gelten als lästig. Man darf sie ungestraft an den Rand stellen, vergessen, dass sie existieren. Funktionalität rangiert an erster Stelle. Dem entspricht das dazugehörige Handwerkszeug. Es besteht aus klar strukturierten Kommunikationsregeln und Handlungsanweisungen, die in einem Feld angesiedelt sind, das weder innere Konflikte noch persönliche Verstrickungen kennt. Technologisches Handeln ist angesagt, mit überschaubaren Handlungsschritten und leicht überprüfbaren Resultaten. Der Pädagoge – als Person weitgehend unbeteiligt – gibt von außen Anstöße. Allein dadurch soll er äußerst erfolgreich sein.

Einen besseren Schutz vor Selbstwertkränkungen und Versagensgefühlen, vor schmerzhaften Erfahrungen und unbequemen Einsichten kann man sich kaum vorstellen. Zwischen den eigenen Möglichkeiten und dem Ideal, das angestrebt wird, scheint keine Diskrepanz zu existieren. Was erreicht werden soll, ist auch möglich – ohne große Probleme und innere Belastungen. Wunsch und Wirklichkeit liegen nahe beieinander. Die Regie führen nahezu omnipotente Berater und Pädagogen, für die eine komplizierte und widersprüchliche menschliche Entwicklungslogik kein wirkliches Thema mehr ist. Über den Verdacht persönlichen Versagens und persönlicher Schwäche sind sie erhaben.

Die dazugehörigen Zutaten sind einfach: Komplexe Zusammenhänge werden sorglos reduziert, begleitet von der ständig wiederholenden Vergewisserung, die Dinge mögen so einfach sein, wie man sie sich wünscht. Schwierige pädagogische Fragestellungen mutieren zu einfachen Aufgaben, unter anderem dadurch, dass die Innenwelt aller Beteiligten ausgeblendet wird. Lebensgeschichtliche Zusammenhänge nehmen keinen bedeutenden Stellenwert ein. Eine teils extreme Zeitverknappung, am deutlichsten in den systemischen (Kurz)Therapien, erscheint als hoher Wert. Generationale Differenzierungen gelten als eine weitgehend zu vernachlässigende Größe. Eine scharfe Trennung zwischen Kindheit und Erwachsenenalter sei nicht mehr zeitgemäß. Die Grenzen zwischen Gesundheit und Krankheit, Normalität und Abweichung verschwinden, sie werden interessengeleitet zur eigenen Entlastung nivelliert.

Systemisch-konstruktivistische Theorie und Praxis stehen, im Hinblick auf die psychische Entlastungsfunktion, die sie ausüben, in einem besonderen Verhältnis. In einem fast klassischen Sinne kann von einer Kompromissbildung ausgegangen werden. In der praktischen Arbeit dominieren die beschriebenen, einfach gehaltenen Handlungskonzepte. Zugleich wird ein hohes Ideal aufrechterhalten: Man sei einem gänzlich neuen Entwurf verpflichtet, der sich einem komplexen Bedingungsgefüge stelle und das alte monokausale Denken überwinde. Dazu gehört der systemisch-konstruktivistische Anspruch, wissenschaftlich eine hochrangige Position einzunehmen. Die vielfältigen Theoriebezüge, eine anspruchsvolle bis komplizierte, mitunter hermetische Sprache legen davon Zeugnis ab. Sie imponiert durch Besonderheit. Hier scheint etwas bedeutungsvoll Neues entstanden zu sein. Wer systemisch denkt und handelt, kann sich darauf berufen und ist zugleich davor geschützt, sich dem Vorwurf der Trivialität auszusetzen. Dabei stört es vergleichsweise wenig, dass sich diese Texte häufig als sehr sperrig, mitunter kaum zugänglich erweisen.

5 Kundenorientierung:
Erziehung als Dienstleistung

5.1 Kundenorientierung in der sozialen Arbeit

Die Markt- und Kundenorientierung ist zu einem zentralen Schlagwort geworden, das über Wirtschaftsunternehmen hinaus zunehmend das Handeln in unterschiedlichsten Institutionen bestimmt. „Gegenwärtig findet bei den öffentlichen und öffentlich zugänglichen Dienstleistungen, egal, ob es sich dabei um die Bahn oder die Post, die großen Wohlfahrtsverbände, die Arbeitsverwaltung oder sogar um die Polizei handelt, eine Umstrukturierung unter den Schlagworten von mehr ‚Markt- und Kundenorientierung' statt. Aus Verwaltungsbehörden und Eingriffsverwaltungen sollen Dienstleistungsunternehmen entstehen" (Effinger 1994, 29). Bemerkenswert bei dieser Aufzählung ist die Heterogenität derjenigen, die sich auf Marktmechanismen und Kundeninteressen einstellen sollen. Post und Bahn stehen in einer Reihe neben Wohlfahrtsverbänden und der Polizei.

Für die soziale Arbeit zieht dies auf der institutionellen, professionellen und zwischenmenschlichen Ebene erhebliche Veränderungen nach sich (Fröhlich 2003). Institutionell entsteht eine Konkurrenz zwischen Trägern sozialer Leistungen, betriebswirtschaftliche Bedingungen gewinnen an Bedeutung, pädagogische und sozialpolitische Einflussgrößen verlieren demgegenüber an Einfluss. Auf der professionellen Ebene sind zunehmend fachliche Qualifikationen und Standards gefragt, die sich anhand überprüfbarer Kriterien legitimieren können. Zwischenmenschlich tritt das Aushandeln an die Stelle hierarchischer Beziehungsstrukturen, mit mehr oder weniger verpflichtender Anweisungen, die in früheren Zeiten obrigkeitsstaatlich verfügt wurden.

Ein Aushandeln gebietet, dass zwischen den unterschiedlichen Möglichkeiten gewählt werden kann, eine „Multioptionsgesellschaft" (Gross 1994) existiert, die diverse Alternativen bereitstellt. Verbindlichen moralischen Verpflichtungen, kennzeichnend für eine gesicherte Wertewelt, ist damit der Boden entzogen. Zugleich schwindet eine moralisch begründete Parteinahme für die Betroffenen. Beide finden dort keinen Grund mehr, wo vieles gleichgültig geworden ist. Wie könnte es auch anders sein, wenn der Zuschlag zu jeder der Optionen allein aufgrund persönlicher Motive erfolgen kann. Das bedeutet: „Die Adressaten werden nun immer öfter als nachfragende Subjekte (Kunden) angesehen, sie gelten selbst als die Experten ihrer Lebensgestaltung. Die Asymmetrie der Beziehung zwischen den professionellen Akteuren und den Adressaten soll zugunsten kooperativer Beziehungen im Dienstleistungsprozess abgebaut bzw. eingeschränkt werden." Oder noch kürzer gefasst: „Zur Leitkategorie moderner sozialer Dienstleistungen wird . . . der Kunde" (Effinger 1994, 30 bzw. 38). Das Kinder- und Jugendhilfegesetz (KJHG) gilt entsprechend als ein Gesetz, das sich durch seinen Dienstleistungscharakter auszeichnet (Trenczek 1994).

Der Beginn dieser Entwicklung kann auf die frühen 80er Jahre datiert werden. Als allgemeine Bewegung in der sozialen Arbeit dürfte sie kaum mehr aufzuhalten sein. Dies gilt auch für die Jugendhilfe, über die Schwabe (1996) ausführlich berichtet. Ein einfaches Verhältnis zwischen Anbietern und Abnehmern, das ansonsten den freien Markt definiert, existiert hier jedoch nicht. Jugendämter, freie Träger, Personensorgeberechtigte sowie Kinder und Jugendliche stehen in einer komplizierten Beziehung zueinander. Sie bilden ein „dynamisches, konflikthaftes Gebilde voller Widersprüche und Ungereimtheiten", wie Schwabe (1996, 25) meint. Bereits eine oberflächliche Betrachtung zeigt, dass der Dienstleistungs- und Kundenbegriff einige Sprengkraft in sich trägt – selbst wenn man ihm wohlwollend gegenübersteht und eine weite begriffliche Ausdehnung vornimmt.

Als Dienstleister für die Jugendämter können die freien Träger gelten. Sie nehmen Aufträge der Jugendämter entgegen und suchen sie in Konkurrenz zu anderen Einrichtungen so zu erfüllen, dass sie weiter nachgefragt werden. Insofern sind sie Anbieter auf einem freien, wenngleich begrenzten Markt. Für ihr Selbstverständnis und ihre Außendarstellung ergeben sich daraus gewichtige Folgen, die positiv wie negativ eingefärbt sein können. Das Streben nach gehaltvollen, in erster Linie qualitativen Verbesserungen der Arbeit bildet den einen der beiden möglichen Pole. Der andere ist in einer werbewirksamen Popularisierung zu sehen, die fachliche Notwendigkeiten leichtfertig oder auch erzwungenermaßen aufgibt, wenn der äußere Druck zu groß wird.

Die Personensorgeberechtigten, zumeist die Eltern, befinden sich in einer anderen Situation. Sie nehmen die erbrachten Leistungen als mittelbare Auftraggeber in Empfang. Einen Kundenstatus, im Sinne des Begriffes, haben sie jedoch nur begrenzt inne. Zwar werden Leistungen für sie erbracht, über eine freie Auswahl auf dem Markt der Möglichkeiten verfügen sie jedoch nicht. Sie können allein zwischen den ihnen vom Jugendamt vorgeschlagenen Alternativen wählen oder ganz auf sie verzichten. Für die Kinder und Jugendlichen, in der Regel die eigentlichen Adressaten der (Dienst-)Leistungen, gilt das nämliche. Hinzu kommt noch ein weiteres, durchaus gravierendes Moment. Weniger als die Personensorgeberechtigten sind sie in der Lage, die Konsequenzen ihres Wahlverhaltens zu überschauen. Das mag bei einigen unterstützenden Angeboten, auf die sie ohne Schaden verzichten können, nur von geringem Belang sein. Doch damit ist nur ein Feld der Jugendhilfe benannt. Zu ihrem Auftrag gehören auch Maßnahmen in besonderen Krisen- und Grenzsituationen. Und sie zeichnen sich häufig dadurch aus, dass Kindern und Jugendlichen die innere und äußere Freiheit fehlt, um verantwortlich über sich selbst entscheiden zu können.

Der Kundengedanke hat nur solange Bestand, wie das Freiwilligkeitsprinzip trägt, die Beteiligten sich also weitgehend einig sind. Entscheidungen, die unter Druck gefällt werden, lassen sich mit dem Kundenbegriff nur schwerlich in Einklang bringen. Das gleiche gilt für ein zwangsweises Verfügen über Eltern und Kinder. Ein Sorgerechtsentzug ist ein prägnantes Beispiel dafür, ebenso wie die Unterbringung eines Jugendlichen in einer verbindlichen Einrichtung.

Bereits die bisherigen Ausführungen zeigen, dass sich der Dienstleistungs- und Kundengedanke nicht problemlos auf das breite Spektrum der Jugendhilfearbeit übertragen lässt. Was zunächst auf der äußeren Interaktionsebene skizziert wurde, setzt sich auf der Beziehungsdimension fort. Auch hier ist vorstellbar, dass Dienstleistungen angeboten und kundengemäß genutzt werden. So mag es etwa um

Freizeitangebote gehen, die Kindern und Jugendlichen mehr oder weniger attraktiv erscheinen, auf die sie gern zurückgreifen oder die sie als uninteressant ablehnen. Weiterhin kann die Unterstützung schwer körperbehinderter Kinder und Jugendlicher beispielhaft angeführt werden. Sie benötigen Hilfsmaßnahmen damit alltägliche Lebensvollzüge gelingen, die ein selbstbestimmtes Leben sichern – ohne dass sie dadurch zu abhängigen Objekten einer wohltätig gewährten Fürsorge werden müssen. Für viele andere Menschen mit Behinderungen und chronisch Kranke lassen sich mühelos entsprechende Belege finden.

Wenn es um Erziehungsfragen geht, stellt sich die Situation allerdings anders dar. Der Erziehungsbegriff ist, wie gezeigt wurde, existenziell auf die Dimension der Fremderziehung angewiesen. Als reine Selbsterziehung kann er nicht überleben, er löst sich auf oder wird bis zur Unkenntlichkeit verstümmelt. So kann nur eines gelten: Entweder wird ein Kind, mit welchen Zielen und Mitteln auch immer, erzogen oder es ist der Kunde von Dienstleistungen, die mit Erziehung nichts zu tun haben.

Ein kleines Beispiel soll an dieser Stelle zur Illustration ausreichen. Es findet sich bei Schwabe (1996, 24): „Kundenspezifische Dienstleistungen können ... auch individueller Natur sein. So fordert z. B. ein Kind durch sein Verhalten täglich immer wieder Phasen von Einzelzuwendung ...; bekommt es diese nicht, beginnt es, andere Kinder zu attackieren bzw. das Mobiliar zu zerstören etc." Der Autor interpretiert diese Szene als Ausdruck einer markwirtschaftlichen Beziehungsform. Der eine, das Kind, möchte etwas, nämlich eine intensive Form von Zuwendung. Im Versagensfall greift es zu drastischen Mitteln, um seinen Willen durchzusetzen. Der andere, der Sozialpädagoge oder Erzieher, reagiert darauf, indem er die Kundenwünsche erfüllt. Damit ist eine, nicht nur auf den ersten Blick erstaunliche Lesart dieser Szene benannt.

Eine andere Sicht folgt dem Erziehungsgedanken. Unter dem Erziehungsaspekt handelt es sich um eine alltägliche, möglicherweise schwierige Erziehungssituation. Es wäre danach zu fragen, warum das Kind eine intensive Zuwendung einfordert und weshalb ihm der Verzicht auf eine unmittelbare Bedürfnisbefriedigung so schwer fällt. Ein pädagogisch begründetes Handeln ist über die Analyse des Gegenwärtigen hinaus auf einen Zielbezug angewiesen. Nur vor diesem Hintergrund kann deutlich werden, was das Kind unmittelbar in der Beziehung braucht und welche Anforderungen ihm zuzumuten sind. Der Kundengedanke hingegen beinhaltet nichts davon. Das Kind handelt so, wie ihm zumute ist, oder es richtet sich unbeeinflusst danach, was ihm seine inneren Notwendigkeiten vorschreiben. Der Betreuer folgt dem dienstleistungsgerecht, ohne danach zu fragen, wohin sich das Kind entwickeln soll und was es zu seiner Entwicklung braucht. Das genannte Beispiel, so unbedeutend es zunächst auch erscheinen mag, verweist auf etwas Grundsätzliches. Es geht darum, ob ein Erziehungsanspruch aufrechterhalten wird oder eine kundenbezogene Erziehungsvergessenheit obsiegt.

„Im Zusammenhang mit der Kinder- und Jugendhilfe von ‚Klienten' oder ‚Kunden' zu reden, maskiert in grober Weise die Realität und hilft nicht ein einziges Problem zu lösen," davon ist Susanne Gaschke (2001, 153) überzeugt. Bereits im Kapitel über die Kinder- und Jugendkriminalität wurde auf die desaströsen Folgen verwiesen, die sich einstellen können, wenn Interventionen überwiegend oder ausschließlich Angebotscharakter aufweisen. Starke Elemente einer Kundenorientierung sind auch dort unverkennbar. Sie mischen sich, wie beschrieben, mit den

Überresten eines antiautoritären Protestes und einem überstrapazierten Prinzip der Lebensweltorientierung. Dabei dürfte es kein Zufall sein, das sich ein Bekenntnis zur Kundenorientierung nicht selten mit einem Plädoyer zum systemisch-konstruktivistischen Denken paart. Gemeinsam sorgen sie dafür, dass Beziehungen ausgedünnt und intensive emotionale Begegnungen vermieden werden. Eine konflikthafte Beziehungsbearbeitung erscheint dann als ein randständiges und zu vernachlässigendes Thema. In der Folge wählen hochgradig gefährdete Kinder und Jugendliche aus dem Warenkatalog der Jugendhilfe aus. In aller Regel orientieren sie sich dabei an ihren unmittelbaren Bedürfnissen. All das, was nicht auf ihre Zustimmung stößt, bleibt ohne Konsequenz. Die Beziehungsgestaltung, die sich daraus ergibt, ist im wahrsten Sinne des Wortes unverbindlich, ebenso beliebig wie ein anonymer Warenaustausch. Das kann, solange diese Kinder und Jugendlichen Kunden sind, auch gar nicht anders sein. Denn eines ihrer wesentlichsten Probleme besteht ja gerade darin, dass sie sich aus inneren Gründen auf erzieherisch bedeutsame Beziehungen nicht (mehr) einlassen können.

Damit sind einige Schwierigkeiten und Ungereimtheiten benannt, die auftauchen, wenn man den Dienstleistungs- und Kundengedanken unbedacht in die Jugendhilfearbeit einführt. Obgleich diese Problematik offensichtlich ist, verfügt der Dienstleistungs- und Kundengedanke über eine durchaus starke Anziehungskraft. Der Zuspruch, den er erfährt, lässt sich folgendermaßen umreißen und erläutern.

Einer der wichtigsten Gründe dürfte sein, dass zwischen den Beteiligten ein klares Beziehungsverhältnis entsteht, ein Rahmen, der vor dem Gefühl der Überforderung schützen kann. Das professionelle Aufgabegebiet wird kundengerecht begrenzt und damit festgelegt, welche Funktionen erfüllt werden müssen und wo Grenzen der Zuständigkeit existieren. Vor allem geht es um Grenzen der inneren Beteiligung, die eingehalten werden sollen. Sie werden zum einen durch die Bedürfnisse der Klienten gefährdet, ihre soziale und psychische Not, ihre hilflosen Erwartungen oder drängenden Ansprüche. Zum anderen aber auch durch Forderungen, die der eigenen Person entstammen. Beide können eine machtvolle Allianz eingehen, die lähmend wirkt und die Autonomie der professionell Tätigen untergräbt. Geben und Nehmen, Nähe und Distanz sollen deshalb in ein gesichertes Verhältnis kommen. Weniger für andere verfügbar zu sein, ist das Ziel.

„Mit der Kennzeichnung ihrer Tätigkeit als Dienstleistung wird nach einer Balance zwischen notwendiger und aushaltbarer Nähe zu den Adressaten gesucht. Diese Kennzeichnung dient also auch der Distanzierung gegenüber allzu großer Verstrickung mit den Adressaten und ihren Problemen und soll vor dem sog. *burnout* schützen. Die professionellen Akteure versuchen, sich durch die Festlegung beruflich-fachlicher Standards vor unbegrenzten moralisch oder politisch begründeten Hilfeansprüchen zu schützen. Das soll sie davon entlasten, sich immer wieder neu zwischen den Interessen der Öffentlichkeit oder ihres Arbeitgebers einerseits und jenen ihrer Adressaten andererseits entscheiden zu müssen" (Effinger 1994, 42). Ein solcher Wunsch ist in verschiedener Hinsicht verständlich. Gesucht wird eine äußere Struktur, die vor innerer Überforderung bewahrt. Eine klar definierte Professionalität, die eben diesem Zweck dient, indem sie sich nicht mehr auf moralische Parteinahme und politischen Kampfeswillen stützen muss. Und ein institutioneller Rahmen, der die Professionalität anhand überschaubarer Kriterien ebenso definiert wie die dazugehörige Beziehungsgestaltung.

Auch den Kunden mag es entgegenkommen, dass Dienstleistungen für sie erbracht werden. Sie können sich in ihrer Position gestärkt fühlen: Weniger als früher treten sie als Bittsteller auf, als diejenigen, die auf die Hilfe anderer angewiesen sind. Als Kunden haben sie eigene Rechte. Das, was ihnen angeboten und gegeben wird, kann unbeschwerter angenommen werden. Sie müssen sich nur wenig moralisch verpflichtet fühlen oder persönlich dankbar sein.

Die angestrebte Entlastung von Ansprüchen und Forderungen hat allerdings eine gewichtige Kehrseite, für die Kunden ebenso wie für die professionellen Anbieter. Ihre Beziehung zueinander erhält zwar eine klarere Struktur und wird überschaubarer, aber auch formalisierter und unverbindlicher. In einigen Bereichen der sozialen Arbeit mag dies befreiend wirken und zu einem begrüßenswerten Zugewinn an Unabhängigkeit führen. In anderen ist der dafür zu zahlende Preis erheblich. Beide Seiten verlieren zwar zunächst an Last, zugleich aber auch an persönlicher Nähe und emotionaler Dichte. Die Folgen können fatal sein.

Dazu ein Beispiel: Das Projekt KIDS („Kinder in der Szene"), über das bereits berichtet wurde, betreut gefährdete Kinder und Jugendliche, die sich im Hauptbahnhofsmilieu aufhalten. Es versteht sich als eine niedrigschwellige Einrichtung mit ausschließlichem Angebotscharakter. Dabei wird tunlichst vermieden, abweichendes Verhalten als solches zu klassifizieren. Die Besonderheiten der Kinder und Jugendlichen gelten als eine an sich normale, subkulturspezifische Lebensform. Entsprechend kundenhaft können und sollen sie sich als Nutzer der Einrichtung verhalten. Die Heranwachsenden gehen so gut wie keine Verpflichtungen ein. Wenn sie wiederkommen ist es in Ordnung, wenn nicht, ebenfalls. Dem entspricht, dass sie die Betreuer von allen Erziehungsaufgaben entpflichtet haben. Eine Auseinandersetzung mit vorgegebenen Zielperspektiven unterbleibt. Darin mag zunächst eine Erleichterung für beide Seiten liegen, zugleich aber auch ein wesentlicher Grund dafür, dass die gefährdetsten und schwierigsten Kinder und Jugendlichen nicht erreicht werden. Der Schaden, den die dissozialen Heranwachsenden dadurch erleiden, liegt auf der Hand. Er wurde im Abschnitt über die Kinder- und Jugendkriminalität ausführlich dargestellt. Schadlos dürften aber auch die professionellen Anbieter nicht aus diesem Geschehen hervorgehen. Denn die Folgen ihrer Kundenorientierung bemerken sie sehr wohl. Und auch, dass sie für das vielfach betrübliche Endergebnis mitverantwortlich sind. Ein solches Selbstverständnis, erziehungsvergessen und konfliktvermeidend zugleich, depotenziert die Mitarbeiter in ihren Möglichkeiten. Sie verlieren an Einfluss und Bedeutung, stehen als Person in der zweiten Reihe. Auch über dieses beschämende Faktum werden sie kaum hinwegsehen können.

Mit diesem, wenngleich extremen Beispiel ist auch eine allgemeine Folge der Kundenorientierung beschrieben: Der Verlust an Eigenständigkeit und persönlicher Bedeutsamkeit, der durch eine Funktionalität in fremdbestimmten Prozessen ersetzt wird. Dass der soziale Status dadurch sinkt, ist unausbleiblich. Aus der bisherigen Darstellung dürfte aber auch deutlich geworden sein, warum die Markt- und Kundenorientierung in der sozialen Arbeit auf einen psychologisch fruchtbaren Boden fällt. Mit einiger Sorglosigkeit darf man sich nun aus der ehemals hoch geschätzten, gleichwohl als überfordernd erlebten Beziehungsarbeit verabschieden. Und damit auch einen Rückzug aus dem Erziehungsgeschehen einleiten. Neu ist diese Entwicklung nicht. Die Weigerung, der Erziehung den rechten Stellenwert zu geben, nimmt im Laufe der Zeit nur unterschiedliche Ausformungen an. Das

Phänomen selbst bleibt davon weitgehend unberührt. Nunmehr soll die Modernisierung, Markt- und Kundenorientierung ein gewichtiges Argument dafür sein, dass intensive pädagogische Beziehungen vermieden werden dürfen. Was Jan Ross (1999, 3) für den politischen Kontext schreibt, gilt auch für die soziale Arbeit: „‚Modernisierer' zu sein, das befreit von der Last, eine eigene Position beziehen zu müssen, eigene Kriterien für richtig und falsch, für Freund und Feind, womöglich gar für gut und böse zu entwickeln und zu vertreten." Modernisierung wird auch in der Schule groß geschrieben. Auch hier spielt die Kundenorientierung eine nicht unerhebliche Rolle.

5.2 Die Schule als Dienstleister – Eltern und Kinder als Kunden

Friedrich Mahlmann beklagt, in einem „Zwischenruf eines genervten Schulleiters", den gegenwärtigen Zustand der Schule. Noch immer richte sie sich pädagogisch an etablierten Erziehungszielen aus, obgleich sich längst erwiesen habe, dass sie sich in der Erziehungswirklichkeit nicht einlösen lassen. Lehrerinnen und Lehrer bemühten sich intensiv darum, Schüler für die Schule zu gewinnen, mit großem Eifer und einer immer ausgeklügelteren Didaktik und Methodik. Geradezu mit einer „Heilsbringermentalität" wollten sie die vermeintlich schlafenden Entwicklungsbedürfnisse von Kindern und Jugendlichen wecken. Den Heranwachsenden solle es ermöglicht werden, „zu sich selbst" zu finden, sich zu emanzipieren. Doch die Liebe zu diesem hehren Ziel werde fast regelhaft enttäuscht. Sie halte der schulischen Realität nicht stand, scheitere an Disziplinlosigkeit, Verhaltensauffälligkeiten und -störungen und daran, dass die Schüler den Wert des Angebotenen nicht einsehen könnten oder wollten. Stattdessen schlägt Mahlmann einen gänzlich anderen Weg vor, und damit eine grundlegend veränderte Beziehung zum Schüler. Schüler sollten als Kunden angesehen werden, als Abnehmer mit freiem Wahlrecht. „Mein Unterrichtsangebot ist ein Service, den sie aus freien Stücken annehmen oder ablehnen. Sein Wert bemisst sich als Funktion der Bedürfnisse und der Lebensplanung seiner Abnehmer. Weder erstere noch letzter stehen zur Disposition pädagogischer Missionare oder sind Gegenstand gesellschaftlicher Vereinbarungen" (Mahlmann 1997).

Als Alternative zur gegenwärtigen Erziehungsmisere schlägt der „genervte Schulleiter" also eine Kundenorientierung im Erziehungsgeschehen vor. Lehrerinnen und Lehrer würden dadurch entlastet: Sie könnten sich so von überfordernden äußeren Ansprüchen befreien, von viel zu weit gesteckten Erwartungen und der inneren Verpflichtung, sie müssten die Schüler grundsätzlich ändern. Die Schülerinneren und Schüler wären vor einer „Überpädagogisierung" geschützt. Selbstverantwortlichkeit und ein Handeln auf eigenes Risiko könnten dadurch gestärkt werden. Jeder Schüler möge sich das holen, was er braucht. Weniger motivierte und leistungsschwächere Schüler könnten dann aber, so muss hinzugefügt werden, nicht mehr darauf bauen, dass ihnen gute Schulabschlüsse bescheinigt werden.

Einer solchen pädagogischen Kundenorientierung werden Eltern und Schüler, die diesem Gedanken anhängen, allerdings nur begrenzt folgen. Auch sie mögen ein Wahlrecht befürworten, das Kinder davon befreit, etwas tun zu müssen, was ihnen nicht liegt. Die „Bedürfnisse" und die „Lebensplanung" der Abnehmer dürften auch für sie eine zentrale Leitidee darstellen. Gleichwohl ist ihr primäres Interesse grundlegend anders ausgerichtet. Mehrheitlich geht es ihnen darum, dass ihre Kinder die Schullaufbahn erfolgreich absolvieren, also einen formal möglichst hohen Abschluss erzielen. Das ist aus ihrer Sicht durchaus verständlich. Sie wollen das Beste für ihre Kinder. Das Bildungsinteresse der Gesellschaft ist für sie von sekundärem Interesse. Als parteiliche Anwälte ihrer Kinder mögen sie sich durchaus an erreichten Bildungszielen und guten Leistungen freuen, als Garanten übergeordneter Leistungsstandards sind sie allerdings denkbar schlecht geeignet.

Die Wünsche der Eltern an eine kundenorientierte Schule ist von zwei gegenläufigen Bewegungen getragen. Hohen Anforderungen nach außen steht – nicht immer, aber häufig – eine verringerte eigene Beteiligung an Lern- und Erziehungsprozessen gegenüber.

Einerseits erhält die Schule zunehmend eine Bringepflicht: Sie soll garantieren, dass die Kinder wunschgemäß gefördert werden, so gut, dass sich die erhofften Resultate im Lernen wie im Sozialverhalten einstellen. Gelingt ihr dies nicht oder erscheint den Kunden, Eltern wie Schülern, der dazu notwendige Preis zu hoch, greift ein weiterer Mechanismus. Die Schule müsse entweder ihre Leistungsfähigkeit steigern und vor allem Schüler besser motivieren, so dass das verfehlte Ziel doch noch erreicht werden kann. Oder sie soll von vorgegebenen Anforderungen Abstand nehmen, indem sie verstärkt den Neigungen der Kinder und Jugendlichen folgt und vermehrte Wahlmöglichkeiten zur Verfügung stellt. Die an die Schule gestellten Anforderungen und Erwartungen sind so immens gewachsen. Am liebsten soll sie hohe Leistungsstandards einhalten und zugleich verhindern, dass Leistungsschwächere durch die Maschen fallen. Dies gilt besonders für höhere Schulabschlüsse. Das Abitur hat inzwischen, wie Greiner (1999, 61) anmerkt, „den Status eines Grundrechts für alle angenommen". Ein Recht, das wohlgemerkt nicht durch vermehrte Bildungsbemühungen des Elternhauses oder stärkere Aktivitäten von Schülern realisiert werden soll.

Unstrittig ist allerdings auch, dass die seit Jahrzehnten steigende Abiturientenquote durch gefallene Leistungsanforderungen erkauft wird. Immer mehr Schüler lernen im Durchschnitt immer weniger. An den Universitäten setzt sich diese Entwicklung fort. „Haben vor gut dreißig Jahren Georg Picht und Ralf Dahrendorf die deutsche Bildungskatastrophe ausgerufen, so deshalb, weil in Deutschland weniger Abiturienten ausgebildet würden als im vergleichbaren Ausland. Die Beseitigung dieses zahlenmäßigen Mangels erwies sich indes als eine der Ursachen eines neuen, nämlich eines Verlustes an Güte: Die Behebung der quantitativen Bildungskatastrophe der sechziger Jahre bewirkte die qualitative Bildungskatastrophe der Gegenwart" (Rehfus 1997, 12). Und kurz darauf: „Die qualitative und die quantitative Bildungsspirale, die in einem umgekehrt proportionalen Verhältnis zueinander stehen, bewirken, dass immer mehr Jugendliche und junge Erwachsene mit besseren Zeugnissen, aber mangelhaften Kenntnissen, geringeren Fähigkeiten, laxem Verhalten, fragwürdigen Einstellungen und hohen Ansprüchen von den Schulen und Universitäten entlassen werden" (Rehfus 1997, 12 f).

Die zweite Ausformung der Kundenorientierung zeigt sich darin, dass sich Eltern ebenso wie Alleinerziehende aus dem Erziehungs- und Bildungsgeschehen zurückziehen. „Es gibt Eltern, die der Schule alles, sich selbst aber nichts mehr zumuten und die böse reagieren, wenn ihnen gesagt wird, dass Erziehung zunächst einmal ihre Aufgabe sei" (Adam 2002, 139). Die zunehmend nach außen gerichteten Ansprüche und Erwartungen korrespondieren mit der Annahme, eine familiäre Einflussnahme auf die Nachwachsenden sei entweder nur noch begrenzt möglich oder auch gar nicht mehr sonderlich sinnvoll. Die Erziehung im Elternhaus verliert, diesem Selbstverständnis folgend, an Bedeutung. Eine öffentliche Erziehung soll an ihre Stelle treten oder auch eine Erziehung der Kinder untereinander, wie Harris (2000) und Wißkirchen (2002) ausführen. Die Begründungen dafür sind vielfältig. Einige der häufig vorgebrachten Argumente werden im folgenden Abschnitt über die Globalisierung dargestellt. Die Annahme etwa, der schnelle gesellschaftliche Wandel ließe keine gesicherte Zukunftsplanung mehr zu. Die Folge davon sei, dass das Wissen der Elterngeneration vorzeitig verblasse, ihre pädagogischen Leitideen an Kraft verlören und sie deshalb den Kindern nichts Wichtiges mit auf den Weg geben könnten. Erziehung im Allgemeinen, vor allem aber die des Elternhauses werde immer bedeutungsloser. An ihre Stelle könne allenfalls eine Einübung in Flexibilität treten, die Entwicklung eines schnell wandelbaren, situationsspezifisch adäquaten Verhaltensrepertoires sowie die Fähigkeit, in kürzerer Zeit immer neues Wissen mit geringer Halbwertszeit aufzunehmen. Diese Aufgabe wird einer öffentlichen Erziehung noch am ehesten zugetraut. Daneben bestehen weit reichende Hoffnungen auf die kindlichen Selbstentfaltungskräfte, ihre Möglichkeiten, sich in einer als unüberschaubar geltenden Umwelt erfolgreich selbst zu konstruieren.

Diese Entwicklung geht jedoch nicht nur von Eltern aus, die aus unterschiedlichsten Gründen erzieherische Verantwortung an die Gesellschaft delegieren möchten, vor allem an Kindergärten und Schulen, aber auch an Sozialpädagogen, Kinderärzte und Psychotherapeuten. Zu ihr gehört auch, dass sich öffentliche Institutionen um die frei gesetzten Aufgaben bewerben. Sie bieten sich aktiv an, um Eltern zu entlasten, mitunter aber auch, um sie aus ihrer Erziehungsverantwortung zu befreien. Ein solcher Prozess währt seit vielen Jahrzehnten, wie Lasch (1986) für die Vereinigten Staaten ausführt.

Das Anwachsen der Beratungsliteratur zu Erziehungsfragen legt davon ebenso Zeugnis ab wie die steigende Zahl von Beratungsstellen und Praxen, die sich Erziehungsproblemen widmen. Sie wollen unsicher gewordenen oder überforderten Eltern unterstützend und beratend zur Verfügung stehen. Zweifelsfrei können sie wichtige Aufgaben erfüllen. Für viele Erziehende mag es ein Segen sein, dass sie auf professionelle Hilfe zurückgreifen können. Unbedenklich ist diese Entwicklung dennoch nicht. Denn ihre Kehrseite lässt sich kaum übersehen: Nicht selten schwächt eine allgegenwärtig verfügbare äußere Unterstützung die Fähigkeit, sich selbst zu helfen und für sich selbst zu sorgen. Viele Selbsthilfepotenziale werden durch Überfürsorge erstickt. Das Gefühl der eigenen Verantwortung für die Erziehung der Kinder nimmt ab. Eine erlernte Hilflosigkeit ist die Folge. Besonders deutlich tritt dies bei vielen Eltern- und Elternteilen hervor, die sich in einer psychosozial schwierigen Situation befinden. Ganz sicher bedürfen sie der freundlichen und unterstützenden Hilfe anderer. Gleichwohl lässt sich beobachten, dass sich ihr Zustand noch verschlechtert, wenn sie von unbedachten und oft unkoordinierten Unterstützungsmaßnahmen überflutet werden. Sie werden immer passiver und (scheinbar) hilfloser. Mitunter kann man sich des Eindrucks nicht erwehren, dass sie sich damit rächen – gegen eine entmündigende Überfürsorge und dagegen, dass man ihnen nur wenig zutraut und noch viel weniger zumutet.

In den letzten Jahrzehnten hat auch die Schule immer mehr Aufgaben übernommen – durch äußeren Druck erzwungen oder auch selbst gewählt. Zu den klassischen Bildungsaufgaben kommt hinzu, dass vielen Kindern grundlegende Voraussetzungen für das schulische Lernen fehlen. Oft müssen elementare Verhaltensregeln zu Schulbeginn erst eingeübt, Disziplin und Konzentrationsfähigkeit mühsam erworben werden. Dazu gesellen sich diverse Verhaltensauffälligkeiten bis hin zu schweren psychosozialen Beeinträchtigungen, die auf unterschiedlichen Schulstufen und in allen Schultypen auftreten – vor allem aber dort, wo Kinder und Jugendliche unter wenig privilegierten Verhältnissen aufwachsen. Auch sie soll die Schule möglichst nebenbei und geräuschlos bewältigen. Häufig in Konkurrenz zu medialen Vorbildern, die den schulischen Erziehungszielen diametral entgegenstehen. Eine weitere schwierige Aufgabe stellt die Integration ausländischer Schüler dar, insbesondere dann, wenn zu Schulbeginn nur rudimentäre deutsche Sprachkenntnisse vorhanden sind. Auch kann schulisch häufig nicht über die bedrückenden Lebensverhältnisse hinweggesehen werden, denen zahlreiche Kinder und Jugendliche ausgesetzt sind. Gewalterfahrungen und eine unzureichende häusliche Versorgung sind hierzu ebenso wichtige Stichworte wie das ansteigende Spannungsgefüge zwischen arm und reich. Immerhin sind die Eltern oder Elternteile von etwa einer Million Kinder inzwischen auf Sozialhilfe angewiesen.

Auch in früheren Zeiten waren die Voraussetzungen für das schulische Lernen durchaus nicht so ideal, wie es in einem verklärten Rückblick erscheinen mag. Für das schulische Anliegen abträgliche häusliche und gesellschaftliche Bedingungen hat es immer gegeben. Und Verhaltensauffälligkeiten und -störungen existieren, seitdem die Schule besteht. Dennoch muss in aller Nüchternheit konstatiert werden, dass die außerschulischen Rahmenbedingungen schwieriger geworden sind. Die Schule muss auf vielen Gebieten Entwicklungshilfe leisten. Vor allem dann, wenn sich Eltern und Elternteile in der Erziehung ihrer Kinder über die Maßen reserviert verhalten, Erziehung mitunter kaum noch erfolgt.

Bemerkenswert ist in diesem Zusammenhang, dass bildungspolitisch seit langem ein starkes Misstrauen gegenüber häuslichen Erziehungsabsichten und -fähigkeiten besteht. Es wurde, mit hoher Durchschlagskraft, bereits zu Zeiten formuliert, als die heutige Erziehungsmisere noch gar nicht absehbar war. Den Hintergrund dafür bildete eine historische Situation, in der die Bewältigung der deutschen Vergangenheit im Mittelpunkt des Interesses stand. Sie verdichtete sich in der später vielfach replizierten These, Erziehung müsse vor allem „Erziehung nach Auschwitz" sein und dafür sorgen, dass sich die nationalsozialistischen Ereignisse nicht wiederholen. Im Rahmen der dadurch entstandenen pädagogischen Neuorientierung wird den Eltern ein nachgeordneter Rang zugewiesen. Dazu nur ein kurzer Beleg. „Nach Ralf Dahrendorf hat das Elternhaus bei der Erziehung so völlig versagt, dass er den Eltern die Last der Erziehung gar nicht mehr aufbürdet, sondern der Schule überträgt. Aus dieser Position heraus beklagt er, dass die Lehrer diesen Auftrag nicht annähmen und den Eltern zuschöben" (Rehfus 1997, 49). An die Stelle der Eltern sollen professionelle Pädagogen treten. Ihre Aufgabe ist, die Kinder in der Schule zu erziehen. Die Schule soll also nunmehr für die Erziehung aufkommen, das ersetzen, was die Eltern (vermeintlich) nicht zu leisten vermögen. „Genau diesen Standpunkt vertritt noch im Jahre 1993 vehement Hartmut von Hentig" (Rehfus 1997, 49).

Rehfus (1997, 49) skizziert die sich daran anschließende Entwicklung kurz und prägnant so: „Der Staat ... hat den Eltern das Erziehungsmonopol weggenommen und unter staatliche Aufsicht gestellt." Diese schlagwortartige Formulierung mag übertrieben klingen. Eine allgemeine Entwicklungstendenz kennzeichnet sie jedoch allemal. Sie ist einer der gewichtigen Gründe dafür, weshalb sich Eltern zunehmend der Schule gegenüber in eine Konsumentenposition begeben. Die Erwartungen, die dadurch entstehen, sind letztlich unrealistisch und im Grunde uneinlösbar. Ihre negativen Auswirkungen liegen aus heutiger Sicht auf der Hand.

Dennoch spricht einiges dafür, dass dieser Weg fortgesetzt werden soll. In jüngster Zeit wird wieder intensiv über flächendeckende Ganztagskindergärten und die Ganztagsschule diskutiert. Sie gelten als politisches Desiderat von hohem Stellenwert. Man müsse, so der Slogan eines hochrangigen Politikers, auf diese Weise die „Lufthoheit über die Kinderbetten" gewinnen. Unter anderem mit dem Ziel, schulische Leistungen grundlegend zu verbessern, wie es die Ergebnisse der PISA-Studie nahe legen, und auch, damit Erziehungsleistungen konsequenter erfolgen können. Der militärisch-aggressive Sprachinhalt, „die Lufthoheit gewinnen", verrät, worum es hier geht. Kinder -und Jugendliche sollen sich in staatliche Obhut begeben, in Kindergärten ebenso wie in Schulen. Im Schulalter sind es Lehrerinnen und Lehrer, denen in erster Linie die Erziehungsverantwortung übertragen wird. Insofern kann es nicht verwundern, wenn sich die „Elternschaft ... zu großen Teilen, mehr aus Not denn aus Überzeugung, auf die pädagogische Vollversorgung und Allzuständigkeit staatlicher Fürsorge" einstellt oder bereits eingerichtet hat (Greiner 1999, 61).

Das Ziel einer solchen Versorgung folgt vor allem ökonomischen Notwendigkeiten. Eine Ganztagsbetreuung dient primär Alleinerziehenden und berufstätigen Eltern, die auf ein zweites Einkommen angewiesen sind. Sie verfügen nicht über ausreichend Zeit, um ihre Kinder selbst zu betreuen, oft zu ihrem großen Bedauern und auch durch Schuldgefühle belastet. Eine wichtige Rolle, abseits ökonomischer Zwänge, spielt inzwischen aber auch der Wunsch einiger Eltern, möglichst viel Zeit für sich selbst zu haben. Kinder sind für sie kein Armutsrisiko, eher eine Bedrohung ihrer persönlichen Freiheit, zu jedem Zeitpunkt genau das Tun zu können, wonach ihnen zumute ist. Anders stellt sich die Situation hingegen für Heranwachsende dar, die in einem sehr belastenden häuslichen Milieu aufwachsen, mit aggressiven und sexuellen Übergriffen, ohne Zuneigung und Fürsorge und manchmal sogar ohne ausreichende äußere Versorgung. Für sie ist es am besten vorstellbar, dass ihnen eine ganztätige Betreuung im Kindergarten oder in der Schule gut tut. Dort können Entwicklungsperspektiven eröffnet werden, die ihnen zu Hause, ohne liebevolle und fürsorgliche Erziehung, gänzlich verschlossen bleiben. Aber das gilt nur für einen kleinen Teil der Kinder.

Alles in allem spielen soziale Interessen eine große Rolle, die hinter dem Gedanken einer ganztägigen Betreuung stehen. Ob sie den Kindern psychisch und sozial wirklich nutzt, tritt als Frage auffällig in den Hintergrund. Die Wünsche und Entwicklungsbedürfnisse der Kinder scheinen nicht das zentrale Thema zu sein. Über die Schwierigkeiten, Entbehrungen und Belastungen, die sich für sie einstellen können, wird ganz offensichtlich ungern gesprochen. Und damit auch darüber, ob es für beide Seiten – Eltern(teile) wie Kinder – besser sein könnte, mehr Zeit miteinander zu verbringen. Vieles spricht dafür. Die vehement vorgetragene Forderung nach Ganztagsbetreuung dürfte unter Bildungsgesichtspunkten sowieso falsch platziert sein. Sie resultiert in ihrem Kern aus einer durchaus schwerwiegenden Verwechslung, die sich auf die unterschiedlichen Aufgaben bezieht, die Bildungs- und Sozialpolitik inne haben. Die Ganztagsbetreuung folgt in erster Linie einem sozialpolitischen Anliegen (Adam 2002, Gaschke 2001).

Doch zurück zu den erweiterten Aufgaben, mit denen die Schule fertig werden soll. Ein weiterer wichtiger Punkt ist nachzutragen. Er beinhaltet die für erforderlich erachtete, stark angestiegene Themenvielfalt des Unterrichts. Computerkenntnisse sollen erworben und Englisch bereits in der Grundschule gelernt werden, das Wissen um eine gute Ernährung mag ebenso als unverzichtbar gelten wie die Auseinandersetzung mit den neuen Medien. Gewalt-, Drogen- und AIDS-Prävention kommen hinzu, um nur einige weitere Beispiele zu nennen. Die Schule soll den Anforderungen der Eltern und künftigen Arbeitgebern an eine „moderne" Unterrichtung und Erziehung gerecht werden, kann aber zugleich – wie die PISA-Studie zeigt – auf das Erlernen grundlegender Qualifikationen wie Lesen, Schreiben und Rechnen nicht verzichten.

Je mehr sich die Schule öffnet, zu immer neuen Tätigkeiten und Inhalten hin, desto stärker ist ein Konsens darüber geschwunden, was unabdingbar erlernt werden muss. Adam (2002) zeichnet diese Entwicklung im Einzelnen nach. Er beschreibt, wie vor ihm bereits Giesecke (1998) und Rehfus (1997), wie seit den sechziger Jahren ein einheitlicher Bildungskanon verloren gegangen ist. Und damit auch eine Konzentration auf das Wesentliche. Auf eine Auswahl von Themen wurde zunehmend verzichtet, da vieles gleich wert erschien. Eine Akzentuierung und Bündelung unter inhaltlichen Gesichtspunkten unterblieb. Ein Kerngedanke von Bildung, um den sich neue Stofffülle ranken konnte, war kaum noch zu erkennen. Das betrübliche Resultat dieser Entwicklung kennzeichnet Giesecke (1998, 11) so: „Lehrpläne – und ihre Umsetzung, die Schulbücher – gleichen über weite Strecken längst einem Warenhausangebot. Zumindest in den geisteswissenschaftlichen Fächern fügt sich kaum noch etwas zu logischer Schlüssigkeit zusammen, sodass auch die lernenden Schüler das heute zu Behandelnde nur schwer mit dem gestrig Erarbeiteten und schon gar nicht mehr mit dem zusammenbringen können, was sie morgen erwartet." Diese Unbestimmtheit, der Verlust an Selbstverständlichem, führt dazu, dass sich die Zugriffsneigung auf schulische Inhalte erhöht – von Eltern ebenso wie durch andere gesellschaftliche Kräfte.

Damit ist ein weiterer Faktor benannt, der dazu beiträgt, dass Schule in Frage gestellt und schulische Felder von außen besetzt werden. Er reiht sich ein in verschiedene andere, bereits erwähnte Bedingungen, die eine Kundenorientierung der Schule fördern. Zu nennen sind: Eine in den Schulen präsente Neigung, sich schwieriger Erziehungsaufgaben dadurch zu entledigen, dass die Schule als ein kundenorientierter Dienstleistungsbetrieb verstanden wird. Die Kunden, Eltern wie Schüler, können sich dann von ihren Marktinteressen leiten lassen und mehr oder weniger beliebig aus schulischen Angeboten auswählen. Diese Position skizziert der Beitrag Mahlmanns. Ferner die von Eltern ausgehende, sich zunehmend verstärkende Tendenz, öffentliche Institutionen und allem voran die Schule für die Entwicklung ihrer Kinder verantwortlich zu machen – bei gleichzeitigem eigenen Rückzug aus dem Erziehungsgeschehen. Den Hintergrund dafür bilden unter anderem weit gefächerte außerschulische Beratungs- und Unterstützungsangebote. Sie sollen Eltern bei Erziehungsfragen und -problemen unterstützen, führen aber nicht selten zu einer weiteren Verunsicherung und dazu, dass das Vertrauen in die eigene Erziehungsfähigkeit schwindet. Hinzu kommen bildungspolitische Vorgaben, die der häuslichen Erziehungsfähigkeit misstrauen und Erziehung zu wesentlichen Teilen in staatliche, vor allem schulische Hände legen möchten.

5.3 Die Demokratisierung der Schule und die Ohnmacht des Lehrers

Im Folgenden wird genauer darauf eingegangen, wie Lehrerinnen und Lehrer einen Teil ihrer Autonomie verloren haben und welche Folgen sich daraus für Erziehungsprozesse ergeben. Unter dem Stichwort der Demokratisierung ist der Einfluss, den Eltern und Schüler auf die Schule nehmen können, beträchtlich gewachsen. Mit stark erweiterten Mitbestimmungsrechten ausgestattet, sind sie zu erheblicher Macht gelangt. Wichtige schulorganisatorische wie auch pädagogische Entscheidungen können ohne sie nicht mehr getroffen werden. Die Grundlage dafür findet sich in den Schulgesetzen der einzelnen Bundesländer.

Eine entscheidende Rolle fällt dabei der „Schulkonferenz" zu. Nach dem Hamburgischen Schulgesetz von 1997 bestimmt sie maßgeblich über die Schulentwicklung, beschließt das „Schulprogramm" und bewertet „den Erfolg der pädagogischen Arbeit der Schule". Die „Einrichtung von Integrationsklassen" erfolgt ebenso auf ihr Votum hin wie die „Durchführung eines Schulversuches" oder die „Führung der Schule als Ganztagsschule". Die Schulkonferenz trifft weiterhin Entscheidungen „über die Mitwirkung von Eltern ... im Schulunterricht" oder „die Unterstützung einer Bewerberin oder eines Bewerbers für die Schulleitung". Sie ist an Grundschulen halbparitätisch, ansonsten drittelparitätisch besetzt. Das heißt, dass Eltern und Schüler, mit Ausnahme der Grundschule, über die absolute Mehrzahl der Stimmen verfügen. Lehrerinnen und Lehrer befinden sich demgegenüber in der Minderheit.

Diese Entwicklung basiert auf einem Verständnis von Schule, das auf „Demokratisierung" setzt und davon ausgeht, dass Erziehungsaufgaben gemeinsam von Eltern und Lehrern bewältigt werden müssen. Die Erziehungsverantwortung, so die Begründung, sei unteilbar. Auf den ersten Blick klingt diese Formel harmlos. Harmloser allerdings, als sie in Wirklichkeit ist. Denn die angestrebte Gemeinsamkeit nimmt eine besondere Prägung an, die dazu beiträgt, dass sich die Grenzen zwischen häuslicher und schulischer Erziehung verwischen. Bereits der im Hamburgischen Schulgesetz enthaltene Passus von der Mitwirkung der Eltern im Unterricht legt davon Zeugnis ab. Beispielhaft und besonders klar kommt dies in einem Memorandum der Bundesgrundschulkonferenz zum Ausdruck. Es trägt den Titel „Zukunft der Kinder – Grundschule 2000". Zur Rolle und Bedeutung der Schulkonferenz heißt es: „Sie ist paritätisch besetzt, da Bildung und Erziehung der Kinder grundsätzlich Sache der Pädagoginnen und Pädagogen und der Eltern ist ... In den Angelegenheiten, in denen sich Eltern und Pädagogen hinsichtlich Problemkenntnis und Problemnähe gleichstehen, hat die Schulkonferenz auch in Streitfragen das Entscheidungsrecht und kann die Pädagogenkonferenz überstimmen. In der Demokratie muss dem Votum der obersten paritätisch besetzten Entscheidungsinstanz Vorrang vor dem Votum der Bediensteten zukommen." Die sprachliche Fassung – Lehrerinnen und Lehrer als Bedienstete – bezeichnet gewollt oder ungewollt die Richtung, in die dieser Weg führt. Zu Recht moniert Giesecke (1998), dass hier eine höchst einseitige Vereinbarung vorliegt. Die Macht ist ungleich verteilt, überwiegend auf Seiten der Eltern angesiedelt. Das gemeinsame Erziehungsbemühen bezieht sich strukturell allein auf die Schule. Nur den Lehrerinnen und Lehrern werden, juristisch verbindlich, Verpflichtungen auferlegt, die sie erfüllen müssen. Sie haben sich nach dem zu richten, was die Schulkonferenz vorschreibt. Die Eltern gehen eine solche Verpflichtung in keiner Weise ein.

Zweifelsfrei bemühen sich viele Eltern vorbildlich um ihre Kinder. Sie werden sich auch, so ist zu erwarten, in schulischen Angelegenheiten engagieren und verantwortlich verhalten. Dazu gehört, dass sie die Grenzen zwischen Schule und Elternhaus respektieren. In der gesamten Gesellschaft bildet diese Gruppe, zumeist sozial privilegierte Eltern, jedoch eine Minderheit. Eine beträchtliche Anzahl von Eltern verhält sich demgegenüber in Erziehungsfragen sehr reserviert, zumindest dann, wenn eigene Erziehungsleistungen gefragt sind. Aufgrund einer inzwischen weit verbreiteten Erziehungsvergessenheit liegt es deshalb nahe, dass die Schule als Dienstleistungsbetrieb im Mittelpunkt ihres Interesses steht. Die Schule soll das zurechtrücken, was zu Hause nicht geht oder gar nicht mehr ernsthaft versucht wird. Dies mag durch aktive Forderungen an die Schule geschehen oder aufgrund stillschweigender Erwartungen, die an sie herangetragen werden. Denn auch für diejenigen Eltern, die sich passiv verhalten, haben sich wichtige atmosphärische Veränderungen eingestellt. Das Klima hat sich, auch für sie vernehmlich, gewandelt. Der Dienstleistungsgedanke ist in den Vordergrund getreten. Er stärkt eine Haltung, die davon ausgeht, dass die Schule für die Eltern und ihre Interessen da sei. Entweder soll nunmehr in der Schule erzogen werden, die dadurch immer mehr Erziehungsverantwortung erhält, oder Erziehung findet, nach dem Willen der Eltern, auch dort nicht mehr statt. Etwa dann, wenn ihnen allein wichtig erscheint, dass Schule möglichst störungsfrei funktioniert. In einiger Überspitzung, im Kern jedoch treffend, formuliert Giesecke (1998, 181): „Viele Eltern betrachten offenbar die Grundschullehrer eher als in ihrem Auftrag tätige Kindermädchen, als dass sie einsehen, dass ihr Kind sich nun unausweichlich neuen Situationen mit neuen Ansprüchen stellen muss."

Eine Dominanz des Elternwillens zeigt sich auch an einem anderen wichtigen Punkt, beim Übergang in weiterführende Schulen. In vielen Bundesländern wechselt ein nicht unwesentlicher Teil von Schülern aufgrund des Elternwunsches auf das Gymnasium, auch dann, wenn eine entsprechende Empfehlung seitens der Schule fehlt. „Die Erziehungsberechtigten wählen den Bildungsgang der Oberschule, den ihr Kind nach der Grundschule besuchen soll (Elternwahlrecht)", so heißt es zum Beispiel im Entwurf zu einem neuen „Schulgesetz für das Land Berlin" (2001, 56). Und weiterhin, auf der gleichen Seite: „Die Erziehungsberechtigten sind bei ihrer Wahlentscheidung ... an die Empfehlung der Grundschule nicht gebunden; sie können ihr Kind an einer Schule anmelden, die einen von der Bildungsempfehlung abweichenden Bildungsgang anbietet." Das bedeutet im Klartext, dass ein Schulwechsel gegen die pädagogische Überzeugung der Lehrerinnen und Lehrer erfolgt. Ihre Bewertung ist, wie die Praxis zeigt, in einer genuin pädagogischen Frage vielfach nur noch von sekundärer Bedeutung. Lehrerinnen und Lehrer sind in eine wenig anerkannte Nebenrolle geraten.

Spätestens an dieser Stelle muss auf das grundlegende und folgenschwere Missverhältnis hingewiesen werden, das sich auf breiter Ebene in der Beziehung von

Eltern und Schule eingestellt hat. Die Eltern mögen sich zwar an den ihnen überlassenen Rechten erfreuen und die daraus erwachsene Macht genießen. Sie sind ihnen jedoch, wie Giesecke (1998) betont, ganz ungerechtfertigterweise zugefallen. „Den Eltern als sozialer Gruppe wird hier ein Mandat übertragen, das durch nichts gedeckt ist. Weder sind sie eine besondere politische Gruppierung, und sie werden es auch nicht dadurch, dass ihre Kinder eine Zeitlang die Schule besuchen, noch finanzieren sie die Schule zumindest teilweise, sodass ihnen von daher ein Recht zu einer derartigen Mitbestimmung zustünde. Es ist eine Mitbestimmung, die andere – nämlich alle Steuerzahler – finanzieren, ohne dass diese ihrerseits zur Mitbestimmung – außer bei politischen Wahlen – gebeten werden. Die ‚Bediensteten‘ sind nicht solche der Eltern, sondern des staatlichen Schulträgers" (Giesecke 1998, 175). Die Schule ist keine Einrichtung, die sich nach den Wünschen der Eltern ausrichten darf. Ihre Aufgabe reicht über ein solches partielles Anliegen weit hinaus. Sie muss allen ihren Mitgliedern zugute kommen, dem Reproduktionsinteresse der gesamten Gesellschaft dienen.

Psychologisch betrachtet hat die zunehmende „Demokratisierung" und Kundenorientierung der Schule weitreichende Folgen für alle Beteiligten. Die daraus resultierenden Konsequenzen sind alles andere als unproblematisch. Sie führen letzten Endes dazu, dass Lehrerinnen und Lehrer depotenziert werden, indem sie an Autonomie und Entscheidungskraft einbüßen – sei es durch den gestärkten Elternwillen, eine veränderte gesellschaftliche Erwartungshaltung oder auch dadurch, dass sie sich selbst aus dem Erziehungsgeschehen zurückziehen und anderen das Feld überlassen. In jedem dieser Fälle werden den Kindern wichtige Differenzierungsmöglichkeiten vorenthalten, auf die sie für eine gute Entwicklung dringend angewiesen sind. Die Schule fällt hinter eine wichtige, bisher gesicherte Position zurück.

Die Schüler wissen oder spüren, dass sie es mit Lehrern zu tun haben, die faktisch einen Teil ihrer Eigenständigkeit verloren haben. Sie merken, dass die Lehrenden in ihrer Autonomie bedroht und in ihrer Handlungskompetenz eingeschränkt sind. Denn Lehrerinnen und Lehrer müssen sich notgedrungen auf die Bedürfnisse ihrer Abnehmer einstellen, sich popularisieren und so verhalten, wie es Eltern und Schülern gefällt. So geraten sie, direkt oder indirekt, in ein Abhängigkeitsverhältnis von denjenigen, die sie erziehen sollen. Stärker als zuvor besteht die Gefahr, dass sie innerlich bestechlich werden und gegen ihre Überzeugung handeln. Für pädagogische Prozesse ist dies eine denkbar schlechte Voraussetzung.

Den Kindern und Jugendlichen mag dieser Machtzuwachs entgegenkommen, zumindest auf den ersten Blick. Die Lehrer passen sich ihren Bedürfnissen an, es gelingt ihnen so leichter, einen Teil ihrer Interessen durchzusetzen. Möglicherweise werden sie den nachgiebigen Lehrern besonderen Beifall zollen, sie vielleicht sogar wegen ihrer lockeren Einstellung bewundern. Doch diese Idylle dürfte nicht lange währen. Untergründig stellt sich für die Schüler früher oder später die bange Frage nach der Stärke der Lehrer, ihrer Belastbarkeit und Standfestigkeit. Sie werden nachhaltig irritiert sein, wenn sie ahnen oder erfahren, dass die Lehrer ihnen an entscheidenden Punkten ausweichen und Auseinandersetzungen vermeiden. Achtung und Respekt vor den Lehrenden sinken, wenn deutlich wird, dass ihre Handlungsmöglichkeiten demonstrativ eingeschränkt wurden. Wie weit die Bereitschaft dazu reichen kann, lässt sich an der Entwicklung des Hamburgischen Schulgesetzes zeigen. In einer der Entwurfsfassungen wurde allen Ernstes vorgeschlagen, dass allein die Schulkonferenz disziplinarische Maßnahmen beschließen dürfe. Lehrerinnen und Lehrer müssten mit ihren Interventionen so lange warten, bis das Gremium getagt und ihre Absichten bestätigt hat. Selbstständig agieren können sie demnach in Krisensituationen nicht mehr. In der Folge stehen sie vor den Schülern ohnmächtig, in ihrer Autonomie beschnitten und entblößt da.

Erziehung kann nur aus einer starken Position heraus erfolgen. Lehrerinnen und Lehrer müssen in ihrem Erziehungsauftrag institutionell abgesichert sein und zudem über eine ausreichende innere Freiheit verfügen, damit sie den Schülern als konturierte Person begegnen können. Diese Notwendigkeit illustriert das folgende Beispiel paradigmatisch. Ein Schulleiter berichtet auf einer Lehrerfortbildung davon, dass es in seiner Schule erhebliche Zerstörungsakte gegeben habe. Der Täter sei bekannt. Es handele sich um den 15jährigen Sohn eines prominenten Anwaltes. Man wolle den Schüler jedoch nicht der Tat bezichtigen, da dann zu erwarten sei, dass der Vater die Schule mit Prozessen überzieht. Die Schule werde dadurch leiden: Sie bekäme den Ruf, dass sie unfähig sei, pädagogische Probleme zu lösen. Mit sinkenden Schülerzahlen müsse gerechnet werden.

Der für die Schule entstandene materielle und moralische Schaden ist groß. Doch nicht nur für sie. Der Schüler erlebt Erziehende, die sich außer Stande sehen, auf sein Verhalten zu reagieren. Er wird einerseits erleichtert sein, da er weder mit Bestrafung noch mit peinlichen Befragungen rechnen muss. Andererseits ist ihm aber auch die Möglichkeit erschwert, wenn nicht gar entzogen, sich innerlich mit dem auseinander zu setzen, was er angestellt hat. Die negativen Folgen, die sich einstellen, wenn sich ein solches Vermeidungsmuster etabliert, können unterschiedliche Formen annehmen, je nachdem, auf welchem seelischen Entwicklungsstand sich der Jugendliche befindet und wie er psychisch strukturiert ist.

Eine wichtige Rolle spielt dabei der Umgang mit Schuldgefühlen. Der Schüler bleibt mit seinen bewussten und unbewussten Schuldgefühlen allein. Ein äußerer Dialog über die Vorwürfe, die er sich macht, entsteht nicht und auch keine Auseinandersetzung über das, was er an sich nicht wahrhaben will. Dadurch wird auch ein innerer Dialog wesentlich erschwert. Er ist jedoch notwendig, damit Schuldgefühle bewusst werden und sich sodann bearbeiten lassen. Nur so kann die latente und manifeste Gewissenslast entschärft und gemildert werden. Das Gewissen wird durch die Auseinandersetzung mit einem bedeutsamen anderen aufmerksamer und zugleich weniger grausam. Es gewinnt als leitende und haltende innere Instanz an positiver Bedeutung. Ein sicheres Gefühl für Grenzüberschreitendes stellt sich ein und auch für das, was noch akzeptabel ist. Vergleichbares gilt für den Selbstwert, insbesondere für die Integration manifester oder latenter Größenfantasien. Auch hier ist die Erfahrung, dass das eigene Handeln ohne Reaktion bleibt, psychisch labilisierend. Die Größenfantasie, unliebsame Folgen gäbe es schlichtweg nicht, verstärkt sich noch, wenn auf der Realebene Reaktionen ausbleiben. In der Folge ist es nicht unwahrscheinlich, dass sich die Suche nach den ausgebliebenen Grenzen verstärkt und sich das Verhalten dramatisiert, mit dem Ziel, dass doch noch eine erlösende Stellungnahme erfolgt. Sie ist die Voraussetzung dafür, dass innere Irritationen abgebaut werden und ein gesichertes Gefühl für das eigene Selbst entstehen kann. Weitere wichtige Gesichtspunkte kommen hinzu. Einer von ihnen betrifft die Möglichkeiten der Realitätsprüfung, die in der Adoleszenz sowieso noch nicht gut gesichert sind. Auch hierzu erfolgt im genannten Beispiel keine Rückmeldung, also auch keine Unterstützung, die es ermöglicht, diese Ich-Funktion zu stärken. Die Reihe der Beispiele ließe sich fortsetzen. Welcher Aspekt bei einem einzelnen Schüler auch im Vordergrund stehen mag: Er wird bemerken, dass der Schulleiter ihm schadet, indem er Konflikten ausweicht und ihm aus dem Weg geht. Er wird die äußere Abhängigkeit und die innere Bestechlichkeit des Schulleiters spüren und ihn dafür wenig achten, vielleicht sogar hassen.

Interessanterweise sind strenge Lehrer bei ihren Schülern nicht automatisch unbeliebt. Im Gegenteil: Es gibt auch heute vielfältige Belege dafür, dass strenge Lehrer bei Schülern besonders respektiert werden. Auch und gerade dann, wenn sie kindlichen Interessen und ihrem Wunsch nach schneller Bedürfnisbefriedigung widersprechen. Kinder und Jugendliche „finden es ... offenbar wichtig, dass ein Lehrer jemand ist, der das Aushalten von Belastungen in Lernprozessen einfordert und auf dem Einhalten von Grenzen in sozialen Konflikten besteht" (Bröckelmann & Felten 2002, 24). Sie suchen Grenzen und einen haltenden Rahmen, verlässliche und wohlwollende Lehrer, die ihnen etwas abverlangen und zumuten. Die Sehnsucht nach einem autoritären Zwang zur Unterordnung wird man in diesem Wunsch wohl schwerlich erkennen können.

Bemerkenswert ist allerdings, dass der strenge Lehrer in der schulpädagogischen Diskussion kaum noch vorkommt. Offensichtlich handelt es sich um ein Thema, das seit langem suspekt ist. So, als würde allein das Nachdenken darüber unliebsame Folgen nach sich ziehen. Als Schreckgespenst steht, wie begründet angenommen werden darf, noch immer die alte autoritäre Erziehung im Raum, deren unkontrollierbare Wiederbelebung gefürchtet wird. Doch darum kann es heute, im Jahre 2004, nun wirklich nicht mehr gehen. Das Plädoyer für einen als streng erlebten und damit starken Lehrer hat mit der Erziehung längst vergangener Zeiten kaum noch etwas zu tun. Aktuell ist es dennoch: aufgrund der gegenwärtigen Erziehungsproblematik und vor allem einer permissiven Grundhaltung, die das Erziehungsgeschehen seit Jahrzehnten prägt. Diese bei Eltern wie Lehrern vorzufindende Haltung geht davon aus, dass konsequente äußere Anforderungen vermieden werden müssten. Sie gelten bestenfalls als unzulässige Reglementierung und Gängelung, im schlimmsten Fall als ein gewaltsamer Angriff auf die Kinderseele. Und damit als der größte Feind der kindlichen Entwicklung. Kinder sollen stattdessen das Gefühl haben, in Freiheit und den eigenen Bedürfnissen gemäß aufzuwachsen. Eine möglichst ungestörte Selbstentfaltung der Heranwachsenden wird zum wesentlichen Ziel. Einschränkungen erscheinen bereits deshalb verdächtig, weil sie Zweifel der Kinder daran nähren könnten, gemocht, geliebt und anerkannt zu werden.

Für die Eltern entsteht dadurch nahezu ein Zwang, „den Kindern zu jedem Zeitpunkt ihres Lebens das Gefühl der Erwünschtheit zu geben" (Lasch 1987, 185). Sie verpflichten sich deshalb dem Ideal einer perfekten Elternschaft, das ihnen kaum noch Spielräume lässt und sie über kurz oder lang in große Schwierigkeiten bringen muss. Dem Ideal liebender Eltern können sie nämlich nur dadurch standhalten, dass sie kaum Anforderungen stellen und es nicht mehr wagen, sich den Kindern entgegenzustellen. In letzter Konsequenz führt dies zu einem weitgehenden Verzicht auf Erziehung. Oder umgekehrt betrachtet: Die Erziehung wird unter der Prämisse dieses gleichermaßen überhöhten wie lebensfremden Ideals zu einer risikoreichen Angelegenheit. Wer Kinder konsequent erzieht, steht vor sich selbst und anderen schlecht da, gilt als uneinfühlsam, wenig verständnisvoll oder sogar lieblos.

Folglich fällt es den verunsicherten Eltern schwer, eine eigene Position zu beziehen. Sie wissen nicht mehr, was richtig und was falsch ist. „Die Unfähigkeit, im wesentlichen gültige oder tragende Aspekte der traditionellen Methoden anzuerkennen und von veralteten, nachteiligen und übermäßig einschränkenden Maßnahmen zu unterscheiden, hat bei modernen Eltern zu einer demoralisierenden Verwirrung geführt ..." (Lasch 1987, 187). Authentizität und Permissivität erscheinen als die nahe liegendsten Antworten, verbunden mit der Hoffung, Erziehungsleistungen mögen woanders erfolgen.

Der Philosoph und französische Erziehungsminister Ferry (2003, 24) kennzeichnet die gegenwärtige Bildungssituation so: „Heute droht unserem Bildungssystem in zwei Bereichen große Gefahr: bei der Sprache und bei den guten Sitten, den Umgangsformen. Beide haben mit dem Erhalt eines kulturellen Erbes zu tun. Die Sprache wird uns übermittelt als Erbe und nicht als etwas, das ein Kind zu erfinden hätte. Genauso gründen gute Sitten, Umgangsformen, auf Traditionen. Seit mindestens einem Jahrhundert, vor allem aber seit 1968, hat man sich angewöhnt, nicht nur Innovation hoch zu schätzen, sondern auch Zerstörung der Traditionen. Dafür zahlen wir einen hohen Preis. Unsere Lehrer schaffen es nicht mehr, Unterricht zu halten, so problematisch ist die Atmosphäre in den Sekundarschulen. Das ist wirklich unerträglich. Zudem beherrschen 15 % der Kinder, die in die Sekundarschule eintreten, das Lesen und Schreiben nicht mehr."

Eine Kundenorientierung der Schule, mit einer massiv gestärkten elterlichen Position, stellt für diese Probleme keine adäquate Antwort dar. Sie trägt vielmehr dazu bei, dass wichtige, pädagogisch notwendige Differenzierungen weiter verloren gehen. Die Schule muss für das Kind einen starken Dritten repräsentieren, einen gesellschaftlichen Lern- und Lebensraum, der über das häusliche Milieu hinausgeht. Darin liegt eine wesentliche Bedingung dafür, dass sie die ihr anvertrauten Aufgaben zu erfüllen vermag. Erst in einem solchen, vom Elternhaus separierten Feld kann sie dem Kind neue Entwicklungsaufgaben stellen und veränderte Perspektiven eröffnen. Sie ist, mit anderen Worten, auf einen Bruch angewiesen, eine Differenzierung von groß und klein, neu und alt, und vor allem auf eine Trennung von Elternhaus und Schule.

Die Schule ist gerade nicht dazu gedacht, das fortzusetzen, was Kinder im Elternhaus sowieso schon erlebt haben oder nach dem Willen der Eltern weiter erfahren sollen. Vor diesem Hintergrund muss auch die schulrechtlich vorgesehene elterliche, faktisch mütterliche Teilhabe am Unterricht kritisch gesehen werden. Für die kindliche Entwicklung ist sie in aller Regel kontraproduktiv. Sie schwächt die Schule als einen Pol eines triangulären Raumes, zu dem weiterhin Kinder und Eltern gehören. Das Häusliche dringt in das Schulische ein. Die daraus resultierende Diffusion ist unheilvoll, wie immer die Bündnisse zwischen den Beteiligten aussehen mögen. Eine übermächtige Allianz zwischen Mutter und Lehrer schwächt die innere und äußere Position des Kindes, ein Bündnis zwischen Mutter und Kind macht den Lehrer zum Außenseiter. Den Nachteil davon hat das Kind, da entwicklungsfördernde Identifizierungen erschwert werden, mit den Lehrern ebenso wie mit dem System Schule, das sie repräsentieren. „Die Mitwirkung von Eltern *als Eltern* gar noch im Unterricht macht die soziale [und psychische] Orientierung des Kindes noch konfuser. Schule ist auch dazu da, dass sich das Kind von der elterlichen Umklammerung emanzipieren kann. Es braucht die Schule als einen willkommenen Anlass, ein Stück seines Lebens ohne die Kontrolle der Eltern zu führen, ihnen gegenüber einen eigenen Status zu gewinnen, indem es etwa seine Schulerfahrungen ebenso nach Hause mitbringt, wie es die Eltern in anderer Weise aus ihrem Beruf heraus auch tun" (Giesecke 1998, 179).

Um einem Missverständnis vorzubeugen: Es geht hier nicht darum, dass Elternhaus und Schule in größtmöglicher Distanz verharren sollten. Berührungsängste, Desinteresse und Passivität sind bekanntermaßen schlechte Indikatoren für die kindliche Entwicklung. Kinder brauchen das aktive und engagierte Interesse ihrer Eltern, auch in schulischen Fragen. Gleichwohl muss dafür Sorge getragen werden, dass das Verhältnis von Elternhaus und Schule richtig definiert wird. Worauf es ankommt, ist die Anerkennung einer grundlegenden Differenz von häuslicher und schulischer Lebenswelt, die Akzeptanz der Eigenständigkeit von Schule und, damit verbunden, eine Wertschätzung pädagogischer Arbeit.

6 Globalisierung, Persönlichkeitsverfall und das Ende der Erziehung?[1]

Aber die Verhältnisse ändern sich ständig, der Geist des Jahrhunderts ist unruhig und stürzt von Generation zu Generation alles um. Ist es daher nicht unsinnig, ein Kind so zu erziehen, als brauchte es sein Zimmer nie zu verlassen, als bliebe es immer inmitten seiner Leute?
Rousseau (1762)

6.1 Globalisierung und heutige Lebensrealität

Die folgenden Überlegungen schlagen einen weiten Bogen. Ausgangspunkt ist die Globalisierungsthese mit der Frage, inwieweit sich eine aus ökonomischen Gründen geforderte Flexibilität und Mobilität mit den psychologischen Bedürfnissen nach Intimität, Verlässlichkeit und Stabilität vereinbaren lässt. Möglichst ungestörte intime Beziehungen zwischen Eltern und Kindern galten bisher als entscheidende Voraussetzung dafür, dass sich Kinder gut entwickeln und zu starken Persönlichkeiten werden können. Ein schützender familiärer Rahmen, zuverlässig und belastbar zugleich, sollte die dazu notwendigen Erziehungsleistungen erbringen. Im Zeichen der Globalisierung wird dies nun in Frage gestellt. Mit der Auflösung herkömmlicher familiärer Strukturen gehe, so eine gängige These, ein Verlust an gesicherten Zukunftsperspektiven einher, und damit auch ein Verlust an verlässlichen Erziehungszielen, auf die sich Eltern und Lehrer mit gutem Recht beziehen könnten. Mitunter ist sogar vom Ende der Erziehung die Rede.

Kulturkritiker wie Christopher Lasch (1984) und Richard Sennett (1998) befürchten, dass infolge der Globalisierung grundlegende, wenn nicht sogar dramatische Veränderungen bevorstehen könnten. Sennett beschreibt paradigmatisch Lebensgeschichten ehemaliger IBM-Manager, die durch zahlreiche Brüche gekennzeichnet sind. Sehr häufig haben sie den Ort ihrer Tätigkeit verändern müssen. Neu angekommen, wurden sie nie danach gefragt, woher sie kamen, und auch nur selten, wohin sie demnächst gehen könnten. Der wiederholte berufliche Neubeginn paart sich mit schnell wechselnden sozialen Kontakten, die ebenso fragmentarisch bleiben wie die bisherigen Beziehungserfahrungen. Eine langfristige Lebensplanung wird dadurch unmöglich. Für die persönliche Entwicklung hält Sennett diese auf Kurzfristigkeit angelegte Lebensweise für fatal, auch wenn er einräumt, dass im Einzelfall Gewinn daraus gezogen werden kann. Was Sennett sorgt, ist der Verlust an intensiven sozialen Beziehungen, an Vertrauen und Bindung, die vor allem deshalb nicht mehr entstehen können, weil die dazu notwendige Zeit fehlt. Dieser

---

1 Es handelt sich hierbei um die überarbeitete Form eines Beitrages, der zuerst in Hantel-Quitmann, W. & Kastner, P. (Hrsg.) (2002): Die Globalisierung der Intimität. Die Zukunft intimer Beziehungen im Zeitalter der Globalisierung, Gießen, erschienen ist.

Verlust führt dazu, dass der Lebenslauf zu einer Ansammlung schwer integrierbarer Einzelerfahrungen wird. Das vereinzelte Individuum vermag nicht mehr, eine „Lebensgeschichte zu erzählen". Seine Identität wird brüchig. Sie bleibt für die eigene Person wie für andere unkenntlich. Vor diesem Hintergrund ist der marktgängige Buchtitel der deutschen Ausgabe irreführend. Sennett geht es nicht in erster Linie um den „Flexiblen Menschen", sondern um das, was im amerikanischen Titel zum Ausdruck kommt, „The Corrosion of Character".

Unklar bleibt zunächst, ob und inwieweit sich die von Sennett und anderen beschriebenen und für die USA zumindest in Teilen empirisch abgesicherten Gegebenheiten auf die hiesigen Verhältnisse übertragen lassen. Noch sehr viel stärker im Dunkeln liegen die möglichen psychologischen Folgen sowie die Konsequenzen, die sich daraus für ein pädagogisches Handeln ergeben könnten. Bisher existiert allenfalls ein Detailwissen. An die Stelle gesicherter wissenschaftlicher Erkenntnisse treten nicht selten Fantasien, die sich aus Zukunftsängsten und Irritationen speisen, vor allem in der Generation der heute Erziehenden. Es besteht also die Gefahr, dass die reale Lebenssituation von Kindern und Jugendlichen aus dem Blick gerät und über intrapsychische Prozesse Mutmaßungen mit Einsichten verwechselt werden. Auf der äußeren Ebene kann ein Rückgriff auf empirisches Datenmaterial klärend wirken. Benötigt werden vor allem Daten aus Vergangenheit und Gegenwart, die einen Vergleich des Früheren mit dem Heutigen ermöglichen. Dabei dürfte es eine Reihe von Überraschungen geben.

„Individualisierung" und die „Diversifizierung von Beziehungsformen" gelten seit einiger Zeit als besonders aktuelle Themen. Gross (1994) spricht von einer Multioptionsgesellschaft, Beck (1986) von der Risikogesellschaft. Beck geht es darum, das Spannungsfeld zwischen zwei Polen eines einschneidenden Individualisierungsschubes auszuleuchten. Auf der einen Seite stehen neue, vielfältig individuell gestaltbare Lebensmöglichkeiten, die zur persönlichen Entfaltung genutzt werden können. Andererseits findet sich die Gefahr des Scheiterns, die in einem Verlust traditioneller Gemeinschaftsbezüge besteht und darin, dass der Einzelne kaum noch überschaubaren und steuerbaren administrativen und ökonomischen Vorgaben ausgeliefert ist. Eine freie, emanzipative Lebensgestaltung kann es dann nicht mehr geben.

An kritischen Stellungnahmen zu den Überlegungen Becks hat es nicht gefehlt. Honneth (1995, 24) merkt zum Beispiel an, „... dass Beck zu der paradoxen Zuspitzung seiner Zeitdiagnose nur gelangen kann, weil er in seinem Begriff der ‚Individualisierung' vollkommen disparate Aspekte vorschnell zusammenzieht und auf einen nur fiktiven Nenner bringt ..." Die Individualisierung sei eine viel zu grobe Kategorie, als dass sie auf unterschiedlichen Ebenen angesiedelte Phänomene befriedigend erklären könne. Dazu trage auch bei, dass soziologische und psychologische Kategorien nicht hinreichend voneinander differenziert werden. Strukturelle Veränderungen in der äußeren Lebensrealität, etwa erweiterte Entscheidungsspielräume, gerieten in der Folge viel zu umstandslos in die Nähe innerer Zustandsbeschreibungen, wie das Erleben einer zunehmenden Autonomie. Einer gewissenhaften empirischen Überprüfung halte die „Risikogesellschaft" aufgrund ihres Verallgemeinerungsgrades ebenso wenig stand wie vergleichbare Zeitdiagnosen. „So werden die weitmaschigen Überlegungen Becks zur Ausdifferenzierung von Lebenslagen an Tiefenschärfe häufig durch Spezialstudien auf eng umrissenem Feld übertroffen" (Honneth 1995, 26).

Eine gängige Fehlannahme besteht darin, dass Kinder früher in stabileren Verhältnissen aufwuchsen als heute. „Im gesamten 20. Jahrhundert haben etwa 30 Prozent der Kinder den Verlust eines leiblichen Elternteils erlebt" (Bertram 2001, 32). Nach den beiden Weltkriegen gab es eine Unzahl zerbrochener Familien, häufig mit einem Neubeginn unter gänzlich veränderten Konstellationen. Im Berlin der 30er Jahre wurden mehr Ehen geschieden als gegenwärtig. Und auch die vermeintliche Idylle der gemächlichen Schweiz mag trügen. Die Zahl der allein erziehenden Mütter war dort 1920 höher als sie es heute ist (Grieser 1998). Die Reihe der Beispiele ließe sich beliebig fortsetzen. Für die gegenwärtige Situation berichtet Utzmann-Krombholz (1994) aufgrund einer repräsentativen Studie, dass 90 % der 14- bis 24-Jährigen bis zu ihrem 14. Lebensjahr durchgängig bei beiden Elternteilen aufgewachsen sind. Nach Nauck (1991) sind es 85,3 % aller Kinder und Jugendlichen unter 18 Jahren, deren Lebensverhältnisse dem so genannten Normalitätsentwurf entsprechen. Sie leben mit den leiblichen, verheirateten Eltern in einer Hausgemeinschaft. Pluralisierung und Individualisierung sind offensichtlich Kategorien, die nur über eine beschränkte Aussagekraft verfügen. „In einem längerfristigen Zeithorizont gesehen, ist Pluralität gar nicht neu. ... Nichteheliche Lebensgemeinschaften mit Kindern waren in der vorindustriellen Zeit regional sogar stärker verbreitet als heute. Pflege-, Stief-, und Einelternfamilien gab es zu allen Zeiten und Ledige zählte man in früheren Zeiten in beträchtlichem Ausmaß. Wenn man nicht die 50er und 60er Jahre des 20. Jahrhunderts (mit ihrer besonders starken Verbreitung von Zweielternfamilien) zum Vergleichsmaßstab nimmt, sondern z. B. hundert Jahre zurückgeht, dann sind die Entwicklungen erstaunlich konstant" (Hettlage 2000, 86). Und Bertram (2001, 32) fasst den vorliegenden Erkenntnisstand so zusammen: „Heute leben in Deutschland etwa 80 % der Kinder bei beiden leiblichen Eltern. Wir haben eine starke Refamiliarisierung erlebt. Die große Mehrheit der Kinder wächst in stabilen Familien auf." Statistisch gesehen werden gehäuft Ehen geschieden, die kinderlos geblieben sind. Ansonsten erfolgen Scheidungen oft erst dann, wenn die Kinder bereits relativ alt sind.

Als ebenfalls revisionsbedürftig erweist sich die Annahme, es habe in früheren Zeiten stabile Arbeitswelten gegeben. Als Kennzeichen für ein traditionelles, stabiles Arbeitsleben gilt dabei die Bindung an einen erlernten Beruf, der möglichst ein Leben lang ausgeübt wird, weiterhin ein seltener Wechsel der Arbeitsstellen, verbunden mit geringer Mobilität. Bezogen auf die Industriegesellschaften erweist sich dieses Bild der Berufswelt als eine Fiktion. Historische Vergleiche zeigen nämlich, dass eine solche Stabilität nur in Ausnahmeperioden existiert hat. Ein wichtiges Beispiel sind die 50er und 60er Jahre in Westdeutschland. Sie werden immer wieder herangezogen, um eine Normalität der Arbeitswelt zu konstruieren, die nie durchgängig Realität war. Gehäuft diskontinuierliche berufliche Entwicklungen kennzeichnen etwa die 20er und 30er Jahre. Es bedurfte oft langer Zeit und unterschiedlicher Tätigkeiten, bis eine berufliche Etablierung gelang, so, wie es gegenwärtig in Teilbereichen der Gesellschaft der Fall ist und in Zukunft noch häufiger vorkommen mag.

Diese wenigen Angaben mögen hier genügen. Sie zeigen, dass die gegenwärtige Umbruchssituation in wichtigen Aspekten nicht so außergewöhnlich ist, wie oft behauptet wird. Massive Irritationen über die Zukunft hat es im vergangenen Jahrhundert immer wieder gegeben. Sie basierten nicht selten auf historischen

Wandlungen, die sehr viel gravierender waren als es die heutigen Veränderungen sind. Eine wiederkehrende Sorge betrifft dabei die psychische und soziale Situation Heranwachsender. Mitscherlich berichtet zum Beispiel 1947, im ersten Heft der „Psyche", über Verwahrlosungserscheinungen von Jugendlichen. Er beschreibt und analysiert diverse Auflösungserscheinungen, unsicher gewordene Perspektiven und den Verlust an verbindenden und verbindlichen Werten. Was den Jugendlichen in der Folge vor allem fehle, sei ein innerer Halt. Vieles an Mitscherlichs Beschreibung klingt so, als sei sie für die heutige Zeit formuliert, auch wenn die Schrift in einer ganz anderen historischen Einbettung entstanden ist. Dies gilt auch für Überlegungen, die Hannah Arendt bereits 1958 formuliert hat – zu Zeiten, als die Globalisierung in der heute diskutierten Form noch keine Rolle spielte. Sie beklagt, dass die Erziehungsbereitschaft der Erwachsenen immer mehr nachlasse. Eine Relativierung des Erziehungsauftrages gehe von der älteren Generation und ihrer Neigung aus, sich den als schwierig erlebten Erziehungsaufgaben zu entziehen. „Die Autorität ist von den Erwachsenen abgeschafft worden, und dies kann nur eines besagen, nämlich dass sich die Erwachsenen weigern, die Verantwortung für die Welt zu übernehmen, in welche sie die Kinder hineingeboren haben" (zitiert nach Savater 1998, 115). Dieser Satz kennzeichnet auch die gegenwärtige Situation in einem nicht unerheblichen Maße. Es muss also sehr genau zwischen wirklich Neuem, noch nicht Dagewesenem und sich wiederholendem Alten, das allenfalls in einer zeittypischen Verkleidung erscheint, differenziert werden.

Auf der phänomenologischen Ebene sind in den letzten Jahren in der Tat eine ganze Reihe gravierender Neuerungen eingetreten. Sie betreffen vor allem die Geschwindigkeit alltäglicher Lebensabläufe, das Tempo und die Differenziertheit technisch bedingter Kommunikationsprozesse und das Entstehen künstlich erzeugter Wirklichkeiten („virtuelle Realitäten"). Zugleich ist das ökonomische Prinzip zu einem allumfassenden Leitbild gesellschaftlicher Entwicklung geworden. Marktwirtschaftliche Prinzipien dringen immer stärker in die unterschiedlichsten Lebensbereiche ein. Inwieweit sich diese Veränderungen mehr als nur oberflächlich auf zwischenmenschliche Beziehungen auswirken, die Welt der inneren Objekte und psychische Strukturbildungen verändern, ist die entscheidende, global kaum zu beantwortende Frage. Einige zeittypische Gefährdungselemente für die psychosoziale Entwicklung von Kindern und Jugendlichen lassen sich jedoch relativ genau bestimmen. Ich beschränke mich hier auf die Analyse eines einzelnen Aspektes, den der zunehmenden Zeitverknappung, der sich exemplarisch in einer ganzen Reihe von Computerspielen zeigt.

6.2 Geschwindigkeitsrausch, psychische Entwicklung und Zeitdimension

Als Beispiel dient im Folgenden „Rebel Assault II", der Nachfolger eines der weltweit meistverkauftesten Computerspiele. In diesem Spiel kommt es darauf an, angreifende Flugkörper von einem Flugzeug aus zu vernichten. Es beeindruckt, wie ähnliche Computerspiele auch, zunächst durch die Geschwindigkeit, mit der Vorgaben erfolgen und Reaktionen erzwungen werden. Das Spiel ist so angelegt, dass es eingeengte, monotone Handlungsfolgen in immer höherer Geschwindigkeit erfordert. Hinzu kommt, und das macht seinen Reiz aus, dass plötzlich neue Situationen mit schockartiger Wirkung entstehen. Der Spieler wird in der Folge aus der tranceartigen Wirkung des Bekannten herausgerissen und sieht sich erregenden Anforderungen ausgesetzt. Das Gefangensein in der Monotonie des Spiels und die plötzlich eintretende Erregung stellen die psychisch entscheidenden Sensationen dar, die solche Spiele auszeichnen.

Die erfolgreiche Bewältigung dieser Spiele erfordert ein hohes Ausmaß an Konzentration und eine extreme Anspannung. Dazu gehört insbesondere die Fähigkeit, Außenreize auszublenden. Der Spieler begibt sich in die Computerwelt hinein, ist ganz auf das Gerät bezogen – und unterbricht alle sozialen Kontakte. Doch nicht nur das: Er muss auch so weit wie möglich frei sein von inneren Bewegungen, separiert von seinen inneren Objekten. Gefühle und Erinnerungen werden ebenso zu Störfaktoren wie körperbezogene Wahrnehmungen. Erfolgreich kann nur sein, wer eigene Emotionen wie Freude, Erwartungsdruck, Triumphgefühle gar nicht erst aufkommen lässt, sie zu unterdrücken oder zumindest weitgehend zu kontrollieren vermag. Für eigene, nicht zweckgerichtete Gedanken und Überlegungen darf es keine Zeit mehr geben. Gefordert sind zielgerichtete Denkformen, die sich in ihrer Wirksamkeit sofort überprüfen lassen. Unter dieser Bedingung können sich „Computerkinder" leicht konzentrieren. Es handelt sich um eine Konzentration, die auf Unmittelbares bezogen ist und keinen Aufschub duldet.

Aus dem Erfahrungsbereich der genannten Computerspiele fällt all das heraus, was Nachdenklichkeit und eine Konzentration auf das eigene Innenleben erfordert. Auch fehlt jede Art der Zukunftsgerichtetheit. Das eigene Erleben erscheint ausschließlich als selbst produziert, ohne dass ein Gegenüber benötigt wird. Verbunden damit sind Fantasien omnipotenter Kontrolle über die eigene Person und die Umwelt. Die fiktive Kommunikation ersetzt den narrativen Dialog, das Kontrollierbare und rasch Machbare die gelebte Beziehung. Häufig erscheint den Computerkindern deshalb jede Innenwendung sowie jede Form des Denkens, die sich nicht unmittelbar zweckrational verwenden lässt, als nutzlos. Wenn eine solche Erlebensweise dominiert, wird es entsprechend risikoreich, sich auf gelebte Beziehungen einzulassen.

In diesen Computerspielen repräsentiert sich etwas, dass mitunter als extreme Verdichtung zeittypischen Erlebens angesehen wird: Monotonie und erregende Reizüberflutung, hektische Zeitknappheit und Schwinden der Zukunftsdimension, sofortige Erfolgserwartung und fehlender Bedürfnisaufschub, Dominanz des Zweckrationalen und Omnipotenzfantasien über die innere und äußere Welt.

Für die psychische Entwicklung von Kindern und Jugendlichen sind dies denkbar schlechte Bedingungen. Denn Entwicklung braucht Zeit: Oft sind es frühe Überforderungen, die dazu führen, dass nachhaltige Schädigungen entstehen – indem Entwicklungsschritte vorschnell durchschritten oder gar übersprungen werden müssen. Wie unverzichtbar Zeit für die Entfaltung psychischer Prozesse ist, wird im Folgenden beispielhaft anhand der Entwicklung des Ich-Ideals gezeigt. Die seelische Entwicklung beginnt nach Chasseguet-Smirgel (1987, 13 f) in einem spannungsfreien Zustand: „Die Zeit, in der das Kind selbst sein eigenes Ideal war, enthielt weder Unbefriedigtheit noch Begehren noch Verlust, und sie besteht in uns als das Engramm des perfekten und permanenten Glücks." Das Erleben narzisstischer Allmacht löst sich in der weiteren Entwicklung des Kindes auf, in dem Maße, wie eine totale Bedürfnisbefriedigung unmöglich wird. Das Kind beginnt zu ahnen, dass die eigenen Möglichkeiten begrenzt sind, und es spürt die Abhängigkeit von anderen. Die Auflösung des ursprünglichen Zustandes narzisstischer Vollkommenheit stellt für Chasseguet-Smirgel eine existenzielle Notwendigkeit dar, die mit erheblichen psychischen Anstrengungen verbunden ist: Sie kann in kurzer Zeit nicht geleistet werden. Das Kind braucht Zeit, um sich mit seinen neu entstandenen, stark ambivalenten Wünschen auseinander zu setzen. Einerseits sehnt es sich mit großer Kraft in den ursprünglichen Zustand zurück, andererseits fürchtet es ihn ebenso massiv. Denn neben einer idealisierten Mutter-Imago, die eine umfassende Befriedigung verschafft, steht das Bild einer archaisch omnipotenten Mutter, die mit mächtigen Destruktionskräften ausgestattet ist und über das Kind beliebig verfügen kann.

Aber auch wenn diese Aufgabe bewältigt ist, besteht eine der wichtigsten menschlichen Antriebskräfte weiterhin darin, den verloren gegangenen Zustand der Vollkommenheit wiederherzustellen. Dieser Wunsch durchzieht die gesamte Lebensspanne und eröffnet dem Kind wesentliche Entwicklungsperspektiven, die ohne das Erleben eines solchen Mangels unmöglich wären. Die Hoffnung, den ersehnten Zustand über das Ich-Ideal doch noch zu erreichen, lässt ein Kind vieles an Bedürfniseinschränkungen und Frustration aushalten, durch die es sonst überfordert wäre. Die Weiterentwicklung der Ich-Funktionen sowie die Ausdifferenzierung der inneren Objektwelt resultieren unter anderem aus dieser Antriebskraft.

Was passieren kann, wenn die für Entwicklungsprozesse benötigte Zeit aus inneren und äußeren Gründen nicht zur Verfügung steht, soll aus psychoanalytischer Perspektive anhand zweier Beispiele illustriert werden: Den Perversionsentwicklungen und der mangelnden Fähigkeit zur psychischen Repräsentation des Erlebens, die Kristeva (1994) als „neues Leiden der Seele" bezeichnet.

Perversionsbildungen interessieren hier nicht in erster Linie als sexuelle Abweichungen, sondern als ein bestimmter Modus der Beziehungsgestaltung. Chasseguet-Smirgel (1987, 184) sieht in ihnen einen zeittypischen Versuch, „die schmerzliche Grenze zu beseitigen, die die *Realität* dem Wunsch des Menschen nach unendlicher Expansion gesetzt hat". Dieser Versuch entsteht mit dem Ziel, die Einsicht in Geschlechts- und Generationenunterschiede zu vermeiden. Ein solches Kind fantasiert bzw. erlebt sich als adäquaten Partner seiner Mutter, ersehnt eine Bedürfnisbefriedigung ohne zeitlichen Aufschub. Dabei hat es nicht das Gefühl, den Platz des Vaters besetzen zu müssen. Er hat ihn, seinem Erleben nach, schon immer innegehabt. Das bedeutet, dass psychisch kein Dritter existiert. Deshalb besteht für das Kind auch keine Notwendigkeit, sich mit ihm zu identifizieren, in der Hoffnung, dass es später einmal seinen Platz einnehmen könnte.

Wenn die Existenz unterschiedlicher Generationen aus der psychischen Realität ferngehalten wird, entsteht keine innere Differenzierung zwischen nahen und fernen Entwicklungszielen, Erreichbarem und noch nicht Erreichbarem, Gegenwärtigem und Zukünftigem. Das Kind bildet keine inneren Repräsentanzen aus, die es ihm ermöglichen, zwischen jung oder alt, erwachsen oder nicht-erwachsen zu unterscheiden. Jede Form der Bedürfnisbefriedigung erscheint sofort möglich, ohne einen als quälend erlebten Aufschub. Eine Beschäftigung mit dem eigenen Innenleben unterbleibt aufgrund einer fehlenden Zeit- und Zukunftsperspektive. In der Zukunft gibt es, für ein solches Kind, nichts zu gewinnen. Das Gefühl, dass die eigene Entwicklung Zeit braucht, stellt sich deshalb auch gar nicht erst ein. Letztlich führt die „Aufhebung des Geschlechts- und Generationsunterschiedes zur

Abschaffung des Gedankens der Evolution, der Entwicklung, der Reifung, kurz –
des Prozesses", resümiert Chasseguet-Smirgel (1987, 185) in diesem Zusammenhang.

Die neuen Leiden der Seele: Aus einer anderen Perspektive nähert sich Kristeva
(1994) den psychischen Folgen an, die sich im Extremfall aus Modernisierungsprozessen ergeben können. Sie nimmt dabei unmittelbar Bezug auf die gesteigerte
Geschwindigkeit der Lebensprozesse. Unter dem Stichwort der „neuen Leiden der
Seele" postuliert Kristeva (1994, 14) eine neue, zeittypische Patientengruppe, die
sich dadurch auszeichnet, dass sie „weder die nötige Zeit noch den nötigen Raum
[hatte], um sich eine Seele zu bilden". Sie beschreibt, wie diese Menschen ohne
sexuelle und moralische Identität um sich selbst kreisen, ohne dass es ihnen möglich
ist, einen Zugang zu ihrem inneren Erleben zu finden. Ihr Unbehagen und Leiden
können sie nicht artikulieren. Stattdessen stellen sich diffuse Befindlichkeitsstörungen und körperliche Symptome ein, die schnell neurochemisch bekämpft
werden.

Die Übersättigung mit medialen Einflüssen spielt dabei eine entscheidende Rolle.
Ein schneller Wechsel medialer Reizquellen zielt darauf hin, dass ein hoher Erregungszustand hergestellt und aufrechterhalten wird. Vor allem die Überflutung mit
Bildern führt zu einer fortwährenden Erregung, hinter der das eigene Unbehagen
verschwindet. Die Bilderwelt nimmt Ängste und Begierden auf und ersetzt in
weiten Bereichen das reale Leben. Zwischen Realität und Simulation der Realität
kann kaum noch unterschieden werden, Fantasie und Realität mischen sich.

Auch Lasch (1984) hält das beschriebene Phänomen für folgenschwer. Denn es
schwindet zunehmend die Möglichkeit, sich mit der inneren und äußeren Realität
auseinander zu setzen. Nur schwerlich gelingt es, das eigene Erleben und seine
Bedeutung in Worte zu fassen. Persönlich Bedeutungsvolles, Unwichtiges und
Schädliches können kaum mehr differenziert werden. Das psychische Leben ist
blockiert und stirbt im schlimmsten Fall ab. Einen ähnlichen Gedanken hat
Günther Anders bereits vor einiger Zeit formuliert. In der „Antiquiertheit des
Menschen" (1980) entwirft er anhand der Beobachtung japanischer Spielhöllenbesucher die Hypothese einer „Dingpsychologie", die eines Tages eine subjektorientierte Humanpsychologie ersetzen könnte.

6.3 Entwicklungsgefährdung oder Persönlichkeitsverfall

Damit ist ein zeittypisches Segment von Gefährdungen für die psychosoziale Entwicklung von Kindern und Jugendlichen in sehr allgemeiner Form beschrieben. Die
gesellschaftliche Tendenz zur Zeitverknappung wird für die allermeisten Heranwachsenden nicht folgenlos bleiben. Sie prägt das Alltagsleben: Insofern stellt sie
eine wichtige Rahmenbedingung des kindlichen Erlebens und Handelns dar, die im
Einzelfall mehr oder weniger bedeutungsvoll sein kann (Bergmann 2002). Offen
bleibt allerdings, wie sie sich auf durchschnittliche Entwicklungsverläufe auswirkt
und wie gravierend und nachhaltig diese Auswirkungen sind oder sein werden. Vor
allem stellt sich die Frage, für welche Personengruppen sich massive Konsequenzen
ergeben und für wen dies nicht der Fall ist.

In der soeben skizzierten Dramatik dürfte nur eine sehr begrenzte Anzahl von Kindern und Jugendlichen betroffen sein. Vieles spricht dafür, dass die beschriebenen Phänomene Ausdruck einer aufgeheizten inneren Notlage sind. „Perversionsbildungen als psychischer Modus" und das „Absterben des inneren Erlebens" stellen in ihrem Kern pathologische Phänomene dar. Eine extrem verengte äußere Lebenssituation, etwa eine suchtartige Bindung an Computerspiele, ist folglich der Ausdruck eines verzweifelten Rettungsversuches, der aus einer schwerwiegenden inneren Problematik befreien soll. Die dramatische innere Situation entsteht nicht dadurch, dass es Computer oder Computerspiele gibt, die zu einem rauschhaften Erleben verführen. Vielmehr wird ein Geschwindigkeitsrausch in einer bestimmten Realität gesucht, weil er inneren Notwendigkeiten entspricht. Entsprechendes mag auch dann gelten, wenn eine extreme Zeitverknappung zum ausschließlich lebensdominierenden Thema gemacht wird, wie Reiche (1990) in einer Falldarstellung zeigt. Die nicht vorhandene Zeit dient hier als Schutz vor Objekterfahrungen, die als überfordernd erlebt werden und deshalb vermieden werden müssen.

Analog zu diesen Überlegungen stellt sich die Bedeutung von Suchtmitteln dar. Voigtl (2001) resümiert den aktuellen Erkenntnisstand und betont den funktionellen Charakter von Suchtmitteln. Sie gewinnen ihren Stellenwert im Suchtgeschehen letztlich erst dadurch, dass sie auf bestimmte psychische Dispositionen treffen. Entscheidend ist die suchthafte Bindung an ein „unbelebtes Objekt", das nicht stofflicher Natur sein muss. Nicht die Droge produziert die Sucht, sondern eine psychisch verankerte Struktur führt zum süchtigen Drogengebrauch. Dazu nur ein Beispiel: Erstaunlicherweise haben über 80 % der in die USA zurückgekehrten heroinabhängigen Vietnamsoldaten den süchtigen Konsum eingestellt, viele von ihnen ohne professionelle Hilfe. Dies spricht nicht für die Harmlosigkeit von Suchtmitteln und schon gar nicht für eine generelle Freigabe illegaler Drogen, fordert aber die Erkenntnis heraus, dass auch hier äußeren Vorgaben nicht die oft behauptete entscheidende Bedeutung zukommt.

Seelische Erkrankungen und psychische Besonderheiten haben sich von je her zeittypische Ausdrucksformen gesucht. Die Hysterien der Jahrhundertwende sind das historisch berühmteste Beispiel. Triebimpulse trafen auf eine viktorianische Moral, mussten deshalb abgewehrt werden und haben doch in der Symptomatik eine verstellte Ausdrucksform gefunden. Zwangserkrankungen galten zu Beginn des Jahrhunderts als typische Folge von Trieb-Abwehrprozessen, die sich vor allem um verbotene aggressive Bedürfnisse zentrierten. Ungern gesehene psychotische Erkrankungen traten in der ehemaligen Sowjetunion zurück. Häufig überließen sie ihren Platz den als unverdächtig geltenden Psychosomatosen. Narzisstische Erkrankungen hingegen passen gut in die heutige Zeit: Ihre symptomatischen Äußerungen korrespondieren mit einem weit verbreiteten sozialen Habitus, hinter dem sich die innere Not gut tarnen lässt. In Zukunft werden neue Ausdrucksformen seelischer Erkrankungen und Beeinträchtigungen entstehen, darunter auch solche, die eine technologisch geprägte „Informations- und Kommunikationsgesellschaft" für sich zu nutzen wissen.

Gleichwohl ist dabei zu beachten, dass die psychischen Konflikte, die den genannten Erkrankungen zugrunde liegen, in ihrem Kern fortbestehen. Auch existieren die in früheren Zeiten dominierenden Krankheitsbilder weiterhin, obgleich sich die gesellschaftlichen Rahmenbedingungen grundlegend gewandelt haben. Sie sind gar nicht so selten geworden, wie häufig angenommen wird, fristen aber eher ein Schattendasein und werden weniger beachtet. Auch heute gibt es zum Beispiel noch Hysterien und Zwangserkrankungen in erheblicher Zahl (Remschmidt 2000).

Die Annahme eines direkten Zusammenhanges zwischen gesellschaftlichen Rahmenbedingungen und psychischen Folgen erscheint auf den ersten Blick überzeugend. Imposante Veränderungen der Außenwelt finden demnach einen ähnlich gravierenden Niederschlag in den Personen selbst. Die ständige mediale Präsenz von Gewalt und Kriminalität lässt sich, dieser Logik folgend, leicht mit einer inneren Brutalisierung in Beziehung bringen. Eine Zeitverkappung in der äußeren Realität führt zu einer fehlenden inneren Zeit, die für eine Strukturbildung dringend benötigt wird. Ebenso nahe liegend ist es, aus der öffentlich inszenierten Relativierung, wenn nicht gar Auflösung von Werten auf eine innere Wertunsicherheit oder einen Werteverfall zu schließen. Die narzisstische Zurschaustellung von Privatheit, allgegenwärtig im nachmittäglichen Fernsehen, kennzeichnet dann nicht nur eine schamlose Kultur, sondern auch einen inneren Verlust an Schamgefühlen.

Übersehen wird dabei allerdings, dass eine solche Gleichsetzung allenfalls durch den verführerischen Charme einfacher Lösungen besticht. Denn äußere Realitäten setzen sich nicht ungebrochen in innere Strukturen um. Das Verhältnis beider ist sehr viel verschlungener als der erste Blick verrät. Die innere Erlebenswelt konstituiert sich aufgrund höchstindividueller, oft auch kreativer Verarbeitungsprozesse. Nicht selten nehmen innere Repräsentanzen und Strukturen Formen an, die der von außen beobachtbaren Realität kaum entsprechen. Innere und äußere Realität gehören ganz unterschiedlich gearteten Kategorien an, die direkte Ableitungen verbieten. Deshalb ist auch Vorsicht geboten, wenn sich kultur- und gesellschaftskritische Theorien umstandslos klinisch-psychoanalytischer Erkenntnisse bedienen. Besonders auffällig ist dies bei Lasch (1984/1986), einem bereits erwähnten Historiker, der sich mit kulturtheoretischen Arbeiten einen Namen gemacht hat. Er setzt gesellschaftsbezogene, kulturkritische Theoreme weitgehend mit dem gleich, was er im Inneren der Person verankert sieht. Mit der kulturellen Definition „Zeitalter des Narzissmus" korrespondiert dann nahezu bruchlos ein gesellschaftlich dominierendes Charakterbild, das sich an die klinische Diagnose der „narzisstischen Persönlichkeit" anlehnt. Vereinfacht formuliert: Wenn sich die Kultur narzisstisch gibt, ist es der Einzelne in seinem tiefsten inneren Erleben auch. Oder um ein anderes Beispiel zu nennen: Eine zunehmend schwerer überschaubare Alltagswelt, mit neuen und ängstigenden Herausforderungen, soll dazu führen, dass nur noch eine Rettung in ein „minimales Selbst" übrig bleibt.

Die Individuen sind aber zeitspezifischen Einflüssen nicht schutzlos ausgeliefert, heutzutage ebenso wenig wie in früheren Zeiten. Dafür sprechen eine ganze Reihe von Überlegungen, die Reiche (1991) im Einzelnen ausführt. Sozialepidemiologisch bemerkenswert ist in diesem Zusammenhang unter anderem, dass wenig für ein generelles Ansteigen seelischer Erkrankungen spricht. Auch gibt es bei kritischer Betrachtung kaum überzeugende Argumente dafür, dass sich die Sozialisationsbedingungen von Kindern und Jugendlichen über die Jahrzehnte kontinuierlich verschlechtern. Man denke nur an die eingangs erwähnte Darstellung Mitscherlichs. Ebenso wenig lässt sich begründet annehmen, dass die frühe Mutter-Kind-Beziehung als Grundlage persönlicher Entwicklung immer brüchiger und weniger tragfähig wird.

Wichtige kulturtheoretische Schriften legen dies allerdings nahe. Sie beschreiben fortwährende Verfallserscheinungen, im Kulturellen ebenso wie im individuellen Seelenleben. In den „Studien über Autorität und Familie" des Frankfurter Instituts für Sozialforschung wird eine zunehmende Ich-Schwächung beklagt, die die Autoren auf das Vordringen außerfamiliärer Sozialisationseinflüsse zurückführen. Riesman (1958) sieht einen Übergang von der innen- zur außengeleiteten Persönlichkeit, Marcuse (1967) beschreibt den „eindimensionalen Menschen" und eine zunehmende „repressive Entsublimierung", Lasch (1984/1986) spricht zunächst von einem „Zeitalter des Narzissmus", dann von einem Menschen, der sich auf ein „minimales Selbst" reduzieren muss. Sennetts Thema ist, als letztes Element dieser Reihe, „The Corrosion of Charakter", wörtlich übersetzt: Das zerfressen, verätzt werden der Persönlichkeit.

Wie gedankenreich und gehaltvoll diese Schriften im Einzelnen auch sein mögen, Zweifel an der Gültigkeit eines allgemeinen Verfalls- und Regressionstheorems sind angebracht. Bereits ein Blick auf das vergangene Jahrhundert gibt dazu Anlass: Es sind die vermeintlich gesunderen und stabileren Charaktere früherer Zeiten gewesen, die zu unglaublichen Vernichtungstaten in der Lage waren. Im Hinblick auf Marcuses These eines sich zunehmend verringernden Sublimierungsniveaus schreibt Reiche (1991, 1058) zu Recht: „Jedenfalls ist in der Kriegsbegeisterung der Deutschen am Vorabend des ersten Weltkriegs kaum weniger repressive Entsublimierung wirksam als in den Vorabendprogrammen der Fernsehwelt von 1991. Ob in der sexualisierten Atmosphäre moderner Einkaufs- und Tourismuszentren mehr Eindimensionalität herrscht als in den Branntweinhallen und auf den Sonntagsspaziergängen vergangener Epochen, ist eine schwierige Frage. Wahrscheinlich ist die ganze Frage falsch gestellt. Und ob in den rituellen Aufmärschen gestauter Autokolonnen mehr bewusstlose aggressive Gewalt gebunden ist als in den gebeugten Fußmärschen ausgemergelter Proletarier von ihren elenden Behausungen zu ihren elenden Fabrikarbeitsplätzen, ist eine Frage, die ich nicht entscheiden möchte."

Doch zurück zur Situation der Heranwachsenden. Die Entwicklung der meisten Kinder und Jugendlichen dürfte aufgrund der dargestellten Gefährdung weder sonderlich besorgniserregend und schon gar nicht pathologisch verlaufen (Hoelscher 1994; Gross 1995; Petzhold 2000). Eine extreme Zeitverknappung, beispielhaft an einem Computerspiel dargestellt, trifft die meisten Heranwachsenden höchstens in einzelnen, zeitlich begrenzten Segmenten ihres Lebens. Gefährlich wird sie erst dann, wenn sie nicht periodenhaft bleibt, sondern das Seelenleben über längere Zeiträume weitgehend oder fast durchgängig dominiert. Das wird nur dann der Fall sein, wenn aufgrund einer zugespitzten inneren Situation fast permanent ein solcher Erlebenszustand hergestellt werden muss.

Die Auswirkungen einer allgemeinen Zeitverknappung, die das Alltagsleben durchzieht, lassen sich als isoliert bleibender Faktor kaum abschätzen. Die entscheidende Frage ist, in welche Beziehungserfahrungen sie sich einbettet und mit welchen Bedeutungen sie von den Beteiligten versehen wird. Aus psychoanalytischer Sicht erfährt das Kind die entscheidenden Prägungen nach wie vor im Elternhaus, in den ersten Lebensjahren. Eine erneute, wenngleich überraschende Bestätigung dafür findet sich in der neurophysiologischen Forschung (Roth 2000). Auch wenn sich ein veränderter Umgang mit Zeit bis in die früheste Kindheit hinein auswirken mag: Bei aller Zeitverknappung gibt es wenig Grund zu der Annahme, dass sich Mütter heute generell schlechter auf die Bedürfnisse ihrer Kinder einlassen und für sie sorgen können als zu früheren Zeiten. Und wie gezeigt wurde, ist es auch wenig wahrscheinlich, dass sich grundlegende Sozialisationsvoraussetzungen immer weiter verschlechtern. Die Vorstellung, früher habe es Ideale und intakte Familien gegeben, dürfte nicht unwesentlich eine Verschiebung gegenwärtig unbefriedigter Wünsche nach Sicherheit und Geborgenheit auf die Vergangenheit sein. In diesem Zusammenhang spricht Reiche (1991, 1054) von einem „Ursprungsmythos von der intakten Neurose in einer intakten Familie in einer intakten Kultur".

6.4 Das Ende der Erziehung?

Von neuen Zeiten hingegen geht die These vom „Ende der Erziehung" aus, die beispielsweise Giesecke (1993) vertritt. Begründet wird sie unter anderem mit Folgen, die sich aus der Globalisierung ergeben. Zu ungesicherten und wechselnden Arbeitsverhältnissen mit verstärkten Mobilitätsanforderungen gesellen sich demnach veränderte, vor allem flüchtigere und brüchigere Beziehungserfahrungen. Ebenso unüberschaubar seien die Formen und Folgen technologisierter Kommunikation sowie die Bedeutung, die künstlich erzeugte Wirklichkeiten zukünftig haben werden. Hinzu komme ein schneller Wechsel von Werten, nicht selten ein Verfall des ehemals sicher Geglaubten. Aufgrund dieser Faktoren sei eine gesicherte Zukunftsplanung nicht mehr möglich. Die ältere Generation verfüge weder über ein ausreichendes Wissen noch über tragende Leitideen, die für die Nachwachsenden von wirklicher Bedeutung sein könnten. Vorgegebene Erziehungsziele existieren deshalb nur noch in einem sehr begrenzten Maße.

Je länger ich mich mit einem so begründeten „Ende der Erziehung" beschäftige, desto weniger vermag ich mich mit dieser These anzufreunden. Unbestreitbar ist seit längerem eine große Unsicherheit in das Erziehungsgeschehen eingetreten. Sie speist sich aus ganz unterschiedlichen Quellen, entspringt teils separierten historischen, ideengeschichtlichen und pädagogischen Entwicklungslinien. Zu einem nicht unwesentlichen Teil ist sie nur locker mit den beschriebenen Globalisierungsfolgen korreliert.

Die Selbstverständlichkeit herkömmlicher Erziehungsziele ist, um einen wichtigen Meilenstein zu nennen, bereits nach 1968 in Frage gestellt worden. Infolge der Krise, die damals zwischen den Generationen aufbrach, hat der Erziehungsbegriff in seiner bisherigen Form an Eindeutigkeit verloren. Die Jüngeren wollten nicht mehr so erziehen, wie sie es an sich erfahren hatten. Und vor allem selbst nicht so sein, wie sie die Eltern erlebten. Dadurch wandelte sich das Verhältnis der Generationen zueinander grundlegend. Differenzen relativierten sich, Generationsschranken sollten mitunter sogar nivelliert werden. Für die Erziehung folgte daraus, dass sich die Kinder viel stärker als früher aus sich selbst heraus entwickeln und weniger den Vorgaben der Erwachsenen folgen sollten. Angestrebt wurde eine partnerschaftliche Erziehung mit dem Ziel, die beklagten Repressionen der Vergangenheit zu vermeiden. Erst viel später zeigte sich, dass diese Entwicklung eine gravierende Kehrseite hatte. Sie führte zu einem viel zu weitgehenden Rückzug der Erwachsenengeneration aus der Erziehungsverantwortung. Auf der Beziehungsebene dominierte die Vermeidung von Konflikten zugunsten der Wunschvorstellung, Kinder müssten in ihrer Entwicklung nur wohlwollend begleitet werden (Ahrbeck 1998c).

Die hier nur kurz umrissene Reserviertheit gegenüber einem Erziehungsauftrag, der die Generationen differiert, reicht bis in die heutige Zeit. Sie hat sich mit einer bemerkenswerten Hartnäckigkeit erhalten, und mit ihr die Tendenz, Konflikten im Erziehungsgeschehen aus dem Weg zu gehen. Allein die Begründung für eine solche Konflikt- und Beziehungsvermeidung hat sich gewandelt: Als Ziel galt zunächst die Befreiung von Vätern bzw. Eltern, die sich durch ihr Handeln vor oder ihr Nichttun nach 1945 schuldig gemacht haben – etwa dadurch, dass sie unfähig waren zu trauern und somit die Vergangenheit nicht bewältigen konnten (Mitscherlich-Nielsen 1992; Moser 1992). Inzwischen werden andere Argumente angeführt, die das gleiche Ergebnis zeitigen. Es sind nun unsicher gewordene Lebensperspektiven, sich wandelnde Beziehungsformen und die überschaubaren technologischen Neuerungen der Globalisierung, die vermeintlich dazu führen müssen, dass sich die Erwachsenengeneration in Erziehungsfragen reserviert verhält. Aufgrund des schnellen historischen Wandels wisse man nicht mehr, was man Kindern und Jugendlichen mit auf den Weg geben könne – so der häufig zu hörende Tenor.

Als Beispiel dafür sei an die Ausführungen zur Kinder- und Jugendkriminalität erinnert. In der Hamburger Jugendpolitik galten Kinder und Jugendliche bis vor kurzem als „Experten ihres Lebens", auch dann, wenn sie in extrem zugespitzte Krisen und Grenzsituationen geraten. Sie werden dementsprechend mit sehr weit reichenden Freiheitsrechten ausgestattet, verbunden mit der Gewissheit, dass sie auch in schwierigsten Lebenslagen den richtigen Weg für sich selbst wissen. Deshalb hält man sie auch für autonom genug, um darüber zu entscheiden, ob sie Beziehungsangebote und Erziehungsmaßnahmen annehmen oder ablehnen. Zugespitzt formuliert, bedürfen sie keiner Erziehung mehr, allenfalls kundenorientierter Serviceleistungen. Was als Kampf gegen autoritäre Strukturen begann, ist unter verändertem Vorzeichen erhalten geblieben, nunmehr als eine Mischung zwischen Protest gegen längst vergangene autoritäre Zeiten und einer Relativierung, wenn nicht gar Aufgabe des Erziehungsanspruches, der sich aus der vermeintlichen Unüberschaubarkeit gegenwärtiger Verhältnisse herleitet. Beziehungsverweigerung und Konfliktvermeidung bestimmen nach wie vor das Geschehen. Rationalisiert werden sie dadurch, dass Freiräume und Eigenverantwortlichkeiten von Kindern und Jugendlichen nicht eingeschränkt werden dürfen, vor allem nicht in Zeiten, die keine klaren Zukunftsperspektiven mehr zuließen.

Eine konfliktvermeidende Pädagogik hat das Erziehungsgeschehen, zumindest in der Vergangenheit, in weiten Bereichen bestimmt. Sie begann bereits zu Zeiten, als Erziehende und Heranwachsende noch relativ wenig oder gar nicht mit den heute für wichtig erachteten Globalisierungsfolgen in Berührung kamen. Kinder verfügten damals weder über die heute gängigen neuen Medien und Kommunikationsmittel noch hatten sie an virtuellen Welten teil. Und einer extremen Zeitknappheit waren sie ebenfalls nicht ausgesetzt. Bemerkenswert ist in diesem Zusammenhang auch, dass gegenwärtig die massivsten Gewaltphänomene in den neuen Bundesländern auftreten. Dort, wo die Jugendlichen in ihrer Kindheit von den genannten Globalisierungseinflüssen weitestgehend abgeschottet waren.

Die vielstimmig beklagte Erziehungsmisere, Gaschke (2001) spricht von einer Erziehungskatastrophe, ist in ihrem Kern keine Folge der Globalisierung. Dafür sprechen eine ganze Reihe von Gründen. Globalisierungsfolgen stellen allenfalls Rahmenbedingungen für das Erziehungsgeschehen dar. Zu einem Teil sind ihre Auswirkungen noch unbekannt. Dort, wo genauere Kenntnisse vorliegen, ergeben sich häufig unspezifische Effekte. So erweist sich zum Beispiel der Gebrauch von Computern sowie der Einsatz von Computerspielen nur für ganz bestimmte Personengruppen als gefährlich. Andere, mit der Globalisierung in Zusammenhang gebrachte Folgen halten einer kritischen Betrachtung nicht stand, wie die eingangs dargelegten familiären und beruflichen Basisdaten belegen. Diesen eher nüchternen Befunden stehen erhebliche Irritationen und weit reichende Ängste gegenüber, die das Globalisierungsthema begleiten, mitunter aber auch sehnsuchtsvolle Träume nach einer besseren Welt. Untergangsfantasien auf der einen Seite und die Glorifizierung neuer Möglichkeiten andererseits stellen dabei extreme Ausformungen dar. Als Leitlinie für pädagogisches Handeln sind sie ein denkbar schlechter Ratgeber.

Wie auch immer die konstatierte Erziehungsreserviertheit oder auch Erziehungsvergessenheit entstanden sein mag: Erforderlich ist eine Perspektive, die sich auf die Kernaufgaben der Erziehung besinnt, auf das, was Erziehung auch heute noch zu leisten vermag. Hierin liegt der entscheidende Hebel, der dafür sorgen kann, dass die schwierige Situation vieler Heranwachsender verbessert wird. Denn trotz des schnellen historischen, kulturellen und technischen Wandels bestehen Erziehungsnotwendigkeiten unverändert fort. Sie entsprechen zum einen dem Reproduktionsinteresse der Gesellschaft, das von der älteren Generation vertreten wird. Andererseits kann auch die nachwachsende Generation, um ihrer selbst willen, nicht auf Erziehung verzichten. Damit sich Kinder und Jugendliche gut entwickeln können, brauchen sie Eltern, Lehrer und Erzieher, die ihnen von einer reifen Position aus den Weg ins Erwachsenenleben weisen. „Um moralisch und intellektuell zu wachsen, bedarf es des intellektuellen Widerparts" (Rehfus 1997, 125).

Wenig einsichtig ist allerdings, warum es ein pädagogisches wirkungsvolles Gegenüber in Zeiten der Globalisierung nicht mehr geben könnte oder sollte. Deshalb plädiert Savater (1998) für eine Stärkung des Erziehungsgedankens gerade unter den gegenwärtigen Bedingungen. Er beschreibt eindrucksvoll, was Kindern entgeht, welche Potenziale verkümmern, wenn ihnen die Möglichkeiten der Erziehung verwehrt werden. Ein Hineinwachsen in die Welt der Erwachsenen wird erst dadurch möglich, dass den Kindern die Erwachsenenwelt als etwas bisher Fremdes, Unerreichtes erscheint und als etwas Wertvolles gegenübergestellt wird. Vehement wehrt sich Savater (1998, 144) gegen eine „... postmoderne Relativierung des Konzepts der *Wahrheit* ...," da sie den Erziehungsgedanken relativiert oder gar aufhebt. „Es gibt keine Erziehung, wenn es keine Wahrheit zu vermitteln gibt, wenn alles mehr oder weniger wahr ist, wenn jeder seine eigene gleichermaßen respektable Wahrheit besitzt und man unter so vielen verschiedenen Wahrheiten keine rationale Wahl mehr treffen kann" (Savater 1998, 144 f). Allein der Umstand, dass Wahrheiten relativ und wandelbar sind, vermag den Verzicht auf einen Wahrheitsbegriff nicht zu begründen.

Für eine Rückbesinnung auf die Erziehungsdimension spricht auch, dass die Entwicklungsproblematik vieler Kinder und Jugendlicher bei weitem nicht so im Dunkeln liegt, wie mitunter behauptet wird. Die nur unzureichend entwickelten inneren Strukturen vieler problembeladener Heranwachsender und die inneren

Konflikte, in die sie geraten, lassen sich mit den gängigen strukturtheoretischen und psychodynamischen Kategorien hinreichend gut beschreiben. Insofern gibt es keine „neuen Kinder", die die Erwachsenen vor gänzlich neue Erziehungsaufgaben stellen. Für die große Mehrzahl auch der schwierigen Kinder und Jugendlichen kann aufgrund des gegenwärtigen Erkenntnisstandes geklärt werden, welche Erziehungs- und Beziehungserfahrungen sie benötigen, damit sie in ihrer Entwicklung vorankommen (z. B. Heinemann, Rauchfleisch & Grüttner 1995).

Die wesentliche Größe ist, wie die Erwachsenengeneration die Beziehung zu den Nachwachsenden gestaltet – im Elternhaus, in der Schule, in der sozialen Arbeit. Einer stärkeren Generationendifferenzierung kommt dabei eine zentrale Bedeutung zu. Entscheidend wird sein, ob es zukünftig gelingt, bisher verleugnete Grenzen zwischen den Generationen (wieder-)herzustellen – mit Erziehenden, die mit zukunftstauglichen Kenntnissen und Werten ausgestattet sind, und Kindern, die davon profitieren können und müssen. Vor diesem Hintergrund gewinnen die sich ändernden äußeren Rahmenbedingungen ein verändertes Gewicht. Die Folgen der Globalisierung wie Zeitverknappung oder mediale Reizüberflutung wirken nicht als isolierte Einflussgrößen, die unkontrollierbar geworden und dem Erziehungsprozess entzogen sind. Bedeutsam werden sie erst im Rahmen spezifischer Erziehungs- und Beziehungskonstellationen. Auch dafür gibt es zum Beispiel in den referierten Ergebnissen zum Computergebrauch und berauschenden Computerspielen ausreichend Hinweise.

Mit Odo Marquard (1998) gehe ich davon aus, dass ein grundlegendes menschliches Bedürfnis nach Kontinuität existiert – als Gegengewicht zu unüberschaubar gewordenen Verhältnissen und irritierenden Innovationen. Das Kontinuitätsstreben dient zielgerichtet dazu, vor psychischen Überlastungen zu schützen, die sich aus einem Übermaß an Ungeklärtem und Neuem ergeben. Es steigt umso stärker an, je schneller sich die historischen, kulturellen und technischen Gegebenheiten wandeln. Kulturell schlägt sich dieses Bedürfnis in einer so genannten Kontinuitätskultur nieder, die für die individuelle und kollektive Weiterentwicklung unerlässlich ist. „Denn in der Innovationswelt, die eine Diskontinuitätswelt ist, brauchen die Menschen – als Kompensation – die Kontinuitätskultur: Das Festhalten und Bewahren" (Marquard 1998, 35). In diesem Sinne lässt sich verstehen, warum in der nachwachsenden Generation, neben der Faszination für das Neue, auch ein ausgeprägtes Bedürfnis nach Kontinuierlichem besteht. Bindung, Verlässlichkeit und Sicherheit als Ausdruck des Vertrauten nehmen in ihrer Wunschwelt einen hohen Stellenwert ein. Sie werden in der Lebensrealität nicht nur gesucht, sondern auch gefunden oder hergestellt (Schmidt 2000; Schulte-Markwort, Plaß & Barkmann 2002). Die Globalisierung dürfte in Zukunft zu weit weniger Irritationen führen, als gegenwärtig noch vermutet wird. Und es ist damit zu rechnen, dass auch die Erziehung wieder an Ansehen gewinnt.

7 Von der Selbstständigkeit des Kindes und der Notwendigkeit der Erziehung

Zwei Dinge sollen Kinder von ihren Eltern bekommen: Wurzeln und Flügel. (Goethe)

7.1 Das selbstständige Kind

Gegenwärtig hat, in der Wissenschaft wie im Alltagsleben, ein Bild der nachwachsenden Generation Konjunktur, das sich durch ein hohes Maß an Autonomie, Selbstständigkeit und Unabhängigkeit auszeichnet. Zu dem „kompetenten Säugling" der empirischen Säuglings- und Kleinkindforschung gesellt sich das „selbstständige Kind", das im aktuellen pädagogischen Kindheitsdiskurs eine gewichtige Rolle spielt.

Vor allem soziologisch orientierte Autoren entwerfen eine Leitvorstellung kindlicher Entwicklung, die sich folgendermaßen liest: Im Rahmen grundlegender gesellschaftlicher Wandlungen nehme auch die Kindheit eine veränderte, vor allem beschleunigte Form an. Sie ermögliche und erfordere zugleich ein frühes, zuvor nicht gekanntes Maß an Selbstständigkeit. Diese Selbstständigkeit bezieht sich in vielfältigen Facetten auf die Organisation und Ausformung des Alltagslebens. Die Gestaltung persönlicher Beziehungen in Schule, Freundeskreis und Familie gehört ebenso dazu wie die Auswahl von Konsumgütern. Ein verantwortlicher, das heißt der eigenen Entwicklung dienender Umgang mit medialen Angeboten wird als Kompetenz des selbstständigen Kindes unterstellt, um ein weiteres Beispiel zu nennen. „In gängigen Kindheitstheorien," so heißt es in der Einleitung zum 12. Jahrbuch für Psychoanalytische Pädagogik, „wird verstärkt zum Ausdruck gebracht, dass Heranwachsende ihr Leben und ihre Entwicklung über weite Strecken selbsttätig strukturieren. In zahlreichen Bereichen des Alltags wird von Kindern mehr und mehr erwartet, dass sie auf intensive Fürsorge verzichten können und dennoch in die Lage geraten, befriedigende Beziehungen aufzubauen und einzugehen. Und vermehrt erwarten Eltern, Erzieher und Lehrer, dass Kinder in vielen Bereichen fähig sind, auf sich gestellt all das in zufriedenstellender Weise zu regeln, was anfällt" (Datler, Eggert-Schmid Noerr & Winterhager-Schmid 2002, 7).

Betont werden vor allem, wie Winterhager-Schmid (2002) ausführt, die großen Gestaltungsmöglichkeiten und positiven Herausforderungen, die Kinder heutzutage für sich nutzen können. Sie sollen der Befreiung aus überkommenen Zwängen und alten Fesseln dienen. Das hochmodern-individualisierte Kind zeichnet sich durch besondere Fähigkeiten und ein große Belastbarkeit aus. Kinder treten nunmehr als Subjekte im Erziehungsprozess in Erscheinung. Sie sollen sich in erster Linie nicht mehr an anderen orientieren und deren Willen folgen, sondern den eigenen Interessen nachgehen, sie so frei wie möglich artikulieren und sich dann mit anderen partnerschaftlich auseinandersetzen.

Die wesentliche Veränderung, um die es hier geht, liegt jedoch nicht in der Überwindung autoritärer Unterordnung und einem Gewinn an Partnerschaftlichkeit. Entscheidend ist vielmehr, dass ein neues Entwicklungsmodell etabliert wird. Es beinhaltet, dass keine langfristig angelegte Entwicklung zur Selbstständigkeit mehr notwendig ist, und im Kern auch keine Erziehung mehr zu eben diesem Ziel. Selbstständigkeit gilt vielmehr als ein vorgegebenes Strukturprinzip kindlicher Entwicklung. Als eine dem Kind innewohnende Fähigkeit, die zur Entfaltung drängt, wenn diese etwas grobe Beschreibung erlaubt ist. Das Kind als ein aktiver Gestalter seiner selbst ist das zentrale Stichwort. Offensichtlich ist hier eine wichtige Akzentverschiebung erfolgt. Die besonders von der klinischen Psychoanalyse formulierte Abhängigkeit des Kindes und seine Angewiesenheit auf andere scheinen an Bedeutung verloren zu haben. „An die Stelle des prinzipiell gefährdeten Kindes, wie es seit jeher Gegenstand vielfältiger pädagogischer Bemühungen des Schutzes und der Anleitungen war, tritt nun das mit vielfältigen Kompetenzen ausgestattete Kind, das sich im Dickicht der postmodernen Lebenswelt überraschend souverän zurechtfindet, sich unter Bedingungen zunehmender Individualisierung der Lebensentwürfe seine eigene Orientierungen verschafft und Entscheidungen trifft" (Eggert-Schmid Noerr 2002, 11).

Diese Entwicklung mag auf den ersten Blick erfreulich erscheinen, beinhaltet sie doch eine stärkere Anerkennung der Person, Eigenaktivität statt Passivität, Autonomie statt Unterordnung. Unproblematisch ist sie allerdings nicht: Denn es besteht die Gefahr, dass Kinder – jetzt offenbar mit gutem Recht – immer stärker überfordernden Zumutungen ausgesetzt werden, dass ihre Bindungswünsche unerkannt bleiben und in Vergessenheit gerät, wie dringend sie auf umsorgende und schützende Erwachsene angewiesen sind. Bereits in dem soeben genannten Zitat klingt etwas Besorgtes mit. Kinder könnten Erwartungen ausgesetzt sein, die sie überfordern, in eine Selbstständigkeit gestoßen werden, die sie innerlich gar nicht akzeptieren und aus sich selbst heraus auch nicht bewältigen können. Sie müssen dazu, so die Befürchtung, notgedrungen Entwicklungsschritte überspringen, vor sich selbst und anderen so tun, als stünden ihnen grenzenlos alle Möglichkeiten zur Verfügung, als seien sie bereits für das Leben vollständig ausgestattet. Kinder sind, diesem Entwurf folgend, auf keine mühsamen Entwicklungsschritte mehr angewiesen, um groß zu werden. Sie waren es in gewisser Weise von Anfang an. Oder genauer formuliert: Es soll ihnen bereits sehr früh und ohne große Schmerzen möglich sein, das aufzugeben, was man bisher für eine genuine kindliche Bedürftigkeit hielt. Groß oder klein zu sein, alt oder jung, ist zu einer randständigen Kategorie geraten. Generationale Differenzen, um deren Bedeutung gerade die Psychoanalyse weiß, verlieren entsprechend an Gewicht. Sie gelten mehr als Hindernis denn eine notwendige Entwicklungsbedingung. Mitunter erscheint es so, als sei das sich selbst überlassene Schlüsselkind, ein Schreckensbild der 50er und 60er Jahre, zum Helden der neuen Zeit geworden: zum Schöpfer seiner selbst, der bereits früh in der Lage ist, innere Probleme und äußere Hindernisse ohne die Hilfe anderer souverän zu bewältigen.

Auch wenn in den einschlägigen Texten viel von der Risikogesellschaft die Rede ist, so erstaunt doch, welche euphorische Überhöhung das selbstständige Kind durch die Modernisierungsbefürworter erfährt. Es scheint fast keinen Unterschied zu geben zwischen der Rolle, die Erwachsene in der Modernisierungsdynamik einnehmen, und dem Platz, der Kindern zugewiesen wird. Sie sollen, davon ist man überzeugt, von den neuen Handlungsspielräumen und Gestaltungsmöglichkeiten gleichermaßen profitieren können. „Allerdings ist der Verdacht nicht ... von der Hand zu weisen, diese Sicht mache vor allem aus der Not eine Tugend, überziehe eine Konstellation von Kindheit, die letztlich auf deren Zerstörung hinauslaufe, bloß mit einem ideologischen Zuckerguss" (Eggert-Schmid Noerr 2002, 11).

Hier ist etwas aus dem Lot geraten: „Kinder und Kindheit sind nicht unbegrenzt modernisierbar", wie Winterhager-Schmid (2002, 30) feststellt. Auf der Strecke geblieben ist die Anerkennung kindlicher Bedürftigkeit und die Einsicht, dass Kinder auf Erwachsene angewiesen und dadurch natürlich auch von ihnen abhängig sind. Kinder bedürfen des Schutzes der Älteren, eines von außen gesteuerten, speziell für sie bereit gestellten haltenden Rahmens. Sie benötigen die fürsorgliche Unterstützung durch emotional präsente und verlässliche Bezugspersonen, die Zeit für sie haben und ihnen geduldig zur Verfügung stehen. Sie brauchen Hilfe bei dem, was sie allein noch nicht können – häufiger wohl, als die These vom selbstständigen Kind vermuten lässt. Vor allem sind sie auf Personen angewiesen, die eine innere Sicherheit darüber haben, was eine gute und auch eine schlechte Entwicklung ausmacht.

7.2 Von der Notwendigkeit der Erziehung, dargestellt am Beispiel des Lesens

„Darum Erziehung": Unter diesem Titel hat Savater (1998) noch einmal dargelegt, welchen Gewinn Kinder aus der Erziehung ziehen können. Erziehung soll dazu beitragen, dass die ehemals Kleinen groß, also zu Erwachsenen werden. Kinder brauchen Erwachsene, die sie erziehen, die ihnen dabei helfen, Schritt für Schritt diejenigen Beschränkungen zu überwinden, die das Kindsein auszeichnen. Dies kann ihnen, allein auf sich selbst gestellt, nicht gelingen. Kindliche Potenziale verkümmern, wenn sie ungenutzt bleiben. Und sie liegen um so stärker brach, je mehr ihnen Erziehung verwehrt wird. Erziehung meint, wie Savater betont, kein passives Begleiten welcher Art auch immer. Den Kindern muss vielmehr aktiv, von einer reifen Position aus, ein Weg in das Erwachsenenleben gewiesen werden. Zu ihrem eigenen Nutzen: Denn nur so eröffnet sich ein Zugang zu Lebensbereichen und Erfahrungswelten, der ihnen ansonsten verschlossen bleibt.

Bereits ein Blick auf die Entwicklung des Lesens zeigt, wie sehr Kinder hinter ihren Möglichkeiten zurückbleiben, wenn sie auf die notwendige Anregung und Anleitung verzichten müssen. Ohne eine äußere Unterstützung lernen Kinder das Lesen nur spärlich, auf sich allein gestellt verkümmert ihre Bereitschaft zu lesen schnell. Die Lesefähigkeit, die Kinder erwerben, hängt entscheidend vom Interesse der Eltern ab. Dort, wo es viele Bücher gibt, lesen Kinder auch gern. In Elternhäusern mit wenig oder gar keinen Büchern zeigen die Kinder kaum Neigung, engagiert zu Büchern zu greifen. Entscheidender als die berufliche Stellung und der Bildungsgrad der Eltern ist dabei, dass die Eltern selbst lesen. Und natürlich auch, ob sie bereit sind, sich mit Freude und Geduld mit dem auseinander zu setzen, was Kinder beim Lesen beschäftigt. Sie müssen sich Zeit für ihre Kinder nehmen, auch um ihnen etwas vorzulesen. In Deutschland scheint dies allerdings häufig nicht der Fall zu sein. Dem Lesenlernen wird hier, im Gegensatz zu anderen Ländern, keine sonderliche Bedeutung zugemessen. Die „'Vermittlung von Lesefreude' rangiert in einer Liste der wichtigsten Erziehungsziele [erst] auf Rang sechzehn" (Gaschke 2001, 230). Dieses Ergebnis ist bedauerlich, nicht nur unter intellektuellen Nützlichkeitserwägungen, sondern auch, weil den Kindern so vieles an Genuss, Spaß und Unterhaltung entgeht.

Das Lesen öffnet den Kindern einen Zugang zur Welt, den sie auf andere Weise nicht erringen können. Es erschließt neue Erfahrungsfelder und eröffnet Fantasieräume, die dem Kind ganz allein gehören. Lesen fördert die Empathiefähigkeit und ermöglicht ein Probehandeln in einem geschützten Rahmen, sodass auch eine innere Sicherheit im Umgang mit Emotionen und Konflikten entstehen kann. Die Entwicklung von sprachlicher Sensibilität und Kreativität sind als weitere positive Folgen zu nennen. Zudem wird die Kritik- und Urteilsfähigkeit geschärft. Die Entwicklung eigener Lernstrategien, die Voraussetzung für ein selbstständiges Lernen ist, setzt eine gute Lesefähigkeit voraus. Als Schlüsselkompetenz hat sie einen entscheidenden Anteil daran, welcher schulische Erfolg den Kindern beschieden ist, übrigens auch in den naturwissenschaftlichen Fächern. Eine sehr niedrige Lesekompetenz erweist sich als wesentlicher Indikator dafür, dass im weiteren Leben ein geringer sozialer Status eingenommen wird. Das ergibt eine soeben vorgelegte OECD/Unesco-Untersuchung (2003). Sie besticht durch eine breite Anlage, umfangreiche Datensätze und große Detailkenntnis. In den Kernaussagen überraschen ihre Ergebnisse jedoch kaum. Sie sind an sich trivial und bestätigen das, was schon immer galt. Bemerkenswert ist allerdings, wie sehr die Förderung des Lesens in den letzten Jahren in den Hintergrund geraten ist.

Vom Lesen geht auch gegenwärtig wenig Glanz aus. Kinder müssten sich, so eine weit verbreitete Überzeugung, auf eine technologisch geprägte Welt ausrichten, deren Anforderungen aus heutiger Sicht noch gar nicht bestimmbar sind. Kinder zum Lesen anzuhalten, oder ihnen gar etwas vorzulesen, gilt nicht selten als altmodisch, als Teil einer Erziehung, die längst vergangenen Zeiten angehört. Als innovativer Akt im Erziehungsgeschehen imponiert das Lesen nicht. Ihm fehlt die Faszination des Neuen und das Versprechen schneller Entwicklungsfortschritte. An die unmittelbare Bedürfnislage scheinbar früh selbstständiger Kinder erweist es sich als kaum anschlussfähig.

Kindern das Lesen nahe zu bringen, ist zur Zeit keine leichte Aufgabe. Das Lesen steht in Konkurrenz zu einer Welt, die von Bildern überflutet ist. „Bilder sind dabei im Vorteil. Schneller als Worte, erobern sie mit einem Blick die Vorstellungswelt der Menschen, sie besetzen im Flug die Köpfe, sie breiten sich längst aus, bevor noch die Worte angekommen sind, die erst der Stimme oder des Entzifferns bedürfen. Obwohl filmische Bilder flüchtig in ihrer Erscheinung sind, haftet, was man einmal gesehen hat, dennoch gründlich fest, und man kann nicht mehr einfach daran vorbeidenken. Bilder machen es einem schwer, eigene Vorstellungen zu entwickeln. Und während Worte Räume für Fantasien eröffnen, okkupieren Bilder bereits alle Räume und lassen nichts mehr offen. Bilder benötigen nicht nur im Computer gigantische Mengen an Speicherplatz, sie machen sich auch in den Menschen so breit, daß sie dort die Worte immer mehr an den Rand drängen" (U. Benz 1998, 23).

Kinder sind auf den Augenblick gerichtet, vom unmittelbaren Erleben gefangen. Sie suchen das, was am leichtesten zugänglich ist und auf den ersten Blick die größte Befriedigung verspricht. Aus sich selbst heraus haben sie nur geringe Chancen, der unmittelbaren Faszination der Bilder zu entgehen. Zumal sie keinerlei Vorstellung über die Schattenseiten der Bilderflut haben. Sie können noch nicht wissen, dass die mediale Reizüberflutung zu Unzufriedenheit und Ungeduld, Lustlosigkeit und Passivität führt. Und auch nicht, warum sich ein Teil ihres geringen Selbstvertrauens aus eben dieser Quelle nährt. Dass das Lesen langfristig mehr Befriedigung geben kann, vermögen sie zunächst nicht einzusehen. Woher sollten sie auch: Vom Gewinn des Lesens können sie erst dann überzeugt sein, wenn sie selbst etwas davon erfahren haben. Bis dahin ist es ein langer, mitunter auch mühevoller Weg.

„Das Wort, die Sprache hat neben Bildern einen zunehmend schweren Stand. Durch die Dominanz der Bilder geraten sie mehr denn je ins Hintertreffen und mit ihnen all das, was ohne Worte nicht geht: kritisches Denken, kritische Kommunikation und Selbstreflektion. Es ist noch nicht allzu lange her, daß Intellektuelle, seit Nietzsche die Bedeutung der Sprache kritisierte, sie als Instrument der Herrschaft diskreditierten. Heute packt manch einen das blanke Entsetzen angesichts der Tatsache, daß suggestive Bilder Worte verdrängen, daß sie den Verstand unterlaufen, daß Bilder, noch ehe das Wort sie zu fassen vermag, Emotionen und Bedürfnisse zu implantieren vermögen" (U. Benz 1998, 23 f).

Dem muss durch Erziehung etwas entgegengesetzt werden. Den Eltern fällt dabei eine ebenso notwendige wie undankbare Aufgabe zu. Denn sie werden nicht umhin kommen, ihre Kinder von der medialen Bilder- und Reizflut abzuschneiden. Auch dann, wenn sie dadurch das Missfallen der Kinder auf sich ziehen, mitunter sogar ihre ungebremste Wut und heftige Ablehnung hervorrufen. Einen leichten Ersatz für eine solche Begrenzung gibt es nicht. Die Eltern müssen sich festlegen. In den Erwartungen und Forderungen, die sie an die Kinder stellen, und auch in den Verpflichtungen, die sie sich selbst gegenüber eingehen.

Was die Kinder vor allem brauchen ist Ermutigung, damit sie einen zunächst schwierigen Weg erfolgreich beschreiten können. Sie müssen sich langsam, Schritt für Schritt und von den Eltern begleitet mit dem Lesestoff auseinandersetzen. Bei schwierigen Texten geht es oft um ein zähes Ringen, bis sich am Ende ein wirkliches Verständnis für den Text einstellt. Dies setzt voraus, dass es den Kindern gelingt, die dabei auftretenden Frustrationen zu tolerieren. Unmittelbare Bedürfnisse müssen aufgeschoben werden, verbunden mit der Hoffnung und im Vertrauen darauf, dass sich ein zeitlicher Aufschub lohnen wird. Mit dem Lesenlernen verhält es sich so, wie mit dem Lernen überhaupt. Ohne die Anerkennung eines Mangels, des Eingeständnisses, dass man etwas noch nicht weiß oder kann, wird es keinen persönlichen Fortschritt geben. Insofern liegt eine folgenschwere Illusion in der Annahme, Lernen könne allein spielerisch erfolgen oder dadurch, dass auf unbequeme innere Anforderungen verzichtet wird (Ahrbeck 1998b). Richtig ist vielmehr das Gegenteil: Lernen bedeutet auch Mühe, es ist an eine innere Auseinandersetzung mit den zunächst nur begrenzt vorhandenen eigenen Fähigkeiten gebunden. Deshalb brauchen Kinder eine tatkräftige Unterstützung durch die Erwachsenen, ihre Aufmerksamkeit für vollbrachte Leistungen, Ermutigung und mitunter auch Trost, wenn etwas noch nicht gelingt. Kinder sind auf Anleitung und Hilfe angewiesen. Mit der Missachtung der kindlichen Persönlichkeit hat all dies nichts zu tun und ebenso wenig mit einer Geringschätzung dessen, was Kinder aus sich selbst heraus zu leisten vermögen. Natürlich bedarf die Entwicklung des Lesens, wie andere Lernprozesse auch, der Eigenaktivität des Kindes. Vieles an Bereitschaft muss im Kind selbst vorhanden sein. Und die Möglichkeiten, Kinder für etwas zu begeistern, finden sicher ihre Grenzen. Ein Verzicht auf eine freundlich unterstützende und zugleich konsequente Förderung lässt sich daraus jedoch nicht herleiten. Sie ist bei gut begabten Kindern im Prinzip ebenso notwendig wie bei denjenigen, die im Lernen und Verhalten besondere Probleme haben.

Der Gewinn, der den kindlichen Anstrengungen folgt, liegt auf der Hand. Er besteht neben den wachsenden Fähigkeiten vor allem darin, dass die Kinder zunehmend gelassener mit Spannungen, dem Unbekannten und noch nicht Möglichen umzugehen vermögen. Sie können ein Vertrauen dahingehend gewinnen, dass sich ein Bedürfnisaufschub wirklich lohnt und sich die späteren Gratifikationen als Gewinn bringend erweisen. Das eigene Handeln, das selbst Eroberte kann so mit Stolz und Anerkennung besetzt werden. Vor allem erfahren Kinder etwas, was ihnen die Flüchtigkeit der Bilderwelt nicht bieten kann, nämlich eine Stärkung ihrer inneren Zeitdimension. Das heißt: Sie entwickeln eine Vorstellung davon, dass Zeit etwas ebenso Vergängliches wie Kostbares ist und auch, wie sie die zur Verfügung stehende Zeit für sich selbst nutzen können. Damit ist eine äußerst wichtige, in ihrer Bedeutung oft verkannte Voraussetzung für die kognitive wie auch emotionale Entwicklung benannt. Sie beinhaltet unter anderem eine innere Sicherheit darüber, was gegenwärtig erreichbar ist, in Zukunft möglich sein wird oder auch die eigenen Fähigkeiten auf Dauer übersteigt. Erreichbares und Unerreichbares lassen sich so differenzieren. Die zur Verfügung stehenden eigenen Möglichkeiten können fruchtbar genutzt werden.

Das geringe Interesse, Kindern das Lesen nahe zu bringen, spiegelt auch eine Gleichgültigkeit gegenüber verbindlichen Bildungsinhalten wider. Wenn unterschiedlichste Zielvorstellungen gleichberechtigt nebeneinander stehen, verliert das Lesen an Wert. Dort, wo alles gleich wichtig ist, von der Computerbeherrschung bis zum Theaterspiel, vom Hockeyspiel bis zur Sexualkunde, büßt das Lesen seine dominante Bedeutung für die kindliche Entwicklung ein. Für Eltern und Kinder gibt es dann wenig Grund, sich einem anspruchsvollen Unternehmen wie dem Lesen zu stellen. Die Reserviertheit dem Lesen gegenüber nährt sich darüber hinaus aus weiteren Quellen. Eine davon besteht darin, dass Bücher noch immer mit einer bürgerlichen Lebenswelt identifiziert werden. Ihr nachzustreben ist gegenwärtig wenig populär. Sie erscheint als wenig weltoffen und auf Grund ihres Bildungsanspruchs als rückwärtsgerichtet. Ein weiteres wichtiges Element, das auch in der Schule eine Rolle spielt, verbindet sich damit. Die Förderung des Lesens gilt, wie Gaschke (2001) überzeugend ausführt, als elitär und als ein Verrat an denjenigen, die aus weniger privilegierten und häufig lesefremden Elternhäusern stammen. In diesem Sinne werden Bücher als eine Zumutung verstanden, die bestimmte Kinder und Jugendliche nur noch weiter benachteiligen.

Vor diesem Hintergrund lässt sich leicht beschreiben, was Kinder am wenigsten brauchen und wodurch ihnen am meisten geschadet wird. Es ist der Verzicht auf eine zielgerichtete und wertgeleitete Förderung ihrer Talente und Begabungen ebenso wie eine Relativierung oder Verleugnung bestehender Entwicklungsnotwendigkeiten. Kinder und Jugendliche bedürfen, neben vielen Freiräumen, einer konsequenten Anleitung und einer Klarheit darüber, was von ihnen erwartet und gefordert wird. Als besonders fatal erweist sich deshalb die Flucht in eine falsch verstandene Lebensweltorientierung, die Leitlinien für die Erziehung und wesentliche Entwicklungsanstöße genau dort sucht, wo die Kinder in ihrer bisherigen Entwicklung am stärksten behindert wurden: zum Beispiel an Orten, an denen eine mediale Überflutung am prominentesten vorhanden ist und am wenigsten kritisch reflektiert wird, in Elternhäusern, in denen Alternativen dazu weder zur Verfügung stehen noch gesucht werden. Eine Chancengleichheit kann es vor diesem Hintergrund nicht geben, noch nicht einmal eine zarte Annäherung daran. Deshalb ist im Prinzip richtig, was Gaschke (2001, 232) über Förderung und Chancengleichheit konstatiert: „Wer Chancengleichheit herstellen will, müsste sich heute eher auf einen Lesekreuzzug begeben, als das Land bis ins letzte Hinterzimmer des schäbigsten Jugendzentrums mit Computern voll zu stellen."

7.3 Wider die Beliebigkeit von Erziehungszielen

Was am Beispiel des Lesens exemplarisch illustriert wurde, gilt auch für viele andere Entwicklungsbereiche. Erziehung dient dazu, dass sich Kinder und Jugendliche kognitiv, sozial und emotional weiterentwickeln. Sie folgt dabei, soweit wie möglich, sowohl einem individuellen als auch einem gesellschaftlichen Anliegen. Das Lesen kann für das Individuum persönlich höchst bereichernd sein, unabhängig von allen gesellschaftlichen Nützlichkeitserwägungen. Es mag zur individuellen Vervollkommnung beitragen und die Lebensfreude steigern. Zugleich entspricht es gesellschaftlichen Notwendigkeiten, dass Kinder gut lesen lernen und sich auch später als Erwachsene weiterhin des Lesens annehmen. Darüber kann nicht beliebig disponiert werden. Das Reproduktionsinteresse der Gesellschaft erlaubt, zumindest längerfristig, keine andere Möglichkeit. Das Erschrecken über die Ergebnisse der PISA-Studie (2001) bezieht sich eben auf diesen Umstand. Das ehemals weltweit hoch angesehene deutsche Schulsystem führt inzwischen im internationalen Vergleich allenfalls noch zu mittelmäßigen Leistungen. Die dabei herangezogenen Indikatoren sind einfacher Art. Sie spiegeln elementare Leistungen 15-jähriger Schüler auf den Gebieten des Lesens und der mathematischen Grundbildung wider. Aussagen über den umfassenden (schulischen) Bildungsstand in den einzelnen Ländern ermöglichen sie nicht. Gleichwohl sind die Ergebnisse dieser Studie von einigem Gewicht. Denn sie repräsentieren zentrale Voraussetzungen dafür, dass höhere Bildungsleistungen erbracht werden können. Vor diesem Hintergrund ist das Endergebnis absehbar. Ein hohes Bildungs- und Qualifikationsniveau wird sich hierzulande zukünftig nur schwerlich erreichen lassen.

Die bildungspolitischen Konsequenzen, die sich daraus ergeben, liegen auf der Hand. Bildungspolitik muss „antizyklisch" sein, wie G. Böhme (1999, 51) in einem „Versuch über die Zukunft des Wissens" ausführt. „. . . also gerade das fördern . . ., was nicht im manifesten Trend der Entwicklung liegt. So müssen die Jugendlichen nicht erst auf der Schule den Umgang mit Computern lernen, den lernen sie in ihren *peer groups* schneller und kreativer. Was die Schule ihnen bieten sollte, ist der Erwerb traditioneller Kompetenzen wie Lesen und Schreiben. Dabei ist nicht nur daran zu denken, dass es in der Bundesrepublik mittlerweile einen Analphabetismus gegen zehn Prozent gibt, sondern das Lesen und Schreiben – jetzt in einem weiteren Sinne verstanden – das ist, was selbst Abiturienten, die heute an der Universität erscheinen, nicht richtig können."

Inzwischen hat sich, unter dem Eindruck der PISA-Studie, ein weit gehender Konsens im Hinblick auf bestimmte kognitive Entwicklungsziele eingestellt. Vor einiger Zeit war dies, zumindest was ihre Gewichtung betrifft, noch anders. Im kognitiven Bereich ist somit ein wichtiger Wandel eingetreten. Ein zweiter Schritt muss jedoch folgen. Es gibt keinen vernünftigen Grund dafür, im sozialen und emotionalen Bereich angesiedelte Entwicklungsziele weiterhin so unbestimmt und beliebig zu lassen, wie es bisher der Fall war. Dass sie weniger präzise als kognitive Leistungen erfasst werden können, größere Gestaltungsspielräume erfordern und für individuelle Bewertungsmaßstäbe offener sind, stellt dabei ein sekundäres Problem dar. Es sollte nicht dazu dienen, der Formulierung klarer Zielvorstellungen zu vermeiden.

Allgemeine Entwicklungsziele lassen sich leicht formulieren. Kinder sollen Erwachsenen und anderen Kindern mit Achtung und Respekt begegnen, die Standpunkte und Weltanschauungen anderer tolerieren und verständnisvoll mit ihren Besonderheiten umgehen, zum Beispiel dann, wenn sie behindert sind, sozial benachteiligt oder aus einem fremden Kulturkreis stammen. Sie sollen selbstbewusst eigene Positionen entwickeln und ihre Interessen entsprechend vertreten. Erziehung zielt zudem darauf ab, dass jedes Kind eine eigene Identität ausbilden kann. Dazu gehört, dass Kinder und Jugendliche über einen möglichst ungehemmten Zugang zu ihrem inneren Erleben verfügen. Gefühle sollen so erlebt werden können, wie es der Person entspricht, ohne Angst davor, dass sie auf Ablehnung stoßen und zu einer Verurteilung durch übermächtige Interaktionspartner führen. Stärker auf der Arbeitsebene angesiedelt, geht es um die Entwicklung von Disziplin, Frustrationstoleranz und die Fähigkeit, Ziele auch über einen längeren Zeitraum zu verfolgen. Besondere Aufmerksamkeit erfahren in jüngerer Zeit soziale Kompetenzen wie Kommunikations- und Kooperationsfähigkeit. Eine wichtige Rolle spielt auch die Fähigkeit zur Konfliktlösung innerhalb und außerhalb der Schule. Die Interessen anderer sollen verstanden und anerkannt werden, damit im Dialog mit den eigenen Wünschen ein sozial verträglicher Ausgleich möglich wird. Dies setzt voraus, dass eine Gegenposition identifikatorisch eingenommen werden kann. Weiterhin muss es gelingen, mit anstürmenden Affekten, darunter auch aggressiven Wünschen, adäquat umzugehen.

Von einer breiten Zustimmung zu einem solchen Kriterienkatalog, so allgemein gehalten wie er ist, kann fraglos ausgegangen werden. Der Konsens wird jedoch dann schnell brüchig, wenn es an die Konkretisierung dieser Ziele geht und darum, sie faktisch durchzusetzen. Dass hier gravierende Probleme existieren, belegt die gegenwärtige Erziehungsmisere. Einer der Gründe dafür besteht in der idealisierenden Überhöhung vermeintlich selbstständiger Kinder. Ihnen wird zugetraut, dass sie, nur noch von wenig Erziehung begleitet, wesentliche Lebensentscheidungen aus sich selbst treffen und ihre Entwicklungswege eigenständig bahnen können. Eine Festlegung auf konkrete Erziehungsziele verliert vor diesem Hintergrund an Wert und Bedeutung. Häufig werden Erziehungsziele aber auch dann nicht konsequent verfolgt, wenn klare Zielvorstellungen vorhanden sind. Verantwortlich dafür ist vor allem die Gehemmtheit vieler Erwachsener, als konturierte und damit auch mächtige Bezugspersonen in Erscheinung zu treten. Sie leitet die übermächtige Sorge, ein konsequentes Erziehungsverhalten könne die Heranwachsenden schädigen, indem sie Beschämungen ausgesetzt oder auf andere Weise seelisch verletzt werden. Die Angst, andere zu diskriminieren, korrespondiert in unheilvoller Weise mit der Sorge der Erziehenden, sich selbst schuldig zu machen. Abweichendes Verhalten wird dementsprechend nur ungern als solches wahrgenommen und mit der ihm gebührenden Bedeutung versehen. In der Folge sind die Toleranzspielräume für abweichendes Verhalten erheblich gewachsen. Sie werden nicht selten so ausgedehnt, dass von der immer wieder geforderten Grenzsetzung kaum noch die Rede sein kann.

An konkreten, alltäglichen Punkten zeigt sich schnell, wie ungesichert und kontrovers Erziehungspositionen sein können. Bereits einige recht harmlose Beispiele mögen dies verdeutlichen. So lässt sich die Frage aufwerfen, ob Schüler zu Stundenbeginn aufstehen sollten, um den Lehrer zu begrüßen. Während die einen darin die Rückkehr zu einem obrigkeitsstaatlichen Habitus sehen, handelt es sich für andere um eine auch heute akzeptable Form der Achtung, die Lehrerinnen oder Lehrern und der Schule entgegengebracht wird. Interessanterweise sind derartige Rituale bei Schülern häufig durchaus beliebt, oft auch bei verhaltensschwierigen Kindern und Jugendlichen. Vermutlich haben sie damit weniger Probleme als viele Eltern und Lehrer. Die mögliche Einführung von Schuluniformen stellt ein anderes, vor kurzem noch verpöntes Beispiel dar. Eine erzwungene Einheitskleidung mag aus verschiedenen Gründen Widerspruch hervorrufen, unter anderem deshalb, weil sie die individuelle Freiheit beschränkt. Dennoch kann sie pädagogisch sinnvoll sein, wenn den Folgen einer übertriebenen Markenfixierung anders nicht mehr begegnet werden kann. Ein weiteres schulisches Beispiel sei hinzugefügt, über das seit kurzem mit heftigem Pro und Kontra diskutiert wird. Es geht um die Frage, ob gutes oder schlechtes Benehmen zukünftig benotet werden soll. In jedem der genannten Beispiele wird es unmittelbar einleuchtende Argumente für die eine oder andere Lösung geben. Und es mag nicht ganz leicht sein, eine pädagogisch begründete Entscheidung zu fällen. Auffällig ist jedoch, wie vehement und mit welch starker Emotionalität die genannten Vorschläge abgelehnt werden. Zwar nicht durchgängig, aber doch eben sehr häufig. Es scheint, als dürfte es solche Lösungen auf gar keinen Fall geben. Deshalb lohnt hier, wie an anderer Stelle auch, ein kritischer Blick. Er sollte sich auf die Frage richten, wie sich die meinungsbildenden Motive genau zusammensetzen. Mit einiger Wahrscheinlichkeit spielt auch der Wunsch eine Rolle, drohenden Konflikten und unangenehmen Konsequenzen von Anfang an aus dem Weg zu gehen.

Diese Überlegung ist nicht aus der Luft gegriffen. Sie bewahrheitet sich häufig dann, wenn es um schwierige Grenzsetzungen und nachhaltige Konsequenzen geht, sei es, dass sie auf Grund verbaler Übergriffe eines Kindes notwendig werden oder auch, weil es zu Tätlichkeiten gekommen ist. Massive Beispiele dafür sind in fast jeder Schule, auch an Gymnasien, bekannt. In diesem Fall stehen Lehrerinnen und Lehrer, oft auch Sozialpädagogen in der Pflicht. Sie sind persönlich gefordert. Strafmaßnahmen, schriftliche Verwarnungen oder im Extremfall Schulverweise gelten erfahrungsgemäß als äußerst unpopulär, nicht nur, weil sie bei frühzeitigen oder angemesseneren Interventionen möglicherweise hätten verhindert werden können. Das wäre natürlich die beste Lösung. Sie stoßen vielmehr deshalb auf eine vermeidende Ablehnung, weil sich die Erziehenden durch ein solches Handeln unzureichend und schuldig fühlen. Nur ungern gestehen sie sich ein, dass sie keine wirklich gute, mitunter aber die einzig mögliche Lösung gefunden haben. Gleiches gilt für entschiedene Interventionen, die gegenüber Eltern notwendig werden, etwa dann, wenn Eltern ihre Kinder massiv vernachlässigen oder sie auf andere Weise schädigen. Auch hier zeigt sich gehäuft, dass die Handlungsbereitschaft schnell schwindet, wenn wirkliche Konsequenz gefordert ist, zugegebenermaßen in einem schwierigen und unerfreulichen (sozial)pädagogischen Tätigkeitsbereich. In zugespitzter Form stellt sich die Frage nach der Erziehungsbereitschaft am Beispiel einer verbindlichen Unterbringung, der so genannten geschlossenen Heime. Doch darüber wurde bereits ausführlich berichtet.

Erziehung soll dazu führen, das bestimmte Verhaltensstandards eingehalten werden. Darauf ist nachhaltig und konsequent zu bestehen, stärker als dies in den letzten Jahren oder auch Jahrzehnten der Fall gewesen ist. Soziales Verhalten muss geübt werden. Kinder sind dabei auf ein entsprechendes Rollenverhalten angewiesen und darauf, dass man ihnen sagt, was richtig oder falsch ist. Ebenso brauchen Kinder in vielen anderen Entwicklungsbereichen einer zielgerichteten Anleitung und Unterstützung, die zu sichtbaren Resultaten führt. Damit ist allerdings nur eine Ebene des Erziehungsgeschehens benannt. So wichtig das äußere Verhalten auch sein mag: Es gibt viele gute Gründe dafür, Erziehungsziele nicht nur von den manifesten Ergebnissen her zu betrachten. Diese Aussage mag zunächst trivial klingen. Sie ist es aber nicht: Denn sie beinhaltet nicht nur eine Abkehr von Modellen einer rein äußeren Verhaltenssteuerung, die in der akademischen Psychologie nach wie vor einen überdimensionierten Platz einnehmen. Auch ist damit kein nur vager Hinweis auf die Innerlichkeit des Kindes gemeint. Es geht vielmehr um eine theoriegeleitete Orientierung an der inneren Welt der Kinder und Jugendlichen. Wie sich intrapsychische Strukturen ausdifferenzieren, wie sich innere Prozesse entwickeln und Konflikte bearbeitet werden, das ist das Thema, das hier interessiert. Es darf in seiner Bedeutung keinesfalls unterschätzt werden. Denn die genannten inneren Bedingungen haben einen entscheidenden Anteil daran, wie die kognitive, soziale und emotionale Entwicklung von Kindern und Jugendlichen voranschreitet, ob sie fruchtbar verläuft oder misslingt. Besondere Beachtung verdient die innere Welt der Heranwachsenden bei erschwerten schulischen und außerschulischen Entwicklungen, zum Beispiel bei Verhaltensauffälligkeiten und -störungen, dissozialen Entwicklungen oder auch dann, wenn Lernprozesse aus psychischen Gründen beeinträchtigt verlaufen. In professionell reflektierten pädagogischen Handlungsfeldern bieten diese inneren Kategorien eine wichtige Leitlinie. Von ihnen aus kann geklärt werden, was Kinder für eine gute Entwicklung brauchen. Und was die Erziehung für sie tun kann.

Innere Strukturen und intrapsychische Prozesse sind in diesem Buch wiederholt thematisiert worden. Bei dissozialen Jugendlichen ging es unter anderem um eingeschränkte Ich-Funktionen mit begrenzt erfolgreicher Realitätsprüfung, die Dominanz früher, rigider Abwehrmechanismen, eine ungelöste Selbstwertproblematik und um ein gespaltenes Gewissen, das als steuernde Instanz nur unzureichend zur Verfügung steht. Bei der zeittypischen Beschleunigung der Lebensverhältnisse, verdichtet an bestimmten Computerspielen, wurde die Bedeutung einer inneren Zeitdimension akzentuiert und beschrieben, welche negativen Folgen sich langfristig ergeben, wenn tragende Identifikationsprozesse und innere Bindungen nicht gelingen. Beim Lesenlernen erfolgte ein Verweis auf unabdingbare Frustrationen, notwendige Sublimierungen, die Entwicklung einer Zukunftsdimension und wiederum auf die Selbstwertregulation. Besonders die Kenntnis neuer Narzissmustheorien ist, wie gezeigt wurde, für pädagogische Zusammenhänge fruchtbar. Denn sie akzentuieren, dass sich ein stabiler Selbstwert nicht durch angesammelte äußere Gratifikationen einstellt, eine immerwährende narzisstische Fütterung, sondern dadurch, dass sich Kinder und Jugendliche mit Größen- und Kleinheitsfantasien, ihrem „großen" und ihrem „kleinen" Selbst, auseinandersetzen.

Diese Beispiele mögen genügen. Sie sollen daran erinnern, wie genau sich innere Entwicklungsprozesse beschreiben lassen, wie eng sie mit der äußeren Verhaltensebene verbunden sind und welche Bedeutung sie für gelungene Erziehungsprozesse haben. Von einer Beliebigkeit dessen, was eine gute Entwicklung innerlich erfordert, kann also nicht die Rede sein. Kognitive Leistungen erfordern einen bestimmten Stand der psychischen Strukturbildung, emotionale und soziale Fähigkeiten kommen ohne entsprechende seelische Dispositionen nicht aus. Bedeutsame äußere Verhaltensänderungen werden sich nur dann als stabil erweisen, wenn die inneren Voraussetzungen dafür gegeben sind. Ansonsten bleiben sie brüchig und im Belastungsfall erschütterbar.

Damit ist ein weiteres Argument dafür angeführt, warum Kinder Erziehung brauchen. Es beinhaltet insofern eine wichtige Akzentsetzung, als es pädagogische Ziele nicht im Übermaß an eine sich schnell wandelnde äußere Realität bindet. Das pädagogische Handeln gewinnt dadurch einen festen Bezugspunkt. Es bezieht sich auf Unverzichtbares: Denn die beschriebenen psychischen Entwicklungsnotwendigkeiten sind so elementar, dass sie ihre Gültigkeit behalten, unabhängig davon, welche konkreten Verhaltenserwartungen der gesellschaftliche Wandel jeweils stellen mag. Erziehende, die dieser Einsicht folgen, können eine unabhängigere Position einnehmen. Sie müssen sich weniger von scheinbar immer neuen Anforderungen blenden lassen, die sie irritieren und mit dazu beitragen, dass Erziehungspositionen geschwächt werden. Dies gilt auch für Eltern und Lehrer von Kindern und Jugendlichen, die in ihrer Entwicklung scheitern – sei es aufgrund von Verhaltensstörungen, dissozialen Entwicklungsverläufen oder aus anderen psychosozialen Gründen. Auch diese Heranwachsenden benötigen Erziehung, ebenso wie alle anderen Kinder und Jugendlichen auch, wenngleich häufig in verdichteter Form und nicht selten in besonderen pädagogischen Settings. Sie repräsentieren keinen Sondertypus menschlicher Entwicklung, wie bizarr ihr Verhalten auch immer sein mag.

7.4 Erziehung und generationale Differenzierung

Erziehung beruht darauf, dass es ein Gegenüber gibt, das anerkennt und unterstützt, fördert und leitet, aber auch begrenzt und mitunter streng ist. Oft ist es nicht das affirmative Ja, sondern das Nein, das die Entwicklung vorantreibt. Kinder brauchen Erwachsene, an denen sie sich messen und reiben, von deren Fähigkeiten sie profitieren und mit denen sie sich in positiver Weise identifizieren können. Erziehung lebt von Differenz, davon, dass es eine Erwachsenenwelt gibt, in die die Kinder erst langsam hineinwachsen. Diese Erwachsenenwelt muss etwas Wertvolles beinhalten. Nur so wird es den Nachwachsenden lohnend und Gewinn versprechend erscheinen, dem Neuen und Fremden nachzuspüren und Unerreichtes anzustreben.

Voraussetzung dafür ist allerdings, dass die Erwachsenengeneration über Leitbilder verfügt, über hinreichend gesicherte Werte, mit der sie sich den Heranwachsenden präsentiert. Denn mit einer Relativierung aller Werte und einer ins extrem gesteigerten Beliebigkeit von Entwicklungsvorstellungen ist der nachwachsenden Generation am allerwenigsten gedient. Ihre Suche nach Selbstachtung und Anerkennung läuft so ins Leere, da sie nichts haben, woran sie sich orientieren könnten. Auch in Zeiten schneller historischer und gesellschaftlicher Veränderungen gilt, dass Kinder und Jugendliche Vorgaben benötigen, die die Älteren für wertvoll erachten. Mit ihnen können sie sich auseinander setzen, sich dem Vorgegebenen anschließen, ihm widersprechen oder auch neue Synthesen finden. Wie auch immer der Weg der Heranwachsenden letztendlich aussehen mag: Entscheidend ist, dass sie auf eine Erwachsenengeneration treffen, die Sinn-, Wert-, und Zweckfragen beantwortet und auch in schwierig erscheinenden Übergangszeiten an einem Erziehungsauftrag festhält.

Damit ist eine Bedingung dafür benannt, dass Kinder wirklich autonom und selbstständig werden können. Autonomie und eine gesicherte Selbstständigkeit setzen Bindungserfahrungen voraus. Sie beruhen auf einem gesicherten emotionalen Hintergrund, der sich unter anderem darin zeigt, dass kindliche Bedürfnisse als solche wahrgenommen und befriedigt werden. Ebenso bedarf es der Anerkennung ihrer Angewiesenheit und Abhängigkeit von den Erwachsenen, nicht nur im ganz frühen Lebensalter, sondern auch später, wenn es um eine Differenzierung von den Eltern und den Eintritt ins Erwachsenenleben geht. Entscheidend ist hier, dass sich die Älteren als generational getrennt erleben und entsprechend in Erscheinung treten: als Angehörige einer anderen Generation, die über einzigartige Lebenserfahrungen verfügt, eigene Werte und Weltanschauungen vertritt und die in einer Welt lebt, die Kindern nur partiell zugänglich ist, so, wie es die Kinder später, wenn sie selbst erwachsen sind, tun werden.

„Gegenwärtig aber ‚sieht es so aus‘, als komme Erwachsenen die Vorstellung abhanden, sie hätten ihrerseits einen Generationenvertrag ‚nach unten‘ als Verpflichtung zur Vorleistung verantwortlicher Enkulturation der Heranwachsenden einzuhalten" (Winterhager-Schmid 2000b, 22). Dabei wird heute kaum noch offen für eine antiautoritäre Erziehung oder ein „laissez-faire" plädiert. Die Sorge, Kindern durch Erziehung zu schaden, wirkt allerdings fort. „Der Erziehungsbegriff", so der pädagogische Bestseller-Autor Peter Struck, „passt eigentlich nicht mehr in unsere jetzige Gesellschaft, oder er ist – auch in Ermangelung einer besseren Alternative – lediglich praktisch, weil alle Zeitgenossen in etwa ahnen, was damit gemeint ist, obschon ihn jeder anders füllt." Und kurz darauf: „Der Erziehungsbegriff birgt ... die Gefahr der Nähe zum Begriff der ‚Zucht‘" (Struck 2001, 14).

Wenn Erziehung für so gefährlich gehalten wird, liegt es nahe, ihren Herausforderungen auszuweichen. Erziehungsferne Positionen üben deshalb, heute wie früher, eine starke Faszination aus. Oft sind es vermeintlich liberale Einstellungen und Haltungen, die diesem Zwecke dienen. Durch den äußeren Schein erzieherischen Engagements getarnt, zeugen sie in Wirklichkeit nicht selten von Gleichgültigkeit. Den Erziehenden sind die Anforderungen, die Kinder notwendigerweise an sie stellen, zu hoch. Sie bleiben ihnen deshalb fern, wollen sich nicht verstricken lassen und sich schon gar nicht unbeliebt machen. Die Beziehung zu den Kindern mag dabei auf den ersten Blick unproblematisch erscheinen. Untergründig wird sie jedoch als durchaus brüchig und wenig belastbar erlebt, und zwar an einem ganz entscheidenden Punkt: Gefürchtet wird, die Kinder durch ein Nein gegen sich aufzubringen, in ganz basaler Weise und auf Dauer. Jedes Nein mutiert, so die Angst erregende Fantasie, zu einem „kalten Nein", das die ganze Beziehung vergiften kann, so, als ob es auch noch heute darum ginge, die Gefahren einer autoritären Unterwerfung und Züchtigung abzuwehren.

Dies ist einer der wesentlichen Gründe dafür, dass sich die Generation der Älteren als gemeinschaftlich handelnd erlebt. Angestrebt wird eine differenzarme, freundschaftliche Beziehung, eine Art von Geschwisterlichkeit, die vor den Jüngeren nichts zu verbergen hat. Ein Gefälle an Macht, Alter und Autorität soll es nach dem Willen der Älteren möglichst wenig geben. Im Gegenteil: „Sie tun alles, was sie können, um es der jüngeren Generation leichter zu machen, die ältere zu überholen ..." (Lasch 1987, 197). Krisenfreiheit für die Kinder und Konfliktfreiheit für sich selbst, so lautet der dahinter stehende, durchaus eigennützige Wunsch. Mit einer Erziehungsposition ist dies allerdings schwerlich vereinbar.

Erziehungsvergessenheit beruht auf einem Verhältnis der Generationen zueinander, das sich durch die Nivellierung von Generationengrenzen auszeichnet. Genau dies ist inzwischen auf breiter Ebene eingetreten. Eine Generationendifferenzierung hat sich zunehmend im Bewusstsein aller Beteiligten verwässert. Die Position der Erwachsenen beschreibt Winterhager-Schmid (2000b, 29) zutreffend so: „Sie scheinen heute eher davon auszugehen, die Heranwachsenden könnten sich in den Beschleunigungen und Verwerfungen des zugespitzten Modernisierungsprozesses leichter zurechtfinden, wenn sich die Erwachsenen aus dem Geschäft der Bildung und Erziehung frühzeitig zurückziehen." Und auf die Schule bezogen: „Gerade in den Schulen scheinen sich die Interaktionspartner eher um Angleichungen, um Abbau generationaler Differenz, stärker zu bemühen als um die *reflexive Gestaltung von Generationendifferenz*. Die an Schule beteiligten Erwachsenen erleben offenbar ihre professionelle Pflicht zur nachhaltigen Erbringung der kulturellen Vorleistung – Erziehung und Bildung der Nachwachsenden – gegenwärtig als belastend. Die Situation scheint geprägt von gemeinsam ertragener Hilflosigkeit" (Winterhager-Schmid 2000b, 17).

Dabei handelt es sich allerdings um kein Phänomen, das allein im Elternhaus, der Schulpraxis oder in anderen professionellen pädagogischen Bezügen entstanden wäre. Die Erziehungswissenschaft hat ebenfalls einen nicht unwesentlichen Anteil daran. Auch von „der Erziehungswissenschaft wurde [die] Sicht auf die Differenz generationaler Beziehungen eher vernachlässigt. Vielmehr bemühte man sich – in liberalisierender Absicht – um den Abbau generationaler Verschiedenheit. Wichtiger als die Betonung generationaler Differenz erschien die Vermeidung von Differenzen. Um diese möglichst wenig spürbar zu machen, legte man Wert auf eine freundschaftliche Intimisierung der pädagogischen Beziehung. Das führte dann jedoch nicht selten zu einer *eigenartig anomischen Unordentlichkeit pädagogischer Situationen*" (Winterhager-Schmid 2000a, 11). Die Begründungen, die dazu herangezogen werden, sind vielfältig. Gegenwärtig finden sie sich vor allem in den beschriebenen Konstruktionen der Kindheit, die vom kompetenten Säugling bis zum selbstständigen Kind reichen. Sie sind in den Theoremen einer systemisch-konstruktivistischen Pädagogik enthalten, die den inneren Selbstentfaltungskräften der Heranwachsenden einen übermäßigen Glauben schenkt, und ebenso in der sozialpädagogischen Aufklärungsformel von den Kindern als „Experten ihres Lebens", die auch in extremen Krisensituationen hinreichend gut für sich sorgen können. Eine wichtige Rolle spielt auch die These von den globalisierten Lebensverhältnissen: In einer unüberschaubar gewordenen Welt könnten die Erwachsenen kaum noch eine pädagogische Position einnehmen, sondern allenfalls als Dienstleister in Erscheinung treten. In je spezifischer Weise wird damit einer generationalen Differenzierung nur noch ein geringer Stellenwert eingeräumt als entweder grundsätzlich von beschränktem Wert oder aufgrund von Zeitumständen nur noch begrenzt realisierbar – also unnötig oder zunehmend unmöglich. Erziehungsverpflichtungen relativieren sich entsprechend. Das Ergebnis ist eine konfliktvermeidende, in ihrer Beziehungsdichte ausgedünnte Pädagogik.

Dagegen mehren sich jedoch gewichtige Stimmen. Die Generationendifferenz wird inzwischen als zentrale Grundlage pädagogischen Handelns wieder entdeckt. Lernen, Erziehung und Bildung beruhen demzufolge darauf, dass eine solche Differenz von beiden Seiten gesehen und anerkannt wird. Wichtige Beiträge dazu stammen von Liebau & Wulf (1996b), Winterhager-Schmid (2000a) und Ecarius (1998). Für Liebau & Wulf (1996a, 7) stellt die Generation „... eine, wenn nicht die zentrale pädagogisch-anthropologische Grundbedingung" dar. Und Hornstein (1999, 51) geht davon aus, „daß Erziehungs- und Bildungsprozesse unvermeidlich in Generationenverhältnisse eingelassen sind, daß sie deshalb ein nicht eliminierbares, nicht wegzudenkendes Moment von Erziehungs- und Bildungsprozessen sind". Auch Honig (1996a,b) betont, wie unverzichtbar der Begriff der Generation für Erziehungsprozesse ist. In seinen Überlegungen zur Kindheitsforschung bezieht er sich ausdrücklich auf die Leitvorstellung des „selbstständigen Kindes". Sie verfehlt seiner Auffassung nach den emanzipatorischen Anspruch, den sie beansprucht. Kinder würden aufgrund der ihnen zugeschriebenen Autonomie und Selbstständigkeit nicht wirklich erwachsen, sondern blieben im Gegenteil in einer infantilen Position gefangen. Der Grund dafür, davon ist Honig überzeugt, liegt auf der Hand. Kinder sind fundamental auf eine andere Generation, die der Eltern, angewiesen. Kinder können sich deshalb nicht selbst genug sein. Als Leitlinie für die sozial- und erziehungswissenschaftliche Kindheitsforschung tauge die These des selbstständigen Kindes wenig. Sie führe in die Irre, weil sie soziale und anthropologische Gegebenheiten übersehe.

„So evident diese Sachverhalte sind, so wenig präsent waren sie merkwürdigerweise bis vor kurzer Zeit in der neueren pädagogischen Diskussion" (Liebau & Wulff 1996a, 7). Das gilt allerdings nicht nur für die Pädagogik. Auch in der Psychoanalyse ist die Kategorie der Generation, zumindest über einen langen Zeitraum, in den Hintergrund getreten. Der Vater wurde dadurch zu einer fast unbedeutenden Randfigur. Das Augenmerk verschob sich auf sehr frühe Entwicklungsprozesse. Im Mittelpunkt des Interesses standen Fragen zu Bindung und Trennung, Nähe und Distanz, dem Containern und der projektiven Identifizierung, zu Mentalisierungsprozessen und der Selbstwertregulation. Winnicotts (1965) Konzept des „falschen Selbst", Balints (1965) Annahme einer „Grundstörung" sowie Khans (1977) Übertragungsform der „omnipotenten Symbiose" sind Beispiele dafür.

Erst in jüngerer Zeit gerät der Vater wieder vermehrt in den Blick. „Das Konzept ,Vater' ... erlebt nach einer Periode, in der die Mutter-Kind-Beziehung im Zentrum der psychoanalytischen Theorie und Praxis stand, eine Renaissance ..." (Grieser 1998, 7). Wichtige Arbeiten zu diesem Thema stammen von Aigner (2001), Grieser (1998), Schon (1995) und Stork (1991), um nur einige wenige zu nennen. Die Wiederentdeckung des Vaters hat zur Folge, dass auch der viel geschmähte ödipale Konflikt wieder einen vorderen Bühnenplatz einnimmt (Brech, Bell & Marahrens-Schürg 1999; Green 1996; Erdheim 2001).

Die Notwendigkeit einer generationalen Differenzierung ist psychoanalytisch am grundlegendsten in Freuds Ödipuskomplex enthalten. Der ödipale Komplex beinhaltet in zweierlei Hinsicht eine zentrale Scheidelinie, die zwischen den Geschlechtern und die zwischen den Generationen. Sie gilt zu allen Zeiten und in allen Kulturen. Der Ödipuskomplex repräsentiert ein ubiquitäres Phänomen, wie Mertens (1996) anhand neuerer kulturvergleichender Untersuchungen gezeigt hat. In den ersten Lebensjahren sind Kinder noch eng an die Eltern, vor allem die Mutter, gebunden. So eng, dass sich auch das sexuelle Erleben auf die primären Bezugspersonen richtet. Diese Objektwahl des sexuellen Begehrens muss jedoch im Laufe der Entwicklung ein Ende finden. Dies anzuerkennen, stellt eine elementare menschliche Aufgabe dar, der sich niemand entziehen kann. Es geht um die fundamentale Trennung von denjenigen, die das Kind körperlich und psychisch hervorgebracht haben, mit weitreichenden Folgen für die psychische, soziale und kulturelle Entwicklung. Dieser Gedanke wird u. a. von Haesler (1999/2000) und Lang (1995/1999) weiterentwickelt und auf eine breitere Basis gestellt.

Lang entfaltet das Konzept einer strukturalen Triade, die er als konstitutiv für das menschliche Dasein ansieht. Der Vater nehme neben der Mutter und dem Kind einen dritten „strukturell vorgezeichneten Platz" (Lang 1995, 53) ein. Dieser Platz besteht darin, dass er eine von der ursprünglichen Triebhaftigkeit separierte symbolische Ordnung vertritt, eine symbolische Ordnung, die in ihrem Kern durch die menschliche Sprache repräsentiert wird. Die Sprache ist der Triebwelt des Kindes entgegengesetzt. Sie schafft Distanz zu einer unmittelbaren Bedürfnisbefriedigung, bedeutet Aufschub und damit den Verlust einer Welt, die vollständige Befriedigung und absolute Harmonie verspricht. Der Vater steht damit für das Andere, das Fremde, das Verbot, das Gesetz, die Gesellschaft. Es ist das Nein des Vaters, das die Entwicklung des Kindes an entscheidenden Punkten voranbringt. Erst durch die dritte Position, die er einnimmt, kann ein Abstand zum mütterlichen Primärobjekt gewonnen werden. Nur so gelingt es dem Kind, sich zur „symbolischen Ordnung" hin zu öffnen und ein eigenes Selbst auszubilden.

Um mit Lang (1995, 53) zu sprechen: „Es bedarf deshalb von Anfang an der Verinnerlichung des väterlichen Strukturmoments, es bedarf der Errichtung der Repräsentanz „'Vater' oder, wie Lacan (1975) sagt, des ‚nom du père', des ‚Namen des Vaters'; es bedarf dieser Errichtung als Voraussetzung dessen, was wir dann später als den so genannten Ödipuskomplex erfahren können." Das dritte Strukturelement kommt in der Regel umso besser zur Geltung, je präsenter Väter sind. Es weist jedoch in seiner Bedeutung, dies sei noch einmal betont, weit über die psychische und physische Präsenz des realen Vaters hinaus. Auch ohne einen Vater als historische Person kann sich die Struktur des Dritten etablieren. Denn der vorgezeichnete Platz des Vaters repräsentiert kein bestimmtes Individuum, sondern die symbolische Ordnung der Gesellschaft, einer Erwachsenenwelt, die in Kultur und Geschichte verankert ist. Die generationale Differenzierung ist also ein genuiner Bestandteil der strukturalen Triade. Ebenso wie die unumgängliche Auseinandersetzung mit der zunächst schockierenden Erfahrung, dass es zwei Geschlechter gibt. Damit sind, wenngleich entwicklungspsychologisch früher verortet, in basaler Weise die beiden wesentlichsten Elemente aufgenommen, die Freuds Ödipuskomplex auszeichnen: die Trennung der Generationen und die Differenz der Geschlechter.

Haesler formuliert, aus einer etwas anderen Perspektive, einen ähnlichen Gedankengang. Für ihn stellt das ödipale Dreieck „... eine essentielle strukturelle Grundbedingung aller menschlicher Existenz überhaupt [dar], ... eine essentielle strukturelle Grundbedingung des menschlichen Denkens, der menschlichen Sprache, des menschlichen Handelns im weitesten Sinne" (Haesler 2000, 27). Haesler geht in seinen Überlegungen von „unhistorischen Rahmenbedingungen" aus, von Grundtatsachen des menschlichen Lebens, wie er schreibt, die lebensgeschichtlichen Ereignissen vorausgehen. Gemeint sind Zeugungsakt, Geburt und Tod, und damit verbunden die Unterschiedlichkeit der Generationen. Die Determination des biologischen Geschlechts kommt hinzu. Erst vor dem Hintergrund dieser als strukturell bezeichneten Rahmenbedingungen kann sich das individuelle Leben entfalten. Haesler führt äußerst detailliert und kenntnisreich aus, dass und wie Denken, Sprache und Emotionalität an trianguläre Erfahrungen gebunden sind. Erst das Heraustreten aus dem Unmittelbaren, der Zweisamkeit, ermöglicht eine Symbolbildung und damit bewusstes Erleben, Reflexion und Selbstreflexion. Die Erfahrung von Trennung und Distanz ist Voraussetzung dafür. Das bedeutet zugleich, dass die Zeit als eine Größe anerkannt wird, die nicht unbegrenzt zur Verfügung steht. Und mit ihr die Tatsache, dass es „alt" und „jung", also Menschen unterschiedlicher Generationen gibt.

Ödipalität und Triangularität sind für Haesler das Fundament individueller und kultureller Entwicklung. Sie stellen keine beliebige, in ihrer Gewichtung verschiebbare Einwicklungsposition unter anderen dar. Selbst „Freud dürfte," so Haesler (2000, 29), „sich wohl der systematischen Bedeutung der Logik der Triangularität in ihrer ganzen Tragweite für das Denken, für die Sprache und für die menschliche Kultur noch nicht ganz bewusst gewesen sein, selbst wenn er das Grundsätzliche der ödipalen Konstellation für alle menschliche Beziehung, Erfahrung und Verständigung erkannt und ihrer komplexen Psychologie ... zu erschließen begonnen hat".

Damit sind einige grundlegende Überlegungen formuliert, die weitreichende Folgen nach sich ziehen, gerade auch für die Erziehung der nachwachsenden Generation. Deutlich geworden sein dürfte, dass der Ödipuskomplex keine reaktionäre Marotte ist und auch kein seeliges Andenken an die vollständige, heilige Familie vergangener Zeiten. Die ihm inhärente generationale Differenzierung zeichnet entscheidend dafür verantwortlich, ob und wie es gelingt, das bisher erreichte zivilisatorische und kulturelle Niveau zu sichern. Dazu noch einmal Haesler (1999, 62): „Die Triangularität ist ... eine essentielle Struktur menschlicher Kultur. Deren Schwächung oder Aufkündigung ist immer mit einem Verlust an Möglichkeiten konstruktiver, kreativer menschlicher Verständigung verbunden, zieht am Ende immer Willkür, Verohnmächtigung, Sinnzerstörung und Chaos, Auflösung und Zerstörung menschlichen Zusammenlebens und menschlicher Kultur nach sich."

Eine Nivellierung generationaler Grenzen führt, wie Chasseguet-Smirgel (1987) gezeigt hat, zur einer psychischen Stagnation, zu einem Verlust an Weiterentwicklung und Reifung. Bei seelisch schwer beeinträchtigten, psychotisch erkrankten Menschen tritt dies besonders deutlich in Erscheinung. Ihre psychische Situation ist dadurch gekennzeichnet, dass sie über keinen auch nur halbwegs verlässlichen inneren Dritten verfügen. Der Vater als Vertreter einer anderen Generation hat in ihnen nur blasse Spuren hinterlassen. Auf einen strukturierenden und schützenden Dritten können diese Menschen, vor allem in Notsituationen, nicht zurückgreifen. Anstürmenden Impulsen, bedrohlichen Gefühlen und irritierenden Fantasien sind sie deshalb hilflos ausgeliefert (Lang 1978). Aber auch bei weniger beeinträchtigten

Kindern, Jugendlichen und Erwachsenen lässt sich nachweisen, dass schwach verinnerlichte trianguläre Beziehungserfahrungen die psychische und soziale Entwicklung behindern. Beispiele aus Schule und Psychotherapie finden sich bei Imbert (2000), Buhmann (2000) und Lazar (2000).

In ihrer konkreten Ausformung ist die Beziehung zwischen den Generationen höchst wandelbar, sie nimmt vielfältige Schattierungen an und wird durch schicht- und milieuspezifische Besonderheiten geprägt. Wie auch immer diese Beziehung im Einzelnen gestaltet sein mag, entscheidend ist, dass auch künftig eine kindliche Lebenswelt neben der der Erwachsenen erhalten bleibt. Die Anerkennung der Kindheit als ein besonderer Lebensabschnitt stellt, historisch betrachtet, einen großen Gewinn dar. Es entstand so ein eigenständiger, für kindliche Bedürfnisse reservierter Lebensraum. In erster Linie dient er dem Schutz der Kinder, vor gewalttätigen körperlichen wie seelischen Übergriffen. Aber auch davor, dass sie mit einem Erleben, mit Fantasien und inneren Bildern in Berührung kommen, die sie überfordern. Dazu ist eine Grenzziehung zwischen den Generationen notwendig. Eine wichtige Trennungslinie verläuft anhand eines Wissens, das nur den Erwachsenen zu eigen ist. Die Geheimnisse der Erwachsenen sichern beide Lebenswelten, die der Erwachsenen selbst, aber auch die ihrer Kinder. Zu der Intimität der Erwachsenenwelt kann sich eine eigene Intimität des kindlichen Lebens gesellen. Aus ihr sollte – soweit wie möglich – all das ferngehalten werden, was Kindern psychisch schadet, weil sie ihm noch nicht gewachsen sind. Diese Aussage mag einigermaßen naiv klingen, allein schon angesichts der medialen Reizüberflutung, der viele Kinder und Jugendliche ausgesetzt sind. Sie bezeichnet dennoch eine Entwicklungsnotwendigkeit, der sich die Erziehung stellen muss.

Ein Verlust der Kindheit zieht gravierende Folgen nach sich, nicht nur für die Kinder, sondern für die Gesellschaft insgesamt. Wenn der Unterschied zwischen Kindheit und Erwachsensein verschwimmt, werden die Grenzen in beiderlei Richtung durchlässig. Das Erwachsenenleben dringt ungefiltert in die Kindheit ein, ebenso wie Kindliches einen problematischen Eingang in die Erwachsenenwelt findet. Es entsteht dadurch – zugespitzt formuliert – eine grenzenlose, infantilisierte Gesellschaft, mit kindlichen Erwachsenen und scheinbar erwachsenen Kindern. Die Zeichen dafür sind unübersehbar.

So bedarf es keines besonderen Kulturpessimismus, um über die Inhalte und die absehbaren Folgen weit verbreiteter medialer Unterhaltungsangebote erschrocken und besorgt zu sein. Was Kindern im nachmittäglichen Fernsehen an primitiven Inszenierungen angeboten wird, an Grenzüberschreitungen und Verletzungen der Intimität, an Sexualisierung, Aggressivierung und Schamlosigkeit, ist wahrlich keine Bagatelle mehr, über die mit gutem Gewissen hinweggesehen werden kann. Archaische, häufig äußerst brutale Handlungen und ein entsprechendes Erleben werden hier scheinbar ohne innere Hemmungen veröffentlicht. Von hoher Stelle gefördert, finden sie ein aufnahmebereites Publikum. Vergleichbare Phänomene sind inzwischen in diversen Bereichen des gesellschaftlichen Lebens anzutreffen, mit steigender Tendenz und immenser Massenwirkung. Was früher Inhalt geheimer Fantasien war oder in versteckten Nischen zum Ausdruck kam, findet nun eine öffentliche, die Generationengrenzen niederreißende Darstellung. Einen Befreiungsakt aus überkommenen Zwängen, zum Nutzen einer verklemmten Gesellschaft, wird man darin wohl kaum erkennen können. Sehr viel eher schon die Bereitschaft Erwachsener, ihre (ökonomischen) Interessen rücksichtslos auf Kosten der nachwachsenden Generation durchzusetzen. Dass dadurch der Fortbestand kultureller Errungenschaften gefährdet ist, dürfte außer Zweifel stehen.

Dem entgegenzuwirken bleibt solange schwierig, wie das „selbstständige Kind" als Leitidee der Kindheit fungiert und generationale Differenzierungen im Schwinden begriffen sind. Beide Seiten haben daran ihren Anteil, wenngleich in sehr unterschiedlicher Verantwortlichkeit. Die Heranwachsenden nutzen die Zeitumstände: Sie inszenieren, äußerlich erfolgreich, eine Gleichheit der Generationen, die es aufgrund anthropologischer Vorgaben und der gesellschaftlichen Realität gar nicht geben kann. Schneller erwachsen werden sie dadurch nicht, auch wenn dies aus Entlastungsgründen gern behauptet wird. Schwerer wiegt, dass sich gegenwärtig eine beträchtliche Zahl von Erwachsenen darum bemüht, Barrieren zwischen den Generationen nicht offenkundig werden zu lassen. Teils in gedankenlosem Triumphalismus frönen sie einem Jugendkult und machen sich damit den Heranwachsenden gleich. Aus Angst vor dem Erwachsensein leugnen sie Differenzen, die aus kritischer Distanz offensichtlich sind (Thomä 2002). Ein wichtiger Grund dafür ist, dass ihnen ein entscheidender Trennungsschritt nicht gelingt. Denn die Trennung von der nachfolgenden Generation bedeutet zugleich einen Abschied von der eigenen Jugendlichkeit – und damit von der Illusion, ewig jung bleiben zu können. Die schmerzliche Einsicht in altersgebundene Grenzen der eigenen Möglichkeiten wird zur Zeit besonders gefürchtet. Sie erscheint als eine schwer erträgliche Zumutung, die möglichst vermieden werden soll.

Erziehen kann aber nur, wer sich dieser Zumutung stellt, wer sich mit dem eigenen Alter auseinander setzt und auch mit der damit verbundenen Macht. Denn eine Grundvoraussetzung für Erziehung besteht darin, dass die Unterschiedlichkeit der Generationen mit allen ihren Folgen anerkannt wird. Daraus resultiert auch für die Älteren ein oft übersehener Gewinn. Sie können selbst erwachsener werden, sich väterlicher und mütterlicher fühlen und von der gestärkten Verantwortung profitieren, die sie für die Jüngeren übernehmen. Es liegt auf der Hand, dass erst von einer solchen getrennten Position aus eine innere Sicherheit im Umgang mit Kindern und Jugendlichen entstehen kann. Entscheidungen für die Kinder lassen sich so leichter fällen, aber auch solche, die gegen den Willen der Kinder gerichtet sind, und das nicht nur in Bezug auf mediale Überforderungen, denen Kinder und Jugendliche ausgesetzt sind.

7.5 Wird die pädagogische Aufgabe neu entdeckt?

Inzwischen mehren sich die Zeichen dafür, dass es zu einer Wiederbelebung der pädagogischen Idee kommt. Eine Stärkung des Erziehungsgedankens ergibt sich, der unmittelbaren Not gehorchend, aus praktischen Notwendigkeiten. So wie bisher kann es in vielen Erziehungsfeldern nicht weitergehen. Deshalb nehmen Erziehungsfragen im weiteren Sinne im öffentlichen Diskurs einen großen Raum ein. Zumindest ist ein Anfang zu einer Veränderung gemacht.

Grenzsetzung ist eines der dominierendsten Schlagworte des letzten Jahrzehnts. Es signalisiert, dass sich in der Erziehung etwas Grundsätzliches ändern soll. Gründe dafür gibt es genug: Verhaltensauffälligkeiten und -störungen gehören zu den typischen Zeitphänomenen, Disziplin- und Lernschwierigkeiten, eine mangelnde Frustrationstoleranz sowie eine zunehmende Gewaltbereitschaft bei steigender Jugenddelinquenz kommen unter anderem hinzu. Es bedurfte einiger Zeit der Ratlosigkeit, bevor bewusster wurde, dass diese massige Symptomdichte mit einer fehlgelaufenen oder unterbliebenen Erziehung in Verbindung steht. So betrachtet hat sich ein wichtiger Fortschritt eingestellt. Erziehung ist wieder zum Thema geworden. Aber auch wenn der Ruf nach mehr Erziehung laut wurde, hat die Diskussion über Grenzsetzungen viele Fragen offen gelassen. Die Unsicherheit über den eigenen Erziehungsauftrag dauert vielfach fort und auch die Zweifel daran, ob die ältere Generation der jüngeren etwas Wertvolles mit auf den Weg geben kann.

Klarer stellen sich die Verhältnisse inzwischen dar, wenn es um die kognitive Entwicklung von Schülern geht. Im Anschluss an die PISA-Studie wird gegenwärtig intensiv über die Steigerung schulischer Leistungen nachgedacht. Die Beliebigkeit scheint überwunden, mit der in den letzten Jahren und Jahrzehnten mit dem Leistungsbegriff umgegangen wurde. Es bestehen nunmehr wenig Zweifel daran, dass grundlegende Fähigkeiten im Lesen, Schreiben und Rechnen erworben werden müssen. Als Basis für höhere Bildungsprozesse sind sie, wie unmittelbar einsichtig ist, unverzichtbar. Dass eine solche Rückbesinnung auf Leistung eintreten würde, war vor einiger Zeit kaum vorstellbar. Erleichternd mag dabei gewirkt haben, dass zunächst nur eine allgemeine Zustimmung gefragt ist, die sich zudem auf elementare kognitive Ziele beschränkt.

Sehr viel schwieriger wird es allerdings, sobald es um die konkrete Umsetzung von Erziehungszielen geht. Dann sind die Erziehenden persönlich gefordert. Sie müssen Stellung nehmen, sich festlegen und entscheiden, was ihre Kinder für eine gute Entwicklung brauchen, was sie ihnen als Erwachsene geben können und was den Kindern ihrerseits abverlangt werden kann. Dies gilt vor allem für Erziehungsfragen, die sich auf die soziale und emotionale Entwicklung beziehen. Hier bestehen die größten Unsicherheiten und es drohen die heftigsten Verstrickungen. Sie werden auch heute noch massiv gefürchtet. Vielfach so sehr, dass die Erziehenden Konflikte soweit wie möglich vermeiden und sich aus dem Erziehungsgeschehen fernhalten.

Veränderungen werden auch zukünftig nur langsam erfolgen. Denn sie setzen voraus, dass sich innere Haltungen und fest gefügte Überzeugungen wandeln. Ein solcher Prozess ist von vielfältigen, von außen nur begrenzt steuerbaren Einflussgrößen bestimmt. Vor allem braucht er Zeit. Es besteht jedoch die begründete Hoffnung, dass das Erziehungsprinzip zukünftig wieder stärker zum Tragen kommt. Dafür spricht zum Beispiel, dass sich in der populären Literatur vermehrt Stimmen finden, die den Erziehungsgedanken stärken wollen. Auch in der fachwissenschaftlichen Diskussion finden sich dazu, trotz aller Gegenströmungen, gewichtige Beiträge. Erziehungswissenschaftlich wird der Generation als einer pädagogisch anthropologischen Grundbedingung wieder vermehrte Aufmerksamkeit geschenkt. Diese Neuentdeckung korrespondiert mit einigen gravierenden Veränderungen, die sich in benachbarten Wissenschaften eingestellt haben. In den Sozialwissenschaften und vor allem in einer psychoanalytisch geprägten Psychologie gewinnt der Vater wieder an Gewicht, als ein trennender Dritter, der eine andere Generation repräsentiert. Er tritt, wie Grieser (1998, 7) ausführt, „. . . als ein wiederentdeckter oder wiederzubelebender Hoffnungsträger in Erscheinung, dessen theoretische Rehabilitierung und pädagogisch-therapeutische Aktivierung neue Perspektiven in individueller wie gesellschaftlicher Hinsicht eröffnen sollen."

Damit ist eine entscheidende Voraussetzung dafür benannt, dass wieder stärker erzogen werden kann.

Auf dem Weg dahin sind noch einige Hindernisse abzubauen, darunter auch durchaus schwergewichtige. Bisher fehlt es vielfach noch an einem tiefer gehenden Verständnis darüber, wie sehr eine Erziehungsvermeidung in den gängigen Menschenbildern, Entwicklungstheorien und Konstruktionen der Kindheit angelegt ist. Zwar sind die Schatten der Vergangenheit bewusster geworden: Die autoritäre Erziehung wurde durch den antiautoritären Protest der späten 60er und 70er Jahre zu Recht auf einen kritischen Prüfstand gestellt. Überreste von Erziehungsidealen, die noch aus der nationalsozialistischen Zeit stammten, konnten so aufgedeckt werden. Die schädigenden Folgen autoritärer Unterwerfungsrituale traten ins öffentliche Bewusstsein, sodass sich das dominierende Erziehungsverständnis radikal wandelte. Der Protest gegen autoritäre Erziehungsformen hat seine Aufgabe erfüllt. Es mag ihn auch heute noch hin und wieder geben. Als Leitlinie für eine „andere" Erziehung eignet er sich nicht mehr. Gewähren lassen und Konfliktvermeidung sind zu untauglichen Mitteln geworden. Dazu haben sich die Verhältnisse zu sehr gewandelt. Die Erziehungsprobleme, die gegenwärtig auf den Nägeln brennen, sind ganz anders gelagert. Es sind nicht mehr solche, die aus einer gesellschaftlich vorherrschenden autoritären Erziehung entspringen. Dies wird inzwischen gemeinhin anerkannt.

Die Folgen der Vergangenheit haben sich damit natürlich nicht erledigt. Ihr Schrecken währt, wie gezeigt wurde, untergründig fort. Und damit auch eine teils heftige Angst, in der Erziehung etwas falsch zu machen. Macht und Ohnmacht, reale und fantasierte Gewalt, Schuld und Beschämung sind und bleiben Themen, die zum Erziehen gehören. Sie gewinnen vor dem bekannten historischen Hintergrund an Brisanz. Entstanden sind sie durch ihn aber nicht. Gewaltsame Übergriffe, körperliche Ausbeutung und sexuellen Missbrauch hat es zu allen Zeiten gegeben. Es bedarf deshalb eines starken kulturellen Rahmens, damit diese Phänomene so weit wie möglich in Schach gehalten werden können. Gänzlich gelingen wird dies wohl nie, wie sich zur Zeit am sexuellen Missbrauch zeigt.

Das stärkste Hindernis, das dem Erziehungsgedanken entgegensteht, findet sich gegenwärtig in Form einer neuen Erziehungsvergessenheit. Sie versteckt sich hinter dem Leitbild einer Kindheit, die sich durch frühzeitige Kompetenz und Selbstständigkeit auszeichnet. Den Nachwachsenden wird sehr viel zugetraut. Die ihnen zugeschriebenen Selbstentwicklungskräfte gelten als so mächtig, dass sie Erwachsener nur wenig bedürfen und sich selbst am besten versorgen können. Ihre innere Ausstattung möge ausreichen, so die weitgesteckte Hoffnung, den Fährnissen einer unübersichtlich gewordenen, globalisierten Welt zu trotzen. In diesem Zutrauen steckt, bei aller Übertreibung, auch eine berechtigte Anerkennung für vorhandene Fähigkeiten und erbrachte Leistungen. Viele Kinder und Jugendliche verfügen bereits früh über eine ganze Reihe gut entwickelter Ich-Funktionen. Sie zeigen sich in der Beherrschung neuer Technologien und darin, wie sie sich in einem komplizierter gewordenen Alltagsleben zurechtfinden. Doch darum geht es in erster Linie nicht. Entscheidend ist vielmehr, dass viele Eltern und auch Lehrer diese Fähigkeiten idealisierend überhöhen, damit sie für eigene Zwecke genutzt werden können. Sie tun dies, um Konflikten mit Kindern und Jugendlichen zu entgehen und weil sie sich so von einem als belastend und zumutend erlebten Erziehungsauftrag absentieren können.

Für die weitere Entwicklung ist es deshalb von einiger Bedeutung, ob dieser Zusammenhang erkannt wird. Die Verantwortlichkeit der älteren Generation für die jüngere tritt dann wieder deutlich hervor und auch die Frage, wozu Erziehung nutzen kann und wo ihre Grenzen liegen. Einem weiteren Aufklärungsbedarf kann die Erziehungswissenschaft ebenfalls dienen. Bisher ist das Wissen darüber wenig verbreitet, wie die viel beklagten Entwicklungsschwierigkeiten in konkrete Beziehungs- und Erziehungserfahrungen eingebettet sind. Die Genese psychosozialer wie kognitiver Beeinträchtigungen liegt jedoch bei weitem nicht so im Dunkeln, wie häufig vermutet wird. Wie unter anderem am Beispiel der Kinder- und Jugendkriminalität gezeigt wurde, kann hier auf einen differenzierten und zugleich praxisrelevanten Kenntnisstand zurückgegriffen werden. Es lässt sich gut beschreiben, wie sich bestimmte psychische Strukturen herausbilden und welchen Anteil Erziehungsprozesse daran haben. Das Wissen darüber, was eine gute oder schlechte Entwicklung ausmacht, ist weit vorangeschritten. Es gilt für alle Kinder und Jugendlichen, nicht nur für diejenigen, die sozial belastet und psychisch besonders verstrickt sind. Insofern ist durchaus mehr als nur an der Oberfläche bekannt, wie Erziehung wirkt und auch, dass auf sie nicht verzichtet werden kann. Dass es Grenzen der Erziehung gibt, ist unbenommen. Zur Erziehung gehören immer auch Unwägbarkeiten und eine Unsicherheit darüber, wie ihre Ergebnisse letzten Endes ausfallen werden. Ein Verzicht auf Erziehung sich lässt daraus jedoch nicht begründen.

Zukünftig dürfte der Erziehung wieder ein höherer Stellenwert zugewiesen werden. Für diese, hoffentlich nicht zu optimistische Einschätzung sprechen einige gewichtige Anzeichen. Vor allem bei der jüngeren Generation deutet sich ein Einstellungswandel an. Sie nimmt, so die allgemeine Tendenz, einen Erziehungsauftrag selbstverständlicher und unbeschwerter an als die Generation zuvor. Bei aller Achtung vor der Eigenständigkeit des Kindes ist ihnen bewusst geworden, dass Kinder nicht immer wissen können, was gut für sie ist. Gewähren lassen gilt nicht mehr als entscheidendes Entwicklungsprinzip, die Unterschiedlichkeit der Generationen wird wieder stärker gesehen. Die Zweifel an der eigenen Erziehungsfähigkeit sind, wie es scheint, geringer geworden. Eine wichtige Rolle spielt dabei, dass das Erziehen als weniger schuldbelastet erlebt wird. Macht und Zwang, mit dem Erziehungsgeschehen untrennbar verquickt, haben zumindest einen Teil ihres früheren Schreckens verloren. Es kann deshalb wieder stärker anerkannt werden, dass Kinder Erziehung brauchen. Sehr deutlich lässt sich dies bei Studierenden der Erziehungswissenschaft und Lehramtsanwärtern beobachten. Zu einer sentimentalen Rückbesinnung auf längst vergangene Zeiten kommt es dabei allerdings nicht. Und auch zu keiner Rückkehr zur alten autoritären Erziehung.

Literatur

Adam, K. (2002): Die deutsche Bildungsmisere. Berlin, München.

Ahlheim, R. (1985): Bis ins dritte und vierte Glied. Das Verfolgungstrauma in der Enkelgeneration. In: Psyche 4, 330–354.

Ahrbeck, B. (1993): Psychologisch-pädagogische Diagnostik zwischen Segregation und Integration. In: Behindertenpädagogik 2, 164–181.

Ahrbeck, B. (1998a): Critical Remarks on Evaluation and Quality Insurance, Demonstrated on the example of Psychotherapy in Rehabilitation. In: 6th European congress on research in rehabilitation. Improving practice by research. VDR-Schriften Bd. 10. Frankfurt a.M., 453–455.

Ahrbeck, B. (1998b): Emotionale Grundlagen des Lernens. In: Greisbach, M., Kullik, U. & Souvignier, E. (Hrsg.): Von der Lernbehindertenpädagogik zur Praxis der schulischen Lernförderung. Lengerich, 91–98.

Ahrbeck, B. (1998c): Konflikt und Vermeidung. Neuwied, Kriftel, Berlin.

Ahrbeck, B. & Körner, J. (Hrsg.) (2000): Der vergessene Dritte – Ödipale Konflikte in Erziehung und Therapie. Neuwied, Kriftel, Berlin.

Ahrbeck, B. & Stadler, B. (2000): Geschlossene Unterbringung und verbindlicher Aufenthalt – Ideologie und Wirklichkeit. In: Heilpädagogik 1, 21–26.

Aigner, J.C. (2001): Der ferne Vater. Gießen.

Anders, G. (1980): Die Antiquiertheit des Menschen. München.

Arbeitsgemeinschaft für Erziehungshilfe (AFET) e. V. Bundesvereinigung (1995): Stellungnahme zur „geschlossenen Unterbringung in der Jugendhilfe". In: Jugendwohl 5, 230–233.

Arbeitsgemeinschaft Kinder- und Jugendschutzbund Hamburg e. V. (2000): Immer auf die Kleinen. Eine Broschüre für Eltern zum Thema Jugend und Gewalt. Hamburg.

Balint, M. (1997): Die Urformen der Liebe und die Technik der Psychoanalyse. Stuttgart (zuerst: 1965).

Baring, A. (2000): Erziehungssabotage. In: Frankfurter Allgemeine Zeitung vom 14.6.2000.

Baumgart, M. (1991): Psychoanalyse und Säuglingsforschung. Versuch einer Integration unter Berücksichtigung methodischer Unterschiede. In: Psyche 9, 780–809.

Beck, U. (1986): Risikogesellschaft. Auf dem Weg in eine andere Moderne. Frankfurt a.M.

Benz, U. (1988): Brutstätten der Nation. „Die deutsche Mutter und ihr erstes Kind" oder der anhaltende Erfolg eines Erziehungsbuches. Dachauer Hefte 4, 144–163.

Benz, U. (1991): Frühe Kindheit im Nationalsozialismus. In: Psychosozial 3, 30–42.

Benz, U. (1998): Warum sehen Kinder Gewaltfilme. München.

Benz, W. (2001): Bürger als Mörder und die Unfähigkeit zur Einsicht. Der Auschwitzprozess. In: Schultz, U. (Hrsg.): Große Prozesse. München. 382–391.

Bergmann, W. (2002): „Wo das Reale schwindet ...". Über Symbole und symbiotische Gefühle bei Computerspielen und beim Surfen im Internet. In: Arbeitshefte Kinderpsychoanalyse 31, 131–144.

Bericht der gemeinsamen Arbeitsgruppe der Vertreter der Fachkonferenzen der Jugend-, Innen-, Kultus- und Justizminister (1999): Präventionsstrategien zur Vermeidung von Kinder- und Jugenddelinquenz. 70. Konferenz der Justizministerinnen und -minister vom 7.–9. Juni 1999 in Baden-Baden.

Bernfeld, S. (1973): Sysiphos oder die Grenzen der Erziehung. Frankfurt a.M. (zuerst 1925).

Bertram, H. (Hrsg.) (1991): Die Familie in Westdeutschland. Stabilität und Wandel familialer Lebensformen. Opladen.

Bertram, H. (2001): Wir müssen die Männer zwingen. In: Die „Zeit" vom 22.2.2001.

Bittner, G. (1994): Problemkinder. Göttingen.

Bittscheidt, D. (1998): Repression statt Perspektiven. Über die ordnungspolitische Zurichtung der Jugendhilfe. In: Köttgen, Ch. (Hrsg.): Wenn alle Stricke reißen. Bonn, 25–39.

Bittscheidt-Peters, D., Mahnkopf, D. & Wohlert, F. (1981): Geschlossene Unterbringung in der Heimerziehung und ihre Alternativen. Berichte und Dokumente aus der Freien und Hansestadt Hamburg. Nr. 634, 5.3.1981.

Blandow, J. (1997): Über Erziehungshilfekarrieren. Stricke und Fallen der postmodernen Jugendhilfe. In: Jahrbuch der sozialen Arbeit. Münster, 172–188.

Böhme, G. (1999): Bildung als Widerstand. Was sollen die Schulen und Hochschulen lehren?. Ein Versuch über die Zukunft des Wissens. In: Die „Zeit" vom 16.9.1999.

Böhme, H. (2000): Wer sagt, was Leben ist?. Die Provokation der Biowissenschaften und die Aufgaben der Kulturwissenschaften. In: Die „Zeit" vom 30.11.2000.

Bovensiepen, G., Hopf, H. & Molitor, G. (Hrsg.) (2002): Unruhige und unaufmerksame Kinder. Frankfurt a.M.

Bowlby, J. (1975): Bindung. Eine Analyse der Mutter-Kind-Beziehung. München.

Bowlby, J. (1983): Verlust, Trauer und Depression. Frankfurt a.M.

Brainin, E. & Kaminer, I. (1982): Psychoanalyse und Nationalsozialismus. In: Psyche 11, 989–1012.

Brech, E., Bell, K. & Marahrens-Schürg, Ch. (1999): Weiblicher und Männlicher Ödipuskomplex. Göttingen.

Breymann, K. (2001): Umgang der Strafjustiz mit gewalttätigen Jugendlichen. In: Albrecht, G., Backes, O. & Kühnel, W. (Hrsg.): Gewaltkriminalität zwischen Mythos und Realität. Frankfurt a.M., 415–434.

Bröckelmann, W. & Felten, M. (2002): Sind Sie streng? Zum Wandel von Abstand und Differenz in pädagogischen Beziehungen. In: Pädagogik 11, 23–26.

Browning, Ch.R. (1996): Ganz normale Männer. Das Reserve-Polizeibataillon 101 und die „Endlösung" in Polen. Reinbek.

Bürgerschaft der Freien und Hansestadt Hamburg (2000): Bericht der EnqueteKommission „Jugendkriminalität und ihre gesellschaftlichen Ursachen". Drucksache 16/4000. 16. Wahlperiode. Hamburg.

Buhmann, Ch. (2000): „Der Vater hat's verboten" – Überlegungen zur Triangulierung in Familien mit behinderten Kindern. In: Ahrbeck, B. & Körner, J. (Hrsg.): Der vergessene Dritte – Ödipale Konflikte in Erziehung und Therapie. Neuwied, Kriftel, Berlin, 96–105.

Burian, W. (1998): Die zunehmende Distanz zwischen Beobachtung und Rekonstruktion. In: Burian, W. (Hrsg.): Der beobachtete und der rekonstruierte Säugling. Göttingen, 7–19.

Chamberlain, S. (2000): Adolf Hitler, die deutsche Mutter und ihr erstes Kind. Über zwei NS-Erziehungsbücher. Gießen.

Chasseguet-Smirgel, J. (1987): Das Ich-Ideal. Psychoanalytischer Essay über die „Krankheit der Idealität". Frankfurt a.M.

Copley, B. & Forryan, B. (1987): Therapeutic work with children and young people. London.

Dahl, G. (2001): Primärer Narzißmus und inneres Objekt. Zum Schicksal einer Kontroverse. In: Psyche 6, 577–611.

Datler, W., Eggert-Schmid Noerr, A. & Winterhager-Schmid, L. (2002): Editorial. In: Datler, W., Eggert-Schmid Noerr, A. & Winterhager-Schmid, L. (Hrsg.): Das selbständige Kind. Jahrbuch für Psychoanalytische Pädagogik 12. Gießen, 7–8.

Dettmann, U. (1999): Der radikale Konstruktivismus. Anspruch und Wirklichkeit einer Theorie. Tübingen.

Devivere, B. v. (2000): Hinter jedem Problem lauert die Lösung – oder die Beantwortung der Frage: „Wo ist der Dietrich für die Kindertagesstätte?" In: Voß, R. (Hrsg.): Verhaltensauffällige Kinder in Schule und Familie. Neue Lösungen oder alte Rezepte? Neuwied, Kriftel, Berlin, 188–201.

Diesbergen, C. (1994): Radikal-konstruktivistische Pädagogik als problematische Konstruktion. Bern.

Dodd, B. (1979): Lip reading in infants. Attention to speech presented in-and-out-ofsynchrony. In: Cognitive Psychology 11, 478–484.

Dornes, M. (1994): Der kompetente Säugling. Frankfurt a.M.

Dornes, M. (1997): Die frühe Kindheit. Entwicklungspsychologie der ersten Lebensjahre. Frankfurt a.M.

Dornes, M. (200 1): Primärer Narzißmus. Widerlegbar oder nicht?. In: Psyche 6, 612–619.

Dührssen, A. (1982): Psychogene Erkrankungen bei Kindern und Jugendlichen. Göttingen, Zürich.

Dümpelmann, M. (2003): Das Borderline-Konzept von Kernberg. Eine kritische Betrachtung. In: Mentzos, S. & Münch, A. (Hrsg.): Borderline-Störung und Psychose. Göttingen, 38–50.

Ebbinghaus, A. (Hrsg.) (1996): Opfer und Täterinnen. Frankfurt a.M.

Ecarius, J. (Hrsg.) (1998): Was will die jüngere mit der älteren Generation? Generationenbeziehungen in der Erziehungswissenschaft. Opladen.

Eckstaedt, A. (1989): Nationalsozialismus in der „zweiten Generation". Frankfurt a.M.

Effinger, H. (1994): Soziale Arbeit als Kundendienst – Innovation oder Regression? Professionelle Begleitung in schwierigen Lebenspassagen als personenbezogene Dienstleistung in intermediären Organisationen. In: Widersprüche 3, 29–53.

Eggert-Schmid Noerr, A. (2002): Das modernisierte Kind. In: Datler, W., Eggert-Schmid Noerr, A. & Winterhager-Schmid, L. (Hrsg.): Das selbständige Kind. Jahrbuch für Psychoanalytische Pädagogik 12. Gießen, 9–14.

Ehlert-Balzer, M. (1996): Das Trauma als Objektbeziehung. In: Forum der Psychoanalyse 4, 291–314.

Ekman, P. (1988): Gesichtsausdruck und Gefühl. Paderborn

Erdheim, M. (1982): Die gesellschaftliche Produktion von Unbewußtheit. Eine Einführung in den ethnopsychoanalytischen Prozeß. Frankfurt a. M.

Erdheim, M. (2001): Zur Notwendigkeit des Generationskonfliktes. Die Anerkennung des Gesetzes in der Adoleszenz. In: Arbeitshefte Kinderpsychoanalyse 29/30, 13–30.

Ermann, M. (1996): Nachdenken über die Psychoanalyse in Deutschland. Tübingen.

Ferry, L. (2003): Tradition ist wichtig. Ein Gespräch mit Luc Ferry, dem französischen Minister für Jugend, Bildung und Wissenschaft. In: Die „Zeit" vom 16.1.2003.

Finger-Trescher, U. & Trescher, H.-G. (Hrsg.) (1992): Aggression und Wachstum. Mainz.

Foerster, H. v. (1997): Das Konstruieren einer Wirklichkeit. In: Watzlawick, P. (Hrsg.): Die erfundene Wirklichkeit. Wie wissen wir, was wir zu wissen glauben? Beiträge zum Konstruktivismus. München, Zürich, 39–60.

Foerster, H. v. (1999): Wahrheit ist die Erfindung eines Lügners. Ein Interview von Bernhard Pörksen. In: Die „Zeit" vom 15.1.1999.

Freedman, D.A. (1972): Ort hearing, oral language and psychic structur: In: Holt, R.R. & Peterfreund, E. (Eds.): Psychoanalysis and contemporary science. Vol. 1. New York, 59–67.

Freie und Hansestadt Hamburg: Hamburgisches Schulgesetz vom 16. April 1997. Freie und Hansestadt Hamburg: Amt für Jugend: Empfehlungen für das Case-Management in Grenzsituationen der Hilfen zur Erziehung. 31.3.1998.

Freud, S. (1999a): Drei Abhandlungen zur Sexualtheorie. In: Gesammelte Werke. Bd. V, Frankfurt a.M., 33–145 (zuerst: 1905).

Freud, S. (1999b): Analyse der Phobie eines fünfjährigen Knaben. In: Gesammelte Werke Bd. VII. Frankfurt a.M., 241–377 (zuerst: 1909).

Freud, S. (1999c): Vorwort zur 4. Auflage der „Drei Abhandlungen zur Sexualtheorie". In: Gesammelte Werke. Bd. V. Frankfurt a.M., 3–32 (zuerst 1920a).

Freud, S. (1999d): Jenseits des Lustprinzips: In: Gesammelte Werke Bd. XIII. Frankfurt a.M., 3–69 (zuerst: 1920b).

Freud, S. (1999e): Geleitwort zu: Verwahrloste Jugend. Die Psychoanalyse in der Fürsorgeerziehung – Zehn Vorträge zur ersten Einführung von August Aichhorn. In: Gesammelte Werke XIV, Frankfurt a.M., 565–567 (zuerst: 1925).

Freud, S. (1999f): Das Unbehagen in der Kultur: In: Gesammelte Werke Bd. XIV. Frankfurt a.M., 419–506 (zuerst: 1930).

Freud, S. (1999g): Neue Folge der Vorlesungen zur Einführung in die Psychoanalyse. In: Gesammelte Werke Bd. XV. Frankfurt a.M. (zuerst: 1932).

Freud, S. (1999h): Abriss der Psychoanalyse. In: Gesammelte Werke. Bd. XVII. Frankfurt a.M., 63–138 (zuerst: 1940).

Fröhlich, A. (2003): Kunden, Käufer, Konsumenten. Sonderpädagogik in der Dienstleistungsdiskussion. In: Heilpädagogik 3, 92–98.

Gaschke, S. (2001): Die Erziehungskatastrophe. Stuttgart, München.

Gauch, S. (1997): Vaterspuren. Frankfurt a.M.

Gay, P. (1998): Mehr als eine Theorie der Seele. In: Der Spiegel 53, 98–106.

Giesecke, H. (1998): Pädagogische Illusionen. Stuttgart.

Giordano, R. (1987): Die zweite Schuld oder Von der Last, ein Deutscher zu sein. Hamburg.

Girgensohn-Marchand, B. (1996): Der Mythos Watzlawick und die Folgen. Weinheim.

Glasersfeld, E. v. (1997): Einführung in den radikalen Konstruktivismus. In: Watzlawick, P. (Hrsg.): Die erfundene Wirklichkeit. München, Zürich, 16–38.

Gottschalch, W. (2000): Mit anderem Blick. Grundzüge einer skeptischen Pädagogik. Gießen.

Gravenhorst, L. & Tatschmurat, C. (Hrsg.) (1995): Töchter fragen – NS-Frauen-Geschichte. Freiburg i.Br.

Grawe, K., Donati, R. & Bernauer, F. (1994): Psychotherapie im Wandel. Von der Konfession zur Profession. Göttingen.

Green, A. (1996): Kastrationskomplex. Tübingen.

Green, A. (2000): Science und Science-fiction in der Säuglingsforschung. In: Psychoanalytische Theorie und Praxis 4, 438–466.

Green, A. (2001): Todestrieb, negativer Narzißmus, Desobjektualisierungsfunktion. In: Psyche 9/10, 869–877.

Greiner, U. (1999): Bildung heute. Die „Zeit" vom 4.12.1999.

Grieser, J. (1998): Der fantasierte Vater. Zur Entstehung und Funktion des Vaterbildes beim Jungen. Tübingen.

Gross, P. (1994): Die Multioptionsgesellschaft. Frankfurt a.M.

Gross, W. (1995): Was ist das Süchtige an der Sucht? Geesthacht.

Grünberg, K. (2000): Zur Tradierung des Traumas der nationalsozialistischen Judenvernichtung. In: Psyche 9/10, 1002–1037.

Grünberg, K. & Straub, J. (Hrsg.) (2001): Unverlierbare Zeit. Psychosoziale Spätfolgen des Nationalsozialismus bei Nachkommen und Opfern von Tätern. Tübingen.

Grundwald, K. & Thiersch, H. (2001): Zur Entwicklung des Konzepts Lebensweltorientierte Soziale Arbeit. In: Otto, H.-U. & Thiersch, H. (Hrsg.): Handbuch Sozialarbeit, Sozialpädagogik. Neuwied, Kriftel, Berlin. 1136–1148.

Haarer, J. (1938a): Die deutsche Mutter und ihr erstes Kind. München, Berlin (zuerst: 1934).

Haarer, J. (1938b/1950): Unsere kleinen Kinder. München (zuerst: 1936).

Haesler, L. (1999): Die Struktur der Triangularität und ihre grundlegende Bedeutung für Sprache und Denken sowie für die menschliche Kultur. In: Gast, L. & Körner, J. (Hrsg.): Psychoanalytische Anthropologie II. Ödipales Denken in der Psychoanalyse. Tübingen, 62–93.

Haesler, L. (2000): Das ödipale Dreieck – Lebensgeschichtliches Ereignis oder psychische Struktur? In: Ahrbeck, B. & Körner, J. (Hrsg.): Der vergessene Dritte – Ödipale Konflikte in Erziehung und Therapie. Neuwied, Kriftel, Berlin, 25–49.

Hantel-Quitmann, W. & Kastner, P. (2002): Die Globalisierung der Intimität. Die Zukunft intimer Beziehungen im Zeitalter der Globalisierung. Gießen.

Harris, J. (2000): Ist Erziehung sinnlos? Reinbek.

Heinemann, E., Rauchfleisch, U. & Grüttner, T. (1995): Gewalttätige Kinder. Frankfurt a.M.

Heinemann, W. & Peters, F. (1987): Ambulant betreutes Einzelwohnen (ABE) – Eine Herausforderung der Heimerziehung. In: Unsere Jugend 11, 442–447.

Hettlage, R. (2000): Individualisierung, Pluralisierung, Postfamiliarisierung. Dramatische oder dramatisierte Umbrüche im Modernisierungsprozess der Familie? In: Familienforschung 1, 72–97.

Heyne, C. (1993): Täterinnen. Offene und verdeckte Aggression von Frauen. Zürich.

Hoelscher, G. (1994): Kinder und Computer. Berlin.

Holder, A. (2000): Die Bedeutung der analytischen Psychotherapie von Kindern und Jugendlichen. In: Schlösser, A.-M. & Höhfeld, K. (Hrsg.): Psychoanalyse als Beruf. Gießen, 119–132.

Honig, M.-S. (1996a): Probleme der Konstituierung einer erziehungswissenschaftlichen Kindheitsforschung. In: Pädagogik 3, 325–345.

Honig, M.-S. (1996b): Wem gehört das Kind?. Kindheit als generationale Ordnung. In: Liebau, E. & Wulf, Ch. (Hrsg.): Generation. Weinheim, 201–221.

Honneth, A. (1995): Desintegration. Bruchstücke einer soziologischen Zeitdiagnose. Frankfurt a.M.

Hornstein, W. (1983): Die Erziehung und das Verhältnis der Generationen heute. In: Pädagogik, 18. Beiheft, 59–9.

Hornstein, W. (1999): Generation und Generationenverhältnisse in der „radikalisierten Moderne". In: Pädagogik, 39. Beiheft, 51–68.

Hubrig, Ch. & Herrmann, P. (2000): Lösungsorientierung. Ressourcevolle Strategie – der systemische Lösungsansatz. In: Voß, R. (Hrsg.): Verhaltensauffällige Kinder in Schule und Familie. Neue Lösungen oder alte Rezepte?. Neuwied, Kriftel, Berlin, 131–158.

Huschke-Rhein, R. (1989): Systemische Pädagogik. Bd. 111. Systemtheorien für die Pädagogik. Köln.

Huschke-Rhein, R. (1998): Systemische Erziehungswissenschaft. Pädagogik als Beratungswissenschaft. Weinheim.

Imbert, F. (2000): Eine Übermittlungsarbeit. In: Winterhager-Schmid, L. (Hrsg.): Erfahrung mit Generationendifferenz. Weinheim, 126–133.

Izard, C. (1981): Die Emotionen des Menschen. Eine Einführung in die Grundlagen der Emotionspsychologie. Weinheim, Basel.

Jaeggi, E. (1995): Zu heilen die zerstoßnen Herzen. Reinbek.

Kaiser, G. (1996): Kriminologie. Ein Lehrbuch. Heidelberg.

Keller, H. & Meyer, H.-J. (1982): Psychologie der frühesten Kindheit. Stuttgart.

Kestenberg, J. (1974): Kinder von Überlebenden der Naziverfolgungen. In: Psyche 3, 249–265.

Khan, M. (1997): Symbiotische Omnipotenz. In: Khan, M.: Selbsterfahrung in der Therapie. München, 100–113 (zuerst: 1977).

Klaus, M.H. & Kennel, J.-H. (1987): Mutter-Kind-Bindung. München.

Klein, M. (1972): Das Seelenleben des Kleinkindes und andere Beiträge zur Psychoanalyse. Reinbek.

Klein, M. (1985): Frühstadien des Ödipuskomplexes. Frankfurt a.M.

Kobi, E. (1997): Heilpädagogik als System – mit System – im System. In: Heilpädagogik 5, 1–13.

Köhler, L. (1990): Neuere Ergebnisse der Kleinkindforschung. In: Forum der Psychoanalyse 1, 32–51.

Köhler, L. (1995): Ursachen späterer Konflikte im ersten Lebensjahr. In: Buchheim, P., Cierpka, M. & Seifert, Th. (Hrsg.): Lindauer Texte. Texte zur psychotherapeutischen Fort- und Weiterbildung. Berlin, 91–102.

Köttgen, Ch. (1991): Die Öffnung der Mauern und die Folgen „Grenzfälle". In: Freie und Hansestadt Hamburg, Behörde für Schule, Jugend und Berufsbildung (Hrsg.): Tagungsdokumentation zum Thema „Grenzfälle" zwischen Jugendhilfe und Jugendpsychiatrie – welche Grenzen sind gemeint? Hamburg, 33–35.

Köttgen, Ch. (Hrsg.) (1998): Wenn alle Stricke reißen. Bonn.

Kohut, H. (1992): Narzißmus. Frankfurt a.M. (zuerst: 1976).

Kornmann, R., Meister, H. & Schlee, J. (1994): Förderungsdiagnostik. Konzepte und Realisierungsmöglichkeiten. Heidelberg (zuerst: 1983).

Krause, R. (1997): Allgemeine Psychoanalytische Krankheitslehre. Bd. 1. Grundlagen. Stuttgart.

Krause, R. (1998): Allgemeine Psychoanalytische Krankheitslehre. Bd. 2. Modelle. Stuttgart.

Kris, E. (1976): Psychoanalytische Kinderpsychologie. Frankfurt a.M.

Kristeva, J. (1994): Die neuen Leiden der Seele. Hamburg.

Lang, H. (1978): Die strukturale Triade – struktur-analytische Untersuchungen zur familiären Tiefenstruktur bei Schizophrenen. Habilitationsschrift, Universität Heidelberg.

Lang, H. (1995): Das Konzept der „strukturalen Triade". In: Buchheim, P., Cierpka, M. & Seifert, Th. (Hrsg.): Lindauer Texte. Texte zur psychotherapeutischen Fort- und Weiterbildung. Berlin, 50–58.

Lang, H. (1999): Die strukturale Triade – Zur Bedeutung des symbolischen Dritten. In: Weiß, H. (Hrsg.): Ödipuskomplex und Symbolbildung. Tübingen. 62–80.

Lasch, Ch. (1984): The minimal self. Psychic survival in troubled times. New York.

Lasch, Ch. (1986): Zeitalter des Narzißmus. München.

Lasch, Ch. (1987): Geborgenheit. Die Bedrohung der Familie in der modernen Welt. München.

Lazar, R.A. (2000): Die klinische Bedeutung des Ödipuskomplexes heute – mit Beispielen aus der Kinder- und Jugendlichenpsychotherapie und der Säuglingsbeobachtung. In: Ahrbeck, B. & Körner, J. (Hrsg.): Der vergessene Dritte – Ödipale Konflikte in Erziehung und Therapie. Neuwied, Kriftel, Berlin, 87–95.

Lebert, N. & Lebert, S. (2000): Denn Du trägst meinen Namen. München.

Leggewie, C. (1993): Das Plädoyer eines Antiautoritären für Autorität. In: Die „Zeit" vom 5.3.1993.

Leichtman, M. (1990): Developmental psychology and psychoanalysis: the context for a revolution in psychoanalysis. In: J. Am. Psychoanal. Assn. 915–950.

Lembeck, H.-J. (1998): Beratung an szenennahen Orten. Das KIDS am Hamburger Hauptbahnhof. In: Köttgen, Ch. (Hrsg.): Wenn alle Stricke reißen. Bonn, 188–202.

Lenzen, D. (1997): Lösen die Begriffe Selbstorganisation, Autopoiesis und Emergenz den Bildungsbegriff ab? In: Pädagogik 6, 949–967.

Lichtenberg, J.D. (1983): Psychoanalyse und Säuglingsforschung. Berlin.

Lichtenberg, J.D., Lachmann, F.M. & Fosshage, J.L. (2000): Das Selbst und die motivationalen Systeme. Frankfurt a.M.

Liebau, E. & Wulf, Ch. (1996a): Einleitung. In: Liebau, E. & Wulf, Ch. (1996b): Generation. Versuch über eine pädagogisch-anthropologische Grundbedingung. Weinheim, 7–10.

Liebau, E. & Wulf, Ch. (Hrsg.) (1996b): Generation. Versuch über eine pädagogischanthropologische Grundbedingung. Weinheim.

Lifton, R.-J. (1986): Ärzte im dritten Reich. Stuttgart.

Lohmann, H.-M. & Rosenkötter, L. (1982): Psychoanalyse in Hitlerdeutschland. Wie war es wirklich? In: Psyche 11, 961–988.

Ludewig, K. (1993): Systemische Therapie. Stuttgart.

Lüpke, H. v. (2002): AD(H)S. Ist alles wirklich so klar? In: Pädagogik 1, 43–46.

Macfarlane, A. (1974): Olfactation in the development of social preferences in the human neonate. In: Parent-Infant Interaction. Ciba Foundation Symposium 33, (New Series), North Holland: Elsevier, 103–117.

Magdeburger Initiative (1999): Forum zu Jugend und Kriminalität. Breyman, K. et al. (Hrsg.). Magdeburg.

Mahler, M.S. (1972): Symbiose und Individuation. Stuttgart.

Mahler, M.S., Pine, F. & Bergman, A. (1984): Die psychische Geburt des Menschen. Frankfurt a.M.

Mahlmann, F. (1997): Die Dressur der stolzen Horden. Lasst doch den Flegeln ihren Lauf. Zwischenruf eines genervten Schulleiters. In: Die „Zeit" vom 21.3.1997.

Maneros, A. (2002): Hitlers Urenkel. Rechtsradikale Gewalttäter – Erfahrungen eines wahldeutschen Gerichtsgutachters. Berlin, München, Wien.

Marcuse, H. (1967): Der eindimensionale Mensch. Neuwied, Kriftel, Berlin.

Marquard, 0. (1998): Untergangserwartungen, Außerordentlichkeitsbedarf und Kontinuitätskultur. In: Rohde-Dachser, C. (Hrsg.): Verknüpfungen. Göttingen, 23–36.

Maturana, H. & Varela, F. (1987): Der Baum der Erkenntnis. München.

Meinefeld, W. (1995): Realität und Konstruktion. Opladen.

Meister, K. (1987): System ohne Psyche. Zur Kritik der Pragmatischen Kommunikationstheorie und ihrer Anwendungen. Opladen.

Meltzoff, A. & Moore, M. (1977): Imitation of facial and manual gestures by human neonates. In: Science 189, 75–78.

Meltzoff, A. & Borton, R. (1979): Intermodal matching by human neonates. In: Nature 282, 403–404.

Menninger, K. (1978): Selbstzerstörung. Frankfurt a.M.

Mertens, W. (1994): Psychoanalyse auf dem Prüfstand? Eine Erwiderung auf die Meta-Analyse von Klaus Grawe. Berlin, München.

Mertens, W. (1996): Entwicklung der Psychosexualität und Geschlechtsidentität. Bd. 2: Kindheit und Adoleszenz. Stuttgart.

Metzger, H.-G. (1999): Der abhängige und der kompetente Säugling – Eine kritische Relativierung der Säuglingsforschung: In: Psychoanalytische Theorie und Praxis 4, 378–400.

Meyer-Wolters, H. (2000): Zum Zusammenhang von Selbst- und Fremderziehung. In: Masschelein, J., Ruhloff, J. & Schäfer, A. (Hrsg.): Erziehungsphilosophie im Umbruch. Weinheim, 83–113.

Michaelis, D. (1995): „Heute gehen wir Baby-Gucken und morgen . . .". Psychoanalyse auf der Höhe des Zeitgeistes. In: Zepf, S. (Hrsg.): Diskrete Botschaften des Rationalen. Göttingen, 143–175.

Milch, W. (1997): Kleinkindforschung und Erwachsenenbehandlung. In: Forum der Psychoanalyse 2, 139–153.

Miller, A. (1983): Am Anfang war Erziehung. Frankfurt a.M.

Mitscherlich, A. (1979): Zwei Arten der Grausamkeit. In: Mitscherlich, A.: Toleranz – Überprüfung eines Begriffes. Frankfurt a.M., 168–189.

Mitscherlich-Nielsen, A. (1992): Die (Un)Fähigkeit zu trauern in Ost- und Westdeutschland. Was Trauerarbeit heißen könnte. In: Psyche 5, 406–418.

Molnar, A. & Lindquist, B. (1995): Verhaltensprobleme in der Schule – Lösungsstrategien für die Praxis, Dortmund.

Moser, T. (1992): Die Unfähigkeit zu trauern: Hält die Diagnose einer Überprüfung stand? In: Psyche 5, 389–405.

Moser, T. (1999): Mutterkreuz und Hexenkind. Eine Gewissensbildung im Dritten Reich. Frankfurt a.M.

Müller-Hohage, J. (2000): Rezension zu Chamberlain, S. (2000): Adolf Hitler, die deutsche Mutter und ihr erstes Kind. Über zwei NS-Erziehungsbücher. In: psychosozial 1, 131–134.

Müller-Münch, I. (1982): Die Frauen von Majdanek. Reinbek.

Myschker, N. (2002): Verhaltensstörungen bei Kindern und Jugendlichen. Stuttgart.

Nauck, B. (1991): Familien- und Betreuungssituationen im Lebenslauf von Kindern. In: Bertram, H. (Hrsg.): Die Familie in Westdeutschland. Stabilität und Wandel familialer Lebensformen. Opladen, 389–428.

Nüse, R. (1995): Über die Erfindung/en des radikalen Konstruktivismus. Kritische Gegenargumente aus psychologischer Sicht. Weinheim.

OECD/Unesco (2003): Literacy Skills for the World of Tomorrow. Paris.

Palmoswki, W. (1996a): Anders handeln – Lehrerverhalten in Konfliktsituationen. Ein Übersichts- und Praxisbuch. Dortmund.

Palmowski, W. (1996b): Der Stein des Anstoßes. Systemische Beratungsstrategien im schulischen Kontext. Dortmund.

Palmowski, W. (2000): Die Lösung liegt in der Zukunft – Lösungsorientierte Fragen. In: Voß, R. (Hrsg.): Verhaltensauffällige Kinder in Schule und Familie. Neue Lösungen oder alte Rezepte? Neuwied, Kriftel, Berlin, 159–163.

Pankofer, S. (1997): Freiheit hinter Mauern. Mädchen in geschlossenen Heimen. Weinheim.

Paramo-Ortega, R. (1985): Das Unbehagen an der Kultur. München.

Peters, F. (1990): Anything goes? Entwicklungstrends und qualitative Veränderungen in der Heimerziehung. In: Köttgen, Ch., Kretzer, D. & Richter, S. (Hrsg.): Aus dem Rahmen fallen. Kinder und Jugendliche zwischen Erziehung und Psychiatrie. Bonn, 145–167.

Petzold, M. (2000): Die Multimedia-Familie. Opladen.

Pine, F. (1990): Infant research the symbiotic phase and clinical work: A case study of a concept. In: Pine, F. (Ed.): Drive, Ego, Object and Self. A Synthesis for Clinical Work. New York, 232–246.

Pine, F. (1992): Some Refinements of the Separation-Individuation Concept in Light of Research on Infants. In: Psychoanalytic Study of the Child, 103–16.

PISA-Studie (2001). Baumert, J. et al. (Hrsg.): PISA 2000. Basiskompetenzen von Schülerinnen und Schülern im internationalen Vergleich. Opladen.

Poincaré, L. (1906): Wissenschaft und Hypothese. Leipzig.

Rauchfleisch, U. (1981): Dissozial. Göttingen.

Rauchfleisch, U. (1992a): Psychoanalytische Pädagogik mit aggressiven Jugendlichen und Erwachsenen. In: Finger-Trescher, U. & Trescher, H.-G. (Hrsg.): Aggression und Wachstum. Mainz, 38–55.

Rauchfleisch, U. (1992b): Psychotherapie mit aggressiven, dissozialen Kindern, Jugendlichen und Erwachsenen. In: Heinemann, E., Rauchfleisch, U. & Grüttner, T.: Gewalttätige Kinder. Psychoanalyse und Pädagogik in Schule, Heim und Therapie. Frankfurt a.M., 141–211.

Rauchfleisch, U. (1999): Außenseiter der Gesellschaft. Psychodynamik und Möglichkeiten zur Psychotherapie Straffälliger. Göttingen.

Redl, F. (1971): Erziehung schwieriger Kinder. München.

Rehfus, W. (1997): Bildungsnot. Hat die Pädagogik versagt? Die Fehler von gestern und die Aufgaben von morgen. Stuttgart.

Reiche, R. (1990): Geschlechterspannung. Frankfurt a.M.

Reiche, R. (1991): Haben frühe Störungen zugenommen? In: Psyche 12, 1045–1066.

Remschmidt, H. (Hrsg.) (2000): Kinder- und Jugendpsychiatrie. Stuttgart.

Richter, H.-E. (1995): Bedenken gegen Anpassung. Hamburg.

Richter, H.-E. (2000): Psychoanalyse in der Gesellschaft – Eine persönliche Rückschau. In: Schlösser, A.-M. & Höhfeld, K. (Hrsg.): Psychoanalyse als Beruf. Gießen. 163–175.

Richter-Appelt, H. (Hrsg.) (1997): Verführung, Trauma, Mißbrauch. Gießen.

Riesman, D. (1958): Die einsame Masse. Eine Untersuchung der Wandlungen des amerikanischen Charakters. Hamburg.

Rogers, C. (1976): Die Entwicklung der Persönlichkeit. Stuttgart.

Ross, J. (1999): Ein neuer Glaube. „Modernisierung" ist ein Modebegriff, kein Wert an sich. In: Die „Zeit" vom 15.7.1999.

Roth, G. (2000): Geist ohne Gehirn? Hirnforschung und das Selbstverständnis des Menschen. In: Forschung und Lehre 5, 249–251.

Rousseau, J.-J. (1993): Emil oder über die Erziehung. Paderborn (zuerst: 1762).

Savater, F. (1998): Darum Erziehung. Was wir Kindern geben können. Frankfurt a.M., New York.

Schmidbauer, W. (1998): „Ich wußte nie, was mit Vater ist". Das Trauma des Krieges. Reinbek.

Schmidt, G. (Hrsg.) (2000): Kinder der sexuellen Revolution. Gießen.

Schmitt, J. (1997): Ergebnisse einer Umfrage bei den Landesjugendämtern zur geschlossenen Unterbringung. In: Evangelische Jugendhilfe 5, 263–274.

Schneider, P. (1993): Erziehung nach Mölln. In: Kursbuch 113, 131–141.

Schon, L. (1995): Entwicklung des Beziehungsdreiecks Vater-Mutter-Kind. Stuttgart.

Schuck, K. D. (1990): Braucht eine „integrative Pädagogik" eine neue Diagnostik? In: Institut für Behindertenpädagogik der Universität Hamburg (Hrsg.): Beiträge zur integrativen Pädagogik. Hamburg, 101–122.

Schulte-Markwort, M., Plaß, A. & Barkmann, C. (2002): Internet und familiäre Beziehungen. In: Hantel-Quitmann, W. & Kastner, P. (Hrsg.): Die Globalisierung der Intimität. Gießen, 179–192.

Schultz, U. (Hrsg.) (2001): Große Prozesse. Recht und Gerechtigkeit in der Geschichte. München.

Schulz-Klein, H. (1999): Frühe Psychifikationsprozesse. Die Emergenz der Psyche in der Ontogenese des Menschen und die Säuglingsforschung. In: Analytische Kinder und Jugendlichen Psychotherapie 2, 227–269.

Schumann, K., Matt, E. & Rother, D. (1999): Staatliche Reaktionsweisen gegenüber jugendlichen „Intensivtätern". Bremer Institut für Kriminalpolitik. Gutachten im Auftrag der BSJB in Kooperation mit der Enquete-Kommission „Jugendkriminalität". Freie und Hansestadt Hamburg.

Schwabe, M. (1996): Wer sind unsere Kunden? Wie definieren sich unsere Aufträge? Worin bestehen unsere Leistungen? In: Widersprüche 59, 11–29.

Schwarte, J. (2000): Entzivilisierung bei Kindern und Jugendlichen. In: Die Neue Ordnung 1, 50–63.

Senatsverwaltung für Schule, Jugend und Sport (2001): Entwurf. Neues Schulgesetz für das Land Berlin. Berlin.

Sennett, R. (1989): Der flexible Mensch. Berlin.

Shazer, S. de (1989). Wege der erfolgreichen Kurztherapie. Stuttgart.

Sigmund, A.M. (2000a): Die Frauen der Nazis. München.

Sigmund, A.M. (2000b): Die Frauen der Nazis II. Wien.

Speck, O. (1991): Chaos und Autonomie in der Erziehung – Erziehungsschwierigkeiten unter moralischem Aspekt. München.

Spiess, W. (1996): Über Kurztherapie – und nichts als das! In: Neukäter, H. (Hrsg.): Erziehungshilfe bei Verhaltensstörungen. Vernetzung der sozialen, pädagogischen und medizinischen Dienste. Oldenburg, 141–151.

Spitz, R. (1974): Vom Säugling zum Kleinkind. Stuttgart.

Steffen, W. (2001): Ausländerkriminalität zwischen Mythos und Realität. In: Albrecht, G., Backes, O. & Kühnel, W. (Hrsg.): Gewaltkriminalität zwischen Mythos und Realität. Frankfurt a.M., 282–300.

Steinberger, K. (1998): „Der Glücksfall eingesperrt zu sein – Geschlossene Heime sind noch immer in Verruf – für die 17jährige Jaqueline war das Leben dort zunächst die Hölle, nun lobt sie es in den Himmel. In: Süddeutsche Zeitung vom 7./8.11.1998.

Stern, D.N. (1997): Das Objekt im subjektiven Erleben des Kindes. In: Psychoanalytische Theorie und Praxis 1, 8–22.

Stern, D.N. (2000a): Die Lebenserfahrung des Säuglings. Stuttgart (zuerst: 1991).

Stern, D.N. (2000b): Tagebuch eines Babys. München, Zürich (zuerst: 1993).

Stern, D.N. (2000c): Die Relevanz der empirischen Säuglingsforschung für die psychoanalytische Theorie und Praxis. In: Psychoanalytische Theorie und Praxis 4, 467–483.

Stork, J. (1991): Wege der Individuation. Weinheim.

Struck, P. (2001): Wer Erziehung will, muss überzeugen statt anordnen. In: Hamburger Abendblatt vom 24.12.2001.

Sutton, N. (1996): Bruno Bettelheim. Auf dem Weg zur Seele des Kindes. Hamburg.

Teising, M. (1994): Die Bedeutung der Säuglingsbeobachtung für die Psychoanalyse am Beispiel von D. Stern: Die Lebenserfahrung des Säuglings. In: Frank, C. (Hrsg.): Wege zur Deutung. Opladen, 17–31.

Thiersch, H. (1986): Die Erfahrung der Wirklichkeit. Weinheim.

Thiersch, H. (1992): Lebensweltorientierte Soziale Arbeit. Weinheim.

Thomä, D. (2002): Der bewegliche Mensch. Moderne Identität aus philosophischer Sicht. In: Forum der Psychoanalyse 3, 201–223.

Tomkins, S. (1962): Affect, Imagery, Consciousness I: The Positive Affects. Berlin, New York.

Tomkins, S. (1963): Affect, Imagery, Consciousness II: The Negative Affects. Berlin, New York.

Trenczek, T. (1994): Geschlossene Unterbringung oder in Obhutnahme? In: DVII Journal 3–4, 288–296.

Utzmann-Krombholz, H. (1994): Rechtsextremismus und Gewalt. Affinität und Resistenzen von Mädchen und jungen Frauen. Studie im Auftrag des Ministeriums für die Gleichstellung von Mann und Frau des Landes Nordrhein-Westfalen. o.O.

Varela, F.-J. (1993): Kognitionswissenschaft – Kognitionstechnik. Frankfurt a.M.

Vernooij, M. (1992): Hampelliese, Zappelhans. Bern.

Voigtl, R. (2001): Rausch und Unglück. Die psychische und gesellschaftliche Bedeutung der Sucht. Freiburg.

Volkan, V.-D. & Ast, G. (1992): Eine Borderline Therapie. Göttingen.

Volkan, V.-D. & Ast, G. (1994): Spektrum Narzissmus. Göttingen.

Voß, R. (Hrsg.) (1997): Die Schule neu erfinden. Systemisch-konstruktivistische Annäherungen an Schule und Pädagogik. Neuwied, Kriftel, Berlin.

Voß, R. (2000): Neue Lösungen oder alte Rezepte? In: Voß, R. (Hrsg.): Verhaltensauffällige Kinder und Jugendliche in der Schule. Neue Lösungen oder alte Konzepte. Neuwied, Kriftel, Berlin, 1–35.

Voß, R. & Haug, R. (2000): Empowerment im Unterricht – Der Blick für das Positive. In: Voß, R. (Hrsg.): Verhaltensauffällige Kinder und Jugendliche in der Schule. Neue Lösungen oder alte Konzepte. Neuwied, Kriftel, Berlin, 164–177.

Watzlawick, P. (1988): Münchhausens Zopf oder Psychotherapie und ‚Wirklichkeit'. Bern.

Watzlawick, P. (1997) (Hrsg.): Die erfundene Wirklichkeit. Wie wir wissen, was wir zu wissen glauben. Beiträge zum Konstruktivismus. München, Zürich (zuerst: 1981).

Wedemeyer, R. v. (1994): In des Teufels Gasthaus. Eine preußische Familie 1918 bis 1945. Moers.

Werner, W. (1969): Vom Waisenhaus zum Zuchthaus. Frankfurt a.M.

Winnicott, D.W. (1983): Von der Kinderheilkunde zur Psychoanalyse. Frankfurt a.M.

Winnicott, D.W. (1984): Reifungsprozesse und fördernde Umwelt. Frankfurt a.M. (zuerst: 1965).

Winnicott, D.W. (1998): Die menschliche Natur. Stuttgart.

Winterhager-Schmid, L. (1996): Die Dialektik des Generationenverhältnisses. Pädagogische und psychoanalytische Variationen. In: Liebau, E. & Wulf, Ch. (Hrsg.): Generation. Versuch über eine pädagogisch-anthropologische Grundbedingung. Weinheim, 222–244.

Winterhager-Schmid, L. (2000a): Einleitung. In: Winterhager-Schmid, L. (Hrsg.): Erfahrung mit Generationsdifferenz. Weinheim, 9–14.

Winterhager-Schmid, L. (2000b): „Groß" und „klein" – Zur Bedeutung der Erfahrung mit Generationendifferenz im Prozess des Heranwachsens. In: Winterhager-Schmid, L. (Hrsg.): Erfahrung mit Generationsdifferenz. Weinheim, 15–37.

Winterhager-Schmid, L. (2002): Die Beschleunigung der Kindheit. In: Datler, W., Eggert-Schmid Noerr, A. & Winterhager-Schmid, L. (Hrsg.): Das selbständige Kind. Jahrbuch für Psychoanalytische Pädagogik 12. Gießen, 15–31.

Wißkirchen, H. (2002): Die heimlichen Erzieher. Von der Macht der Gleichaltrigen und dem überschätzten Einfluß der Eltern. München.

Wolf, K. (1991): Keine geschlossene Unterbringung in der Hamburger Heimerziehung: Praxis und Konsequenzen. In: Unsere Jugend 7, 298–307.

Wolff, P.H. (1996): The Irrelevance of Infant Observations for Pychoanalysis. In: J. Am. Psychoanal. Assn. 2, 369–392.

Wolffersdorf, Ch. v., Sprau-Kuhlen, V. & Kersten, J. (1996): Geschlossene Unterbringung in Heimen. Verlag Deutsches Jugendinstitut: München (zuerst: 1990).

Yorke, C. (2002): Die Aktualität der Triebtheorie. Gießen.

Zapf, B. (1996): Arbeit in Form geschlossener Unterbringung – Erfahrungsbericht aus der Praxis. In: Berufsverband der Heilpädagogen e. V.: Kostenfaktor Mensch – Heilpädagogische Ethik angesichts sozialen Abbaus. Bericht der Fachtagung des BHP vom 22.–24.11.1996 in Bad Lauterberg/Harz.

Zempelin, H.G. (2001): Der Teufels Kadett – Napola Schüler von 1936 bis 1943. Frankfurt a.M.

Zepf, S. (2000): Der Freudsche Triebbegriff – Was kann bleiben? In: Psychoanalyse. Texte zur Sozialforschung 4, 69–87.

Ziegler, J. (1977): Kommunikation als paradoxer Mythos. Weinheim, Basel.